내 인생의
성공학,
인당리더십

내 인생의 성공학, 인당리더십

김창룡 지음 |

이담 Books

추천사

　이 시대의 젊은이라면 누구든 한 번쯤은 "……성공학", "리더십……" 등의 책을 접해 보았을 것이다. 누구나 사회에서, 또 인생에서 성공하기를 원하기 때문이리라. 리더십이란 무엇일까? 말 그대로 리더가 되기 위한 소양이다.

　리더란 반드시 앞장서서, 높은 자리에서 지휘하는 자리만을 뜻하는 것은 아닐 것이다. 인간으로서, 건전한 시민으로서 갖추어야 할 기본적인 덕목을 바탕으로 자기의 직분에 충실하면 이 또한 훌륭한 리더십을 갖춘 인간으로 평가받는 것이 옳을 것이다. 리더십이나 성공학은 단순한 테크닉이 아니다. 정직하고 성실, 근면하며 타인을 배려하는 생활태도와 심성을 바탕으로 해야 진정한 리더십이라 할 수 있지 않을까? 세계경제 위기를 몰아온 미국발 금융위기가 뛰어난 머리와 수학적 테크닉에만 몰두한 금융수재들의 인성결핍에서도 한 원인을 찾는 것을 보아도 알 수 있다.

　리더십은 실천이 뒷받침되어야 한다. 실천 없는 리더십은 머릿속의 지식일 뿐 그 힘을 발휘하기 어렵다. 이번에 김창룡 교수의 저서인 "내 인생의 성공학, 인당리더십"은 우리 대학생들에게 꼭 맞는 엑기스만을 뽑아 잘 정리하였으며, 특히 인덕제세(仁德濟世)의 교육이념으로 인제대학교를 발전시켜 오신 인당(仁堂) 백낙환 이사장님의 살아있는 리더십, 실천하는 리더십을 잘 정리해 놓고 또 저자의 인생사를 기록하여 우리 학생들에게 훌륭한 교훈을 제공하고 있다는 점에서 적극 추천하고자 한다.

　아무쪼록 이 책이 학생 여러분들의 리더십 함양에 길잡이가 되고 참되고 성공적인 인생의 밑거름이 되기를 바라는 마음이다.

인제대학교 총장 이경호

프롤로그

내 인생의 성공학, 인당리더십

인연은 우연에서 시작되듯 일이란 것도 어느 날 갑자기 시작되기도 한다. 특히 새로운 분야에 대한 도전은 호기심과 두려움 등으로 내 가슴을 뛰게 했다. 모두가 꿈꾸는 인생의 '성공학' 얼마나 매력적인 연구분야인가.

인간으로 태어나 성공을 위해 달려가는 과정과 성취 속에 남모르는 고민과 좌절, 실패와 성공 등을 연구한다는 것은 흥미로운 과제였다. 2009년 초 어느 날 우연히 나에게 넘어온 흥미로운 과제를 공부하기 위해 시간과 체력을 집중시키기 시작했다. 본격적으로 개인이나 기업, 영웅들의 성공담과 실패담에 관한 책을 읽고 정리했다. 전공과는 조금 거리가 있었지만 인간의 처절한 고민과 도전, 좌절이 점철된 '성공실패학'은 읽을수록 재미있고 새로웠다. 이를 통해 '내 인생의 성공학, 인당리더십'을 연구하는 것은 더욱 값지게 느껴졌다. 평소 존경해 왔던 인당 백낙환 박사의 리더십에 대한 연구와 정리는 나에게 성공학에 대해 새로운 눈을 뜨게 했다.

미디어 분야만 공부하던 시야가 새로운 분야를 접하게 되면서 보다 넓어지는 느낌도 좋았다. 특히 누구나 원하는 인생의 성공이지만 모두가 성공하지 못하는 이유, 성공한 사람도 다시 실패의 늪으로 빠져들어 가는 인생의 변수 등은 참으로 연구할수록 신비롭기조차 했다.

그동안 대충 읽어 보던 삼국지, 수호지, 칭기즈칸 영웅들의 이야기나 '세상은 넓고 할 일은 많다', '좌절은 있어도 실패는 없다' 등의 성공한 기업인들의 이야기들을 읽을수록 결론은 간단했다. 성공하는 사람들은 성공의 문법에 충실했다는 사실. 실패하는 사람들은 실패의 사고방식에서 벗어나지 못했다는 점 등이다.

내가 중점적으로 연구한 리더십은 80대에도 새로운 승부수를 던져 새 역사를 만들어 가고 있는 철인(鐵人), 남들은 중소병원 하나 경영하기도 힘든데 혼자서 전국 종합병원 5개를 성공적으로 운영하면서 2010년 3월 해운대에 6번째 백병원 개원을 눈앞에 둔 인제대학교와 백병원 이사장인 인당 백낙환 박사에 관한 것이다.

남들은 흔히 자기가 소속된 재단의 이사장이라서 '좋게' 써 줄 것이라고 오해할 수도 있다. 나는 그런 생각을 하는 사람들에게 단호하게 선입관에서 벗어나라고 당부하고 싶다. 그리고 적어도 세 가지 분명한 사실을 말해 주고 싶다.

첫 번째, 인당 백낙환 이사장은 인제대학교 개교 이래 30년 동안 단 한

번도 교수임용과 관련하여 비리, 불법 등으로 물의를 일으킨 적이 없다는 사실이다. 나는 1999년 인제대학교에 교수로 임용되기 전 7년 동안 31번 도전하여 31번 실패한 적이 있다. 이 과정에서 한국의 대학교 교수임용 과정에서 나타나는 온갖 지저분하고 부정한 행태를 목격하기도 하고 경험하기도 했다. 사립대학교에서 교수를 공정하고 투명하게 뽑는다는 것은 당연하지만 현실적으로 매우 어렵다. 나는 인당의 정직성, 과정의 투명성을 중시하는 그의 교육철학, 리더십을 높이 평가하지 않을 수 없다.

두 번째, 인제대학교는 내가 기자 시절 못다 한 책임을 다할 수 있도록 기회를 줬다. 해외로 입양된 아이들이 성장한 후 다시 한국을 오고 싶어하지만 이들을 위한 교육프로그램이 전무하여 대학교에 건의했다. 당시 인당 백 박사는 총장으로 재직 중이었고 나의 이런 제의에 두말없이 재정지원을 약속하고 전폭적으로 도와줬다. 그래서 탄생한 것이 전국 대학교 가운데 유일하게 입양인들을 위한 교육프로그램 전문기관인 국제인력지원연구소(IIHR-Inje Institute for International Human Resources). 인당은 이들에게 교육과 숙식 등을 무료로 지원하여 모국체험을 쉽게 할 수 있도록 정신적, 물질적 지원을 아끼지 않았다. 2009년 현재 11개국 160

여 명이 다녀갔을 정도로 세계 속 입양인들 사이에 인기프로그램이 되고 있다. 인당은 나에게 9년째 이 연구소 소장직을 맡기며 지원을 아끼지 않고 있다. 이런 결단은 인당의 인간사랑, 생명존중의 철학이 없었다면 불가능한 일이다.

세 번째, 그는 내가 10년 동안 가장 가까이서 가장 정확하게 지켜볼 수 있는 리더 중의 리더였다. 인제대학교와 5개의 백병원을 하루도 빠짐없이 서울과 부산, 김해를 오가며 성실과 열정을 쏟아 내는 집념의 리더십을 보여 줬다. 원래 멀리서 보다가 가까이서 보게 되면 결점이 더 많이 보이는 법이다. 그러나 나는 거꾸로 가까이서 바라보면서 인당의 리더십과 이를 실천하는 모습에 더욱 고개가 숙여졌다. 나의 집이 인천에 있으면서 10년이 지나도 내가 인제대학교를 떠나지 못하는 가장 큰 이유가 바로 인당 때문이다. 그동안 타 대학에서 제의가 없었던 것은 아니지만 나는 인당 때문에 일 년에 7~8백만 원씩 교통비를 지출하면서도 김해를 떠나지 못하고 있다.

나는 이 책을 통해 인당을 포함해서 성공하는 사람들의 공통점, 그 비결을 정리해 보고자 했다. 또한 성공유형 실패유형도 분석해 봤다. 인당이 강조하는 인성교육과 성공은 어떤 관계가 있는지도 연구했다. 성공으로 이끄는 인당리더십에 대해서도 나름대로 소개하고자 했다. 인당의 리더십과 겹치는 부분이 가장 많다고 판단한 칭기즈칸의 리더십을 나의 시각으로 정리해 보고자 했다. 물론 여기에 나의 실패담도 정리하여 시행착오는 가급적 줄이고 성공으로 가는 길이 무엇인지 교훈을 정리했다.

나의 부족한 실력으로 무리한 해석이나 판단은 없었는지 두려움이 앞선다. 그러나 이제 나 역시 성공학을 공부하는 학도의 입장에서 더욱 정진하며 보다 깊이 있는 저서를 통해 후학들에게 작은 도움이 되고자 한다. 무엇보다 인당의 리더십을 통해 성공의 문법을 익히도록 권하고 싶다. 나도 그렇게 노력하여 성공의 증거가 되고자 한다. 그리고 우리 인제대학교 대학생들은 물론 우리 한국의 대학생들 모두가 좌절을 극복하고 도전을 통해 성공의 길을 걷기를 간절히 소망한다.

2009년 여름,
사랑과 정이 넘치는 인제대학교의 아름다운 교정에서

목 차

하나

대학과 인생성공

1. 인생의 첫 승부처, 대학교

[모르는 것은 약이 아니고 악이다 ＝ 자기 점검부터 하라]

　　대학 4년은 대학 1학년 때의 생활이 좌우한다. 대학 4년은 인생의 행·불행을 가르는 결정적 기간이 된다. 한국에서 대학 선택은 인생의 성공과 실패를 좌우하는 중대 요소가 된다. 따라서 대학 4년 동안 어떤 깨달음으로 대학생활을 해내느냐는 것은 평생을 좌우한다. 대학 선택에 실패했다고 인생이 실패하는 것은 아니다. 그러나 대학생활을 어영부영 보내게 되면 남은 인생은 암담해진다. 비록 대학은 자신이 원하던 곳을 못 들어갔지만 그 이후 더욱 열심히 준비하고 노력하여 멋진 인생을 만들어내는 사람들은 주변에 널려 있다.

이제 하나씩 따지고 알아보자. 중학생에서 고등학생이 되는 것과 고등학생에서 대학생이 되는 것은 엄청나게 다르다. 무엇이 어떻게 다른가. 고등학생과 대학생의 큰 차이점 중의 하나는 당장 교복에서 나타난다. 복장의 자유화는 행동의 자유화, 절제와 무절제, 규칙과 불규칙으로 이어진다.

또한 일정한 시간에 함께 교실로 향하던 집단식 수업방식에서 자신의 수업스케줄에 따라 움직이면 되니 외형상 상당한 자율과 자유가 주어진 셈이다. 그러나 이런 자율과 자유의 전제조건으로 책임의식과 충분한 정보습득이 필수지만 이 부분이 간과되고 있다.

학생의 입장에서는 불과 몇 달 사이에 급변한 환경에 대한 준비는 전혀 없다. 교육선진국에서는 대학교에서 본격적으로 강도 높은 수업과 평가가 이루어지지만 한국에서는 거꾸로 '학점온정주의' 풍토 속에 '신입생 환영 파티' '동아리 MT'와 '동문회 술파티'가 사흘이 멀다 하고 벌어진다. 강의실은 멀어지고 술과는 가까워진다.

그래도 누구하나 간섭하는 사람이 없다. 다만 학부형들만 '얘는 대학교에 가더니 술만 배웠다', '한국의 대학교는 놀러 가는 놀이동산이다'라는 비아냥거림이 나온다. 미국은 대학에서 졸업 때까지 거의 30% 학생들을 탈락시키기 때문에 공부를 본격적으로 열심히 하지 않을 수 없다. 한국은 입학만 하면 거의 졸업하기 때문에 별로 공부하지 않아도 일류대 출신 이유 하나만으로 평생 먹고산다.

대학생이 고교생과 다른 점은 교복 여부에 있는 것이 아니라 자율적 판단과 선택, 지성인의 대열에 들어선 책임 있는 행동 여부에 있다. 다수는 성인대접을 요구하며 여전히 고교수준의 타율적 행동방식에서 벗어나지 못하는 부분이 많다. 환경과 대학을 탓하기 전에 대학생이 먼저 시작해야 하는 것은 자기점검이다. 자기점검 리스트를 나는 이렇게 정리한다.

대학 4년이 인생 전체의 항로를 바꾸고 인생의 행과 불행을 결정하는 첫 번째 결정적 시기가 됨을 잊지 말아야 한다. 이제 하나씩 살펴보기 전에 자기점검표를 만들어 스스로를 평가해 보자.

[대학생 자기점검 체크 리스트 10선]

1. 나는 먼저 대학생이 될 마음의 준비와 자세, 필요한 정보를 갖고 있는가.
2. 그 마음의 자세란 무엇인가, 자율과 책임은 구체적으로 어떤 것이며 생활 속에서 어떻게 실천하고 있는가.(술과 담배는, 수많은 학교행사는……)
3. 이 대학교에서 나는 무엇을 기대하고 궁극적으로 무엇이 되고 싶은가.
4. 어느 교수를 찾아가서 어떤 상담을 할 것인가, 내 마음과 목표를 털어놓을 만한 멘토를 찾아냈는가. 찾을 생각이나 있는가.
5. 술과 담배에 대한 나의 원칙은 어떻게 정할 것인가. 이에 대해 나는 아무 문제가 없는가.
6. 나는 어떤 전문직에 도전할 계획이며 이것을 위해 평생을 바칠 만한 가치와 재능, 미래, 관련 정보를 확인, 점검했는가.
7. 대학교의 각종 장학금 중 어떤 장학금에 도전할 것인가. 해당 장학금 수혜대상자가 될 수 없다면 어떻게 할 것인가.
8. 어학이나 전공연수는 어디로 언제 갈 것인가.
9. 나는 독서하는 습관을 갖추고 있는가. 대학생에게 필요한 최소한의 독서는 하고 있는가.
10. 나는 고교시절과 달리 대학생이 된 후 부모님의 신뢰를 받고 있는가 아니면 더욱 부모님과의 대화는 멀어졌는가.

나의 제언

-대학생은 수동적 수업자세에서 능동적 수업자세로 바뀌어야 한다. 강의실을 찾아가 발표수업에 자신을 던져야 한다. 눈치 보는 습성을 제발 버려라. 머뭇거려서 얻는 것보다 실수하더라도 참여하여 얻는 것이 훨씬 많다.
-교수와의 상담은 반드시 1, 2학년 때 하라. 3, 4학년에 와서는 이미 늦다. 물론 늦었더라도 상담을 하는 것은 중요하다. 교수는 학생을 찾아가지 않으니 학생 스스로 꼭 찾아가서 괴롭혀라. 그들은 찾아오는 당신을 좋아하고 당신을 기억할 것이다.
-멀어졌던 부모와 대화를 다시 시작하라. 공부가 아닌 인생과 직업에 대해 묻고 들어라. 부모님은 먼저 인생을 살아오며 성공하거나 실패한 선배님이다. 그들의 경험적 잔소리가 최고의 조언이다.
-공부 외는 관심이 없든 혹은 공부에는 관심이 없든 자신의 스타일을 좀 바꾸라. 전공과는 별개로 동아리 활동이나 시사문제 등에 관심을 갖고 신문이나 저널을 읽어라. 방송도 드라마, 연예신변잡기 일변도에서 벗어나 뉴스와 시사프로를 보도록 하라.
-술과 담배 등에 스스로 원칙을 세워라. 분위기에 휩쓸려 배우거나 따라 하지 말고 나름대로 원칙을 세워서 밀고 나가라. 인생은 분위기로 살 수 없는 법이다.
-인생의 멘토를 찾거나 만들어라. 대학에는 훌륭한 교수들이 많고 학생들을 도와주려는 자세를 갖춘 후원자들이 있다. 성실하게 노력하는 학생이라 할지라도 교수들이 먼저 다가오지는 않는다. 과감히 찾아가서 도움을 요청하라. 학창시절에는 어떤 도움도 용인된다. 아직은 어린 대학생의 특권이라고 생각해도 무방하다.

2. 정확하게 알자＝교수와 교사

　교수와 교사는 여러 가지 공통점과 차이점이 있지만 학생들 입장에서 정리하자면 이렇다. 우선 대학교 교수들은 학생들을 찾아다니며 잔소리를 하지 않는다. 상담을 오지 않는다고 해서 왜 오지 않느냐고 추궁하지도 않는다. 학생의 잘못을 보고도 무관심하게 지나가는 교수가 대부분이다. 교수들이 학생들에게 인상을 찌푸리며 큰 소리 치는 경우는 드물다. 교사는 자상하지만 교수는 자상하지 않는 경우가 많다.

　여러 가지 이유가 있겠지만 교수들이 그럴 필요를 느끼지 못한다. 우선 대부분 너무 바쁘고 또한 성인이 된 대학생이라면 '죽이 되든 밥이 되든 자기가 알아서 하기'라는 인식이 깔려 있다. 강의실에 오든 말든 학점이 C, D로 나쁘게 나와도 불러서 주의하는 경우가 거의 없다. 학생 입장에 서는 자유롭고 홀가분하다. 물론 성적표를 받는 순간 잠시 기분이 나쁜 정도이지 그리 오래가지 않는다.

　교수도 바쁘고 학생도 바쁘다. 교사는 학생을 찾아가기도 하지만 교수는 학생을 일부러 찾아가는 경우는 정말 드물다. 교사는 학생들 지도에 골머리를 앓는 편이지만 교수는 웃음이나 무관심으로 넘어가는 편이다. 국공립대에서는 이런 현상이 더 심한 편이라 오히려 학생들이 교수에 대해 소외감을 느낄 정도라고 한다. 이런 현실을 일단 인정하자. 받아들일 지 여부는 각 개인 학생에게 달려 있다. 나는 이렇게 권하고자 한다.

나의 제언

—대학생이 되면 스스로 '내 스타일에 맞는' 교수 한두 명을 찍어라.

—찍힌 교수를 제발 먼저 찾아가서 상담을 요청하라. 교수는 먼저 움직이지 않는다는 점을 반드시 명심하라.

—경험상 임용된 지 얼마 되지 않은 젊은 교수를 찾아가는 편이 좋다. 혹은 정년이 가까워지고 있는 좀은 '외로워진 노교수'를 찾아가는 것도 좋다. 어중간한 교수들은 학생들의 말을 제대로 귀담아 듣지 않는 경향이 있거나 너무 사회적으로 바쁘다.

—처음부터 교수에게 무리한 요구를 하지 말라.

—일단 친분을 쌓고 나의 존재를 인지시켜라. 교수들은 수많은 학생들을 만나는 만큼 자기소개를 좀 더 인상적으로 할 수 있는 기법도 고민하라. 그럴 만한 가치가 있다.

—그다음 중요한 작업은 성실성과 신뢰성을 인정받도록 노력하라.

—당신이 그 교수로부터 신뢰를 받는다면 조심스럽게 이런저런 고민과 요구를 하라.

교수에 따라 다르지만 교수란 위치는 마음먹으면 많은 도움을 줄 수 있는 사회적 위치에 있다. 대학생들이 생각하지 못할 만큼 직, 간접적으로 혜택을 줄 수 있다. 특히 해외연수나 장학금 추천 등 학생들에게 직접적인 도움이 되는 일들 외에도 많다.

—이 과정에서 보여야 할 것이 사소한 약속 지키기, 예의 갖추기, 적극적 자세를 유지하기 등을 잊지 마라. 한 가지 더 미소를 유지하도록 노력하라. 괴로울 때도 웃음으로 인사하라.

—교수는 많은 학생을 상대하며 상담한 경력이 있기 때문에 당신이 어떤 유형의 인간인지 금방 알아차린다는 점을 명심해야 한다. 진실하되 적극적으로 두드려라. 모든 것이 쉽게 간단하게 이루어지는 법은 없다.

3. 정보는 돈이다 = 대학교의 생리를 알자

　고등학교 시절은 빨리 잊어라. 고등학교 시절 엄격했던 학칙이나 제한 받았던 자유가 대학에 오는 순간 모든 것이 느슨해진 것처럼 보인다. 실제로 그런 측면이 있다. 고등학생 때는 누구나 비슷한 학칙과 한정되고 짜인 장학혜택 등으로 사방을 둘러봐도 선택의 여유가 별로 없다. 그러나 대학은 다르다.

　우선 내가 아는 만큼 가져갈 수 있다. 제법 괜찮은 종합대학이라면 백여 종의 장학혜택이 있다. 인제대학교의 경우 매년 전체 학생 중 38∼45%가 장학혜택을 받는 편이다. 학교 밖에서 아르바이트를 찾는 것보다 학생복지처나 취업정보센터 등에 가서 무엇이 가능한지, 나는 어디에 해당되며 어떤 지원이 가능한지 자세하게 알아봐야 한다. 이것도 저것도 안 될 경우 총장이나 이사장을 찾아가는 배짱이라도 있어야 한다.

　이런 경우도 있었다. 나의 제자 한 명은 학교에서 운영하는 해외연수프로그램의 혜택을 받았지만 4학년 졸업을 앞두고 등록금 마련에 어려움을 겪고 있었다. 이런 사정이 교수를 통해 이사장 귀에 들어갔고 백낙환 이사장께서는 사비를 털어 이 학생의 마지막 등록금 전액을 내줬다. 이 학생은 무사히 졸업할 수 있었고 마침내 모신문사의 어엿한 기자가 돼 이사장을 찾아와 감사의 눈물을 흘리는 흐뭇한 자리를 마련한 적이 있다. '뜻이 있는 곳에 길이 있다'는 말은 과거나 지금이나 진리이며 특정인을 위한 말이 아니라 바로 나 자신을 위한 말임을 잊지 말자.

나의 제언

- 고등학교 교장을 어려워하듯이 대학의 총장이나 이사장을 어려워하지
  말자.
- 대학의 총장이나 이사장은 너무 바쁘지만 한편으로는 외로워하기도 하
  고 한편으론 어린 대학생의 호소에 도움을 줄 수 있어 기쁘게 생각할
  수도 있다. 단 학생보다 돈 좋아하는 총장이나 이사장은 해당사항이 아
  니다.
- 설혹 도움 요청에 실패했다고 해서 의기소침하거나 '그럴 줄 알았다'는
  식으로 자포자기하지 마라. 그만큼 인생이 쉽지 않다는 것을 깨닫는 것
  도 지성인이면 배워야 할 중요한 교훈이다.
- 장학생 선발규정이나 장학혜택 기준에 미달된다고 미리 포기하지 마라.
  대학의 학칙이란 것이 법처럼 그렇게 엄중하게 적용되는 것은 아니다.
  납득할 만한 사정이 있거나 기준에 약간 모자라는 등의 이유라면 정중
  하게 찾아가서 도와 달라고 요청하든가 좀 더 알아보라. 다만 따지듯이
  학칙의 불합리성 운운은 문제해결에 도움이 되지 않으며 학생이 당장
  논해야 할 사안은 아니다. 뒤에 교수를 통해 개정을 건의하면 된다. 당
  장은 싸우지 말고 도움을 요청해라.
- 잊지 마라. 대학생 시절에 가난은 당장은 불편하고 속상하지만 지나고
  나면 능력 있는 자에게 주는 축복이 될 수 있음을.

4. 주도적이 되라 = 강의시간표 짜기

대학에 들어와서 가장 당혹스런 일이 스스로 강의시간표를 작성하는 것이다. 과거에는 전공필수과목이 많아 획일적인 과목 선택이 주류를 이뤘으나 요즘은 전공 선택이 많아지고 전공필수는 줄어드는 추세인 만큼 굳이 다른 친구들을 따라서 강의시간표를 짤 필요는 없다.

강의시간표를 작성하기 전에 고려해야 할 사항이 적어도 세 가지가 있다. 과목내용과 목표 점검하기, 강의자의 강의방식과 평가 알아보기, 교양학부나 타 학부 과목 훑어보기 등이다.

첫 번째, 과목내용과 목표 점검하기

요즘은 교수 대부분 자신이 강의할 내용과 강의계획서를 홈페이지상에 올리기 때문에 사전점검이 가능하다. 집에서 쉽게 인터넷으로 강의를 미리 점검할 수 있다. 듣고 싶은 강의 내용과 계획서, 평가방법을 꼼꼼히 살펴보고 자신의 전공과 적성 여부를 판단하여 신청 여부를 결정해야 한다.

강의취소 및 변경기간이 따로 있지만 우왕좌왕하는 학생들의 명단이 뒤늦게 올라오면 일단 첫인상을 구기며 강의자에게 좋은 첫 이미지를 줄 수 없다. 사전에 반드시 점검하고 확인하라. 또한 선배들에게 수강하고자 하는 과목의 실제 강의 내용과 인터넷상의 내용 등을 확인하는 것이 후회를 막는 일이다. '사전점검 최대만족, 점검부실 후회막급' 잊지 말아야 한다. 대학의 과목 선택은 상당부분 자신의 선택에 따라 수강과목이 정해지며 전과나 편입에도 도움이 된다는 사실을.

두 번째, 강의자의 강의방식과 평가 알아보기

　강의자의 강의방식은 천차만별이다. 교수는 자신의 분야에 연구를 열심히 한 사람이라는 공통점은 있으나 자기표현이나 교육기법(teaching skill)에는 전문가가 아니다. 오히려 말을 어렵게 하거나 전문용어에 대한 자세한 설명도 없이 강의를 진행시켜 수강자들을 당혹시킨다. 알아듣거나 모르거나 별로 개의치 않고 강의하는 것이 대부분 교수들의 행태라면 좀 지나친가. 강의 평가는 다 듣고 난 뒤에 하기 때문에 후회는 항상 늦게 온다. 교수 수만큼 강의의 내용과 전달력이 다르다는 점을 간과해서는 안 된다. 선배들에게 꼭 추천을 받는 것이 좋다. 그런데 한 두 선배, 그중에서도 별로 학습에 의욕이 없이 목소리만 큰 선배의 조언은 경계하라. 평가는 다양할 수 있으니 아래 사항을 묻고 점검해라.

수강과목 결정시 체크리스트

- 시험이나 퀴즈테스트, 리포트 등 귀찮게 하는가
  : 귀찮게 하는 교수가 진정한 교수상이다. 그만큼 애정과 관심을 쏟는
    다는 증거다.

- 강의자료와 저서는 어떻게 활용하는가
  : 책 한 권만 혹은 여러 책을 소개하는 데 그치고 한정된 내용만 강의
    하는 것은 별로 바람직하지 않다. 전공에 따라 차이가 있겠지만 저서
    는 물론 각종 저널이나 논문 등을 인용하거나 소개하면서 폭넓은 자
    료를 이용하는 강의자가 좋다.

- 리포트는 점검하고 돌려주는가
  : 자신이 제출한 리포트에 대한 평가나 코멘트가 없다면 곤란하다. 때
    로는 점검하여 돌려주는 경우가 있는데 대단한 노력과 시간을 투여
    한 것이다. 감사하게 생각하라.

- 인터넷상 질의를 하거나 쪽지로 메일을 보냈는데 제대로 답하는가
  : 교수들은 바쁘기 때문에 학생들과 충분한 상담을 할 시간이 없는 편
    이다. 그러나 인터넷상의 질의는 마음만 먹으면 언제든지 가능하다.
    성의문제이기 때문에 제대로 제때 답을 하는 교수는 학생지도에 그
    만큼 노력하고 있다는 증거다. 시험으로 메일을 보내 보라.

세 번째, 교양학부나 타 학과 과목 훑어보기

1, 2학년 때 일수록 교양학부나 타 학과 과목을 수강할 시간이 많은 편이다. 고학년으로 갈수록 교양과목 등은 멀어지게 된다. 대학이 주는 장점은 나의 전공과목 외에도 타 학과나 교양과목을 듣고 교양과 상식의 깊이를 더하는 것이다. 이런 기회에 나의 숨겨진 장점을 찾을 수도 있다.

불과 몇 년 전 일이었다. 어느 날 나의 연구실로 한 낯선 남학생 강 모 군이 찾아왔다. 자기는 전자공학과를 전공했으며 이번에 한 방송사 피디 시험에 최종합격하여 인사하러 왔다는 것이다. 그의 얘기는 이랬다.

"군에 다녀와서 복학하고 첫 교양선택과목으로 '신문방송학개론'을 들었는데……그 당시 교수님께서 리포트를 점검하시고 수업 중에 공개적으로 저의 이름을 부르며 칭찬을 해 주셨고 그것이 계기가 돼 언론 쪽으로 계속 공부하여 마침내 피디가 됐습니다."

나는 기억이 났다. 당시 백여 명이 넘는 교양학부 과목을 강의하면서 리포트를 점검하는 과정에 눈에 띄는 몇몇 학생들이 있었다. 그 학생의 경우 재수강 학생이라 당시 규정상 비플러스(B+) 이상을 줄 수 없었다. 나는 이를 안타까워하여 수업시간에 이런 말을 했다.

"강 모 군이 누구지요." 한쪽 구석에서 조심스레 손을 들었다. 나는 이렇게 마무리했다.

"강 군에게는 매우 미안하지만 학칙상 재수강의 경우 B+ 이상을 줄 수 없음을 안타깝게 생각합니다. 이 학생의 경우 A+를 줘야 합니다. 내 뜻대로 할 수 없음을 이해해 주세요. 그러나 이런 비합리적인 학칙은 개정하도록 하겠습니다. 이해하세요.”

이 칭찬에 강 군은 별말을 하지 않았고 그렇게 학점이 나갔다. 2년 뒤 학칙을 개정하여 이제는 재수강생도 A+를 받을 수 있게 됐다. 그러나 강 군은 이에 굴하지 않고 자신의 재능을 발견하고 계속 전공과 함께 노력하여 그 어렵다는 언론계 피디가 됐다. 전자전공이라는 기계적 능력까지 겸비한 강 군이 성공하는 피디가 될 것을 믿어 의심치 않는다.

나의 제언

－유태인 속담에 ‘불 예방을 하는 사람에게는 고마워하지 않고 불이 난 뒤 도와주는 사람에게는 고마워한다’는 말이 있다. 누가 더 고마운지 제대로 알지 못함을 안타까워하는 말인 것 같다. 수강신청과 강의시간표 작성하기는 사전점검과 확인의 중요성은 다시 한 번 강조돼야 한다.
－귀찮고 잔소리 많은 교수가 당장 힘들어도 그만큼 애정이 있는 스승이다. 물론 횡설수설하는 엉터리와는 구분돼야 한다. 스스로 노력하지 않으면서 함부로 속단하는 우를 범하지 말라. 평가를 하려면 대학생들 스스로도 조금은 노력과 성의를 보여야 한다.
－강의시간표 작성과 강의자 선택은 나의 인생목표 심지어 나의 일생을 바꿀 수도 있음을 잊지 말라.

---

5. 인생의 지혜를 배운다 = 성적 이의신청

대부분 대학생활을 하면서 피할 수 없는 것이 성적 이의신청과 같은 유혹이다. 자신은 나름대로 최선을 다했으나 기대만큼 성적이 나오지 않았거나 전혀 예상 밖의 결과가 나왔을 때 성적 이의신청을 하게 된다. 나 역시 대학시절 성적 이의신청을 한 적이 있지만 정정은 하지 못했다. 억울한 마음을 지금도 지울 수 없지만 그 결과를 뒤집을 수는 없었다. 사실 그 일 이후 나는 그 교수를 더 이상 찾아가지도 않게 됐다. 그 반대의 경우도 있었다.

나는 대학시절 내 전공에는 관심이 없어 영문학과에 가서 주로 학점을 땄다. 당시 영문과 진 모 교수가 수업 중 "교과서 영어번역을 해 온 학생" 하면 거의 아무도 손을 들지 않았지만 나는 꼭 손을 들고 나섰다. 중간고사 성적도 좋았다. 문제는 기말고사를 몇 주 앞두고 어머님이 돌아가시는 바람에 공부는커녕 시험조차 치를 수 없었다. 나는 뒤에 진 모 여교수님을 찾아가서 사정을 말씀드렸다. 타 학과 학생이었지만 진 교수님은 나를 기억하시고 나의 슬픔을 위로했다. 기말고사를 치르지도 않았는데 나는 A학점이라는 좋은 점수를 받았다. 이 경우는 정식 성적 이의신청은 아니었지만 사실상 특혜를 받은 셈이 됐다.

인제대와 인터넷 강의, 방송통신대 강의 등을 통해 경험한 바로는 성적 이의신청을 하는 경우는 주로 네 가지 정도로 요약된다.

　- 리포트 미채점이나 채점상의 단순 실수로 인한 정당한 이의신청형
　- 4학년이기 때문에 졸업에 꼭 필요하다며 학점 구걸하는 읍소형

- 한 단계만 올려 주면 장학금을 받을 수 있다는 얌체형
- 친구와 비슷하게 작성했는데 내가 더 점수가 나쁜 이유를 모르겠다
  는 비교 불만형

어떤 이유로든 성적 이의신청을 할 수 있다. 고등학교와 다른 점이기도 하다. 문제는 어떻게 이의신청을 하며 어떤 교수를 만나느냐에 따라 결과가 달라진다는 점이다. 나의 경우 확인한 후 정당한 이의신청이 아닐 경우 정정해 주지 않는 원칙을 세워 놓고 있다. 그러나 원칙이라는 것이 매번 지켜지지 않을 때도 있다.

몇 년 전 일이다. 한 학생이 성적 이의신청 기간이 지난 뒤에 나를 찾아왔다. 공부를 잘하는 착실한 학생이었다. 가정형편이 어려워 이번에 장학금을 받지 못하면 학업을 중단하게 될지도 모른다는 하소연을 했다. 거의 협박수준이었지만 평소 신뢰하는 학생이라는 점, 또한 가정형편이 어렵고 한 단계만 더 올려 주면 장학금을 받을 수 있다는 점에 나는 흔들렸다. 물론 이 학생 때문에 다른 학생이 불이익을 받을지도 모른다는 점, 나의 원칙이 이런 식으로 흔들려서야 되겠냐는 의식 때문에 당혹해하고 있었다. 또한 성적 이의신청 기간이 지난 뒤에 서류를 제출하게 되면 교수가 경고를 받게 돼 있었다. 고백건대 나는 성적을 정정했고 결과적으로 나는 교무처로부터 경고를 받았다.

성적 이의신청 그 자체를 탓할 필요는 없다. 학생 입장에서 자신의 점수가 왜 그것밖에 나오지 않았는지 그 이유를 알려고 하는 것은 당연한 일이다. 무엇보다 중요한 것은 성적 이의신청에 이어 결과를 내 쪽에 유리하도록 정정해 내는 일이다. 나는 학생들에게 이런 조언을 해 주고 싶다.

나의 제언

- 이런 일을 위해서라도 대학교에 가서 평소 성실하고 믿음직한 좋은 이미지를 스스로 만들어라. 이것이 가장 중요하다.
- 처음부터 '억울하다'는 표정으로 한껏 부어서 들어가지 마라. 정중하게 예를 갖춰 "평가하시느라 수고 많았습니다. 저는 교수님 강의를 어느 과목보다 열심히 듣고 나름대로 최선을 다했는데 결과가 제 예상과 다른 것 같아 결례를 무릅쓰고 찾아왔습니다……." 이렇게 시작해야 교수도 거부감 없이 대화에 나설 것이다. 처음이 중요함을 잊지 마라.
- 교수가 다행히 성적 이의 용의가 있을 경우 문제는 쉽다. 그러나 교수들의 고집이라는 것이 때로는 상상을 초월한다. 이 경우 자신의 절박함만 내세우면 필패다. 일단 한발 물러서라. "교수님 저는 그 부분 답안작성 내용을 알고 있었지만 표현상 교수님의 의도와는 좀 다르게 나타난 것 같습니다. 교수님 채점기준에 따르겠습니다. 저는 이번 일과 무관하게 교수님의 강의 스타일을 좋아합니다(사실이 아니라면……?)." 그렇게 물러났다가 성적 이의신청 기간이 끝나기 전에 꼭 필요하다면 다시 찾아가서 의지를 보여라. 그래도 안 되면 어쩔 수 없는 것이다.
- 친구와 비교하거나 친구를 대동하고 들어가서 사적인 용무를 보려는 학생들이 있는데 이것은 스스로 정정을 불가능하게 만드는 처사가 된다.
- 성적 이의신청 때문에 교수를 만나러 갈 때 맨손으로 가지 마라. 뭘 사들고 가라는 말이 아니다. 내가 얼마나 나름대로 노력했는가를 입증시킬 자료, 예를 들면 교수가 보라고 했던 저널이나 책, 서머리 노트 등을 보여 주라. 교수도 그냥 정정해 달라고 하면 나름대로 원칙에 어긋난다고 생각하기 때문에 자연스럽게 설득당하고 싶어 한다는 점을 놓치지 마라. 성적 이의신청하러 갔다가 쪽박을 깨는 우를 범하지 마라. 대학생이긴 하지만 아직은 미성숙하고 더 배워야 하는 학생의 신분임을 기억해야 한다.

그런데도 자기 뜻대로 되지 않았다고 해서 마치 친구를 대하듯 인터넷상으로 무례를 범하고 때로는 공격적인 표현으로 교수의 심사를 흔들어 놓으면 앞으로가 곤란해진다. 교수의 친구는 교수이지 학생이 아니다. 당신이 특별관리대상으로 들어가면 졸업자체가 어려워질 수도 있음을 잊지 말라. 그것이 정당하든 그렇지 않든 그런 문제는 나중의 일이고 현실은 감당할 수 없어질 수도 있음을 기억하라. 나는 실제로 그런 사례를 목격한 적이 있다.

6. 두드려라 그러면 열릴 것이다 = 장학금 신청하기

웬만한 대학은 장학금의 수와 종류를 학생이나 교수조차 제대로 알지 못할 정도로 많다. 성적이나 저소득 장학금 외는 거의 없다는 식의 대학은 논의의 대상에서 제외하고자 한다. 그런 대학은 대학이기를 포기한 것으로 간주할 수밖에 없기 때문이다. 성적 장학금은 기본이다.

자신이 다니는 대학에 어떤 장학금이 있는지 그 조건은 무엇인지에 대해서 공부해야 한다. 아는 것이 힘이라는 말은 이때가 가장 적절하다. 일단 학생복지처에 찾아가서 장학금에 관련된 책자를 구하여 연구한 다음 자신이 해당될 만한 분야에 체크한 후 장학금 담당선생님께 문의해야 한다.

내가 알기로는 대부분 대학에서 성적 장학금은 기본이고 입학성적 우수 장학금, 공로 장학금, 근로 장학금, 국외연수 장학금, 학생봉사 장학금, 보훈 장학금, 직계자녀 장학금, 교육회원자녀 장학금, 특별 장학금, 특기자 장학금, 교내 신문사 장학금, 교내 방송사 장학금 등 수십 가지가 있다. 이런 교내 장학금 외에 교외 장학금에도 좀 더 알아볼 필요가 있다.

보훈 장학금, 한국지도자육성장학회 장학금, 인당 장학금, 한국장학회 장학금, 영풍문화재단 장학금, 소비조합 장학금, 삼성캐피탈 장학금, 한국학술진흥재단 장학금 등. 각종 로타리나 라이온스 장학금도 지역마다 있는 편이니 포기하지 말기 바란다.

나는 대학재학시절 성적우수 장학금을 받는 바람에 저소득가정 장학금을 받지 못했지만 뒤늦게 알아보니 두 장학금 모두 받은 학생도 있었다. 성적우수와 저소득 장학금은 별도의 것으로 주는 학교도 있고, 주지 않는 학교도 있는 만큼 좀 더 정확하게 알아볼 필요가 있다. 이런 장학금은 가만히 앉아서 기다리는 자에게는 절대로 오지 않는다. 스스로 뛰어 찾아야 한다는 사실을 다시 한 번 강조한다.

장학금에 관한 한 '뜻이 있는 곳에 길이 있다'라는 진리를 알려 주고 싶다. 나도 대학시절 장학금이 없었더라면 대학을 졸업할 수 없었기 때문에 장학금의 소중함은 누구보다 실감했다. 자신에게 해당되는 장학금이 없더라도 실망하고 포기하지 말라. 일단 지도교수를 찾아가서 상의를 하라. 그다음 학생복지처에 찾아가서 장학금 신청명단에 자신의 이름을 올리고 사정을 잘 말씀드려야 한다. 물론 이런 것도 소용없이 한 푼의 장학혜택을 누릴 수 없다면 총장이나 이사장을 찾아가서 하소연이라도 해야 한다.

그럴 용기조차 없다면 아직 배가 고프지 않고 장학금이 그만큼 절박하지 않다는 소리다.

나의 제언

- 대학생활을 하면서 장학금을 받지 못한다는 것은 대학생활에 문제가 있다는 반증이다. 의도적으로 다른 학생에게 양보하는 것이 아니라면. 실제로 이런 학생들도 더러 있다. 장학금은 두드리면 나온다는 것을 명심하라.
- 내가 다니는 학교에 어떤 장학금과 혜택이 있는지 반드시 그 내용을 공부하라. 종류가 너무 많아 교수들도 제대로 모르는 경우가 많다. 학생복지처나 산학협력단 등 의외의 곳에서 길이 열리는 수도 있으니 조사할 필요가 있다.
- 조교선생님, 학과장이나 지도교수와 자주 접촉하라.
  이들은 학교의 다양한 장학혜택을 연결시켜 줄 수 있고 유력한 후보자로 추천장을 보내 줄 수도 있다. 부끄럽게 생각할 필요 없다. 가정형편이 어려운 학생들을 교수는 안타까워하기 때문이다.
- 장학금이 얼마나 큰 도움이 됐는지 그 고마움을 당사자나 학교에 알려라.
  자신처럼 절박한 사정에 처한 후배 대학생들이 얼마든지 있다. 자신이 장학 혜택을 받았다면 그 고마움을 어떤 형태로든 알려야 후배들에게 더 많은 혜택이 돌아갈 수 있음을 인식하자.
- 장학금 신청 기준조건에 조금 부족하거나 자격미달이라고 해서 미리 포기하지 말라.
  대학에 따라 기준조건에 맞지 않으면 아예 신청 자체를 받지 않을 수도 있다. 그러나 대학의 행정이란 것이 법을 집행하는 것처럼 지나치게 엄격하지는 않다. 신청자가 많을 경우 그 대상에서 제외될 수밖에 없지만 미달일 경우 후보로 리스트에 올려 달라고 사정할 수도 있다. 미리 포기하지 말고 사정을 설명하고 다른 길은 없는지 그 가능성이라도 물어보라.

7. 새로운 도전, 경험에 나서라 = 해외연수, 배낭여행

대학시절 해외연수는 꼭 필요하다고 나는 주장한다. 배낭여행도 좋고 전공이나 어학연수도 좋다. 어떤 목적으로든 일단 해외에 나가서 이것저것 몸소 체험하고 시야를 넓힐 수 있는 기회를 만든다는 것은 대학생의 특권이다. 요즘처럼 각 대학이 경쟁적으로 외국대학과 교류를 맺고 재학생들을 한 명이라도 더 많이 해외에 장학금을 지불하면서까지 내보내려는 상황에서 해외연수 한번 나가 보지 못한다는 것은 문제라고 생각한다. 어떤 전공이든 이 주장은 똑같이 적용된다. 왜 대학시절 해외연수를 필수로 주장하는지 그 이유는 대략 네 가지다.

첫째, 영어의 중요성과 필요성을 절감하게 되기 때문이다.

인제대학교 해외전공연수

앞으로 영어 없이 살아가면 좋겠지만 대학생의 경우 전공 여부를 떠나서 원서를 읽어야 하고 외국과 교류해야 한다. 일본, 중국 학생을 만나도 영어로 대화를 나눠야 한다. 한국에서 배운 영어가 얼마나 엉터리인가를 스스로 확인하고 스스로 공부하는 동기를 부여하는 데 큰 도움이 되기 때문이다.

둘째, 취업은 물론 승진에도 영어회화는 여전히 위력을 발휘하며 앞으로도 이런 추세는 강화될지언정 달라질 기미가 보이지 않기 때문이다.

제대로 된 취업시험치고 영어시험 보지 않는 곳이 없고 면접 시 영어회화 여부는 꼭 물어본다. 취업 후에도 영어회화가 가능하면 남보다 더 강력한 신무기를 하나 가지고 있는 셈이다. 해외근무 선택도 가능해진다. 언론사의 경우 특파원의 특권도 누릴 수 있다. 일반 기업의 경우 해외파견이나 책임자로 나갈 수도 있다. 해외수당이 많은 편이기 때문에 남들보다 봉급도 훨씬 많다.

셋째, 무엇보다 시야가 넓어지고 사고의 폭이 깊어진다.

한국이라는 울타리 안에 갇혀서 살다가 대학생이 됐지만 별로 달라지는 것 없다가 해외에 나가서 역사, 세계사에서 나오던 곳을 거닐고 그곳의 사람들, 문화를 접하는 것은 새로운 배움이다. 그들이 왜 선진국 행세를 하며 강대국이 됐는지 그들의 자부심과 우리의 위상을 비교하는 것도 큰 가르침이다. 반대로 그들은 왜 여전히 가난하며 여전히 부패하며 후진국 신세를 면하지 못한 채 한국을 부러워하는지도 깨닫게 된다. '百聞而不如一見'이라고 하지 않았던가.

마지막으로 대학시절이 아니면 웬만해서 해외연수를 가질 기회가 평생 없어지기 때문이다.

물론 직장을 잡은 뒤 해외여행도 갈 수 있고 단기연수도 다녀올 수 있다. 그러나 시간과 비용 때문에 쉽지 않다는 사실을 뒤늦게 깨닫게 된다. 대학생 때 많은 경험과 해외 기회를 마련하기가 최고로 좋다. 물론 돈이 문제이긴 하지만 빚을 내서라도 가야 한다. 아르바이트를 해서라도 해외로 가 보라. 여기서 앉아서 모든 것을 짐작하고 모든 결론을 내는 것은 어리석은 일이다. 나의 직업, 나의 미래, 나의 행복이 한국에만 있다고 생각할 필요는 없다. 대학생에게는 주어지는 시행착오의 특권이 사회생활이나 직장생활 속에서도 동등하게 주어질 수는 없다. 일단 직장에 매이고 가정이라는 울타리가 생기면 나의 행보는 많은 제약을 받게 된다. 그래서 대학생 때 움직여야 한다.

해외연수는 이런 이유로 필요하지만 가급적 혼자 다니기를 권하고자 한다. 일단 각 대학에는 장기와 단기로 전공연수, 어학연수, 해외교환학생 프로그램 등으로 나누어져 있다. 이 가운데 어떤 쪽이 자신에 적합한지는 전공과 지역학교, 장학금 규모 등에 따라 달라지기 때문에 꼼꼼히 점검해야 한다. 어느 경우든 자신은 불행히도 해당사항이 없다면 그래도 실망할 필요는 없다.

막연하게 배낭여행을 떠나는 것도 해 볼 만하지만 인터넷을 통해 미리 가고자 하는 나라, 대학이나 연구소, 민간단체, 기업체 등과 접촉을 시도해 보는 것도 필요하다. 때로는 사정을 설명하고 숙소를 무료로 제공받을 수도 있다. 물론 상호 신뢰관계가 형성돼야 하기 때문에 쉽지 않지만 불가능한 것도 아니다.

어디를 가도 한국학생들이 많은 것 같지만 의외로 아직도 우물 안 개구리처럼 좀체 움직이려 하지 않는 소극적 학생들도 많다. 이런 학생들을 위해 다음과 같이 조언하고 싶다.

나의 제언

- 해외연수는 처음부터 미국, 영국 등 멀고 절차가 까다롭고 경비가 많이 소요되는 곳은 피하라고 권하고 싶다. 영어권이면서 비교적 절차가 간단하고 물가가 싸고, 가까운 필리핀, 말레이시아 등 동남아를 추천한다.
- 특히 말레이시아나 필리핀의 경우 한국에서는 비행기로 4～5시간 정도 거리에 영어연수는 일대일로 시켜 주기 때문에 저렴한 가격으로 본인의 노력 여하에 따라 상당한 효과를 볼 수 있는 곳이다. 필리핀은 스페인 식민지배 5백여 년, 미국 지배 50여 년을 받은 경험이 있어 외국인의 천국이며 심리적 부담감 없이 영어를 쉽게 접할 수 있다. 이러한 판단으로 인제대 신방과는 특정어학원과 영자신문사와 자매결연을 맺고 매학기 방학 때마다 10여 명을 선발해서 보내고 있다.
- 중동국가로는 이스라엘도 가 볼 만한 곳이다. 나는 이스라엘에서 2년여를 살아 본 경험이 있기 때문에 학생들에게 적극 추천한다. 특히 3백여 개 키부츠에는 많은 해외 여행객들이 와서 하루 5시간 정도 일하는 조건으로 숙식을 제공받기 때문에 세계의 젊은이들과 낭만을 즐길 수 있다. 한때 한국인들이 대거 몰려들어 한국인 이미지를 많이 망쳐 놓긴 했지만 어디를 가든 자기하기 나름이다. 이스라엘은 히브리어가 모국어지만 영어를 공용어로 사용하기 때문에 영어실습지로는 적격이다. 성지순례도 즐길 수 있어 일석이조인 셈이다.
- 미국이나 영국, 캐나다의 경우 단기연수로 가기에는 시간과 돈이 좀 아깝다는 생각이 든다. 이런 나라는 대부분의 대학교에서 다양한 교류를 맺고 있는 만큼 학교 프로그램을 적극적으로 이용할 필요가 있다. 나는 2004년 영국의 코리안 위클리(Korean Weekly ＝ 사장 신정훈)와 인제대학교 신방과와 협정을 체결하도록 주선했다. 1년 장기프로그램으로 학교 측에서 백만 원, 신문사에서 천만 원을 장학금으로 지원하여 매년 2명씩 '기사작성'이 가능한 학생을 선발하여 보내도록 했다.

2009년 현재 잠정 중단됐지만, 이런 곳은 좀 더 장기 체류를 통해 더 많은 것을 배우고 영어를 좀 더 세련되게 가다듬는 곳으로 활용하도록 하는 것이 좋다. 대학마다 이런 교류프로그램 마련을 위해 뛰고 있기 때문에 해당학생들은 일단 학교에 문의해 보는 것이 좋다. 작년에 없었다고 올해도 없는 것이 아니다. 혹 학교에 이런 다양한 프로그램이 없다면 학생들이 요구해야 한다. 울지 않으면 젖 주지 않는 것처럼 열심히, 지속적으로 요구해야 대학교도 교수도 움직이게 된다.

대학생들은 그런 권리가 있으니 요구하라. 그런 것이 없다고 앉아서 원망하고 투덜거리지 말고 혼자라도 나가 보라. 나가면 길이 있다. 집에 앉아서 완벽한 지도를 만들어 나갈 생각하지 마라.

8. 대학생활 중 빼놓을 수 없는 경험＝아르바이트

대학생들에게 좋은 사회경험은 아르바이트를 해 보는 것이다. 어떤 종류의 아르바이트든 상관없다. 그 직업이 어려울수록 나는 좋다고 생각한다. 그만큼 얻는 것이 많다. 오히려 쉽게 많이 돈을 벌 수 있다면 세상을 너무 쉽게 생각할 수 있기 때문에 당장은 좋게 보일지 몰라도 권장할 만하지는 않다.

나의 경우 고향이 울릉도라서 여름방학 동안 저동의 봉래폭포 아래 약차를 만들어서 관광객들을 상대로 팔았다. 여름방학 한철 장사하면 서울에서 1년 치 용돈을 벌 수 있을 정도였다. 누구도 그런 아르바이트가 있음을 알려주지 않았고 내가 스스로 개척해 낸 것이었다. 문제는 우리사회에서 대학생들이 아르바이트를 할 수 있는 곳이 많지 않다는 것이다. 일부에서는 대학생 아르바이트를 다단계 등 사기행각에 악용하여 순진한 대학생들의 눈물을 흘리게 만들기도 한다. 그러나 사기도 한번 당해 보라. 그런 실패에서도 느끼는 것이 있을 것이다. 뒤늦게 사기를 당하는 것보다는 미리 당해 보는 것이 예방접종을 맞는 것이다.

특히 다단계 판매 등을 통해 등록금에 해당하는 목돈을 벌 수 있다는 달콤한 선전은 물리치기 힘든 유혹이다. 그러나 보증금도 날리고 쪽박 깨진 경우를 제자들을 통해 보아 왔기 때문에 세심한 주의가 요구된다. 절대 욕심을 부려서는 안 된다.

대학생 시절에 아르바이트를 가리지 않고 한다는 것은 또 다른 대학생의 특권이라고 생각한다. 취업정보센터 등을 통해 아르바이트를 먼저 시도해 보고 여의치 않으면 자신이 스스로 뭘 할 수 있는지 한번 고민해서 자신의 환경과 처지에 알맞은 것을 개발할 필요도 있다. 아르바이트 실패가 대학생활 실패, 인생 실패는 아니니 염려할 필요 없다.

나의 제언

- 무슨 아르바이트를 하든 프로의식을 가지고 뛰어라.

  가슴에 ‘아르바이트’ 명찰을 달고 하든 그렇지 않든 일단 돈벌이에 나섰다면 프로의식이 필요하다. 대학생이니 좀 봐 달라는 식의 서투른 서비스는 곤란하다. 소비자 입장에서 고려해 줄 수는 있지만 당사자가 ‘아르바이트니까’라는 식의 정신무장으로는 안 된다.

- 아르바이트에서 과욕은 금물이다.

  대학생을 상대로 한 사기행각은 요즘 증가추세다. 사기아르바이트일수록 화려하며 감언이설로 정신을 쏙 빼놓는다. 일은 일대로 하고 대가를 못 받는다면 얼마나 억울한가. 더구나 보증금까지 맡겼는데 그것마저 날렸다면…… 뒤늦게 땅을 치고 후회해야 소용없다. 애석하게도 이런 대학생들을 서울이나 지방에서 심심치 않게 목격했다. 사기꾼들이 나쁘지만 내 스스로 너무 과욕을 부린 점은 없는지 한번 점검해 볼 필요가 있다. 이 세상은 특별하게 나를 위해 횡재수를 마련해 놓고 기다리는 법은 없다는 점을 명심하자. 아르바이트는 아르바이트일 뿐이다.

- 아르바이트를 시작하기 전에 확인해야 할 사항

  : 사무실과 연락처는 확실한가(불확실한 경우 학교취업정보센터 등에 확인요구가능).

  : 무슨 일을 하는지 분명하게 사전설명을 받았는가.

  : 일의 성격에 대한 대가치고는 너무 많다는 판단이 들지 않는가(해외에서 단순한 물건전달업무인데 알고 보니 마약운반이라면 한순간에 인생망치는 수도 있다).

  : 업무의 성격, 돈의 액수와 지불방식, 날짜 등을 분명히 명시했는가.

  : 보증금, 수수료 등 사전에 미리 돈을 요구하지는 않는가.

  : 부모님이나 친구 등도 알고 또한 동의했는가.

9. 반드시 결별해야 할 대학생들 '공공의 적' = 담배

　담배는 개인적 취향에 따른 자발적 선택의 문제인 만큼 제3자가 왈가왈부하기 힘든 사안이다. 그러나 주변의 사람들과 내 경험을 통해 담배에 대해 대학생들에게 몇 가지 당부하고 싶은 사항은 있다. 그것을 따르든 거부하든 그것은 본인의 판단에 맡길 일이지만 판단에 필요한 참고정보를 제공하고자 한다.

　고등학교 때 배운 담배는 대학생이 되면서 보다 자유롭게, 보다 자주 피우게 된다. 인제대학교의 경우, 금연캠퍼스이기 때문에 상대적으로 담배를 피우는 학생들이 매우 적은 편이다.

2008학년도 인제대학교
신입생 2,500명 금연서약

　담배에 대한 해악에 대해서는 너무나 일반적으로 많이 알기 때문에 여기서는 언급하지 않는다. 문제는 미국에서는 담배를 마치 마약취급하며 담배 피우는 사람들의 입지가 점점 좁아지고 있다. 자국에서 시장을 잃게 된 미국 담배회사들이 아시아로 주요시장을 옮겼다. 주로 젊은이와 여성들을 향해 다양한 세련된 디자인의 담배들을 내놓고 있다. 여기에 한국의 청소년, 대학생들 요즘은 여성들까지 가세하여 한국을 흡연율 세계 1위에 올려놓았다.

담배 피우는 사람치고 한두 번 끊기 위해 노력하지 않은 사람이 없다. 대부분 실패하는 것을 봤다. 몇 년 전 코미디언 故 이주일 씨 덕분에 담배 끊기가 활성화되는 것 같았지만 여전히 흡연율은 줄지 않고 있다. 2009년 통계청 조사에 의하면 실업율과 함께 흡연율은 더 늘어났다고 한다.

나는 대학생들에게 말한다. 담배 피워서 좋은 곳은 전매청(한국담배인삼공사)과 외국 담배회사들이라고. 가장 안타까운 일은 스스로 건강을 망치고 돈을 낭비하며 주변에 공해가 된다는 사실이다. 때로는 화재로 이어져 국가적 손실로 나타나기도 한다. 대학생이면 사회적 책임과 엘리트 의식을 가져야 할 미래의 지도자인데 차창이나 건물 창밖으로 담배를 던지고 함부로 침 뱉고 금지된 곳에서 담배를 피우는 등의 행태는 용인될 수 없다는 사실을 종종 잊는다. 철없을 때 배운 담배로 인해 본인이 고통 받고 자녀에게 해악을 주고 배우자가 괴로워한다면 이제 전매청을 망하게 하는 것이 좋다.

대학생들이 피워서 얻는 것보다 잃는 것이 많다면 담배는 끊도록 하는 것이 좋다. 당연한 소리지만 학생들은 잔소리 정도로 받아들인다. 그러나 이 점은 명심해야 한다.

비흡연 교수는 흡연 학생이 상담하러 가까이 오면 바로 알 수 있다. 더구나 금지된 화장실이나 캠퍼스에서 담배를 피우다 적발된 학생은 그것으로 인해 불이익을 받을 수 있음을. 인생은 때로 사소한 일로 큰 승부가 나는 수도 있다. 금연 캠퍼스에서 끝까지 몰래 담배 피우는 나약한 학생은 인생의 승부에서도 나약한 실패자가 될 확률이 높다.

나의 제언

- 담배, 아직 시작하지 않았다면 정말 잘한 것이다. 그러나 앞으로 유혹이 있을 것이다. 현재의 자세를 초지일관하는 것이 좋다.
- 현재 심한 중독단계에까지 오지 않았다면 흡연은 중단하는 것이 좋다. 외국의 주요 미팅이나 일반 가정을 가더라도 흡연자는 좋지 않은 취급을 받는다. 우리나라도 이제 흡연을 하게 되면 문전박대 당할 날이 올 것이다. 스스로의 가치와 품위를 유지하기 위해서도 담배는 끊어야 한다.
- 운전하면서 담배꽁초를 버리는 사람들이 아직도 많다. 이들은 범법자다. 다만 적발되지 않았을 뿐이다. 당신도 담배를 피우면 이런 유혹 혹은 경험이 있을 것이다. 범법자가 사회 리더가 되는 모습은 본 적이 없다. 잠시 리더행세는 할 수 있어도 곧 쫓겨날 것이다.
- 담배는 단순히 흡연자 개인에 한정된 문제가 아니라 배우자, 자녀, 가정의 문제로 발전하게 된다. 사랑하는 자녀에게 독가스를 뿜어 대는 아버지, 어머니를 상상할 수 있겠는가. 다른 기호로 바꾸라고 권한다.
- 담배에 관한 한 모두가 끊으라고 주장하는 만큼 그 말을 따르는 것이 좋다. 담배의 중독증세가 깊어질수록 중단하기가 힘들어진다. 대학생이 되면 자유가 주어지는 것은 자율통제와 책임을 전제로 하기 때문이다.

10. 인생의 절제와 쾌락을 동시에 요구받는 평생인생변수＝술

　담배와 함께 대학생들이 가장 많이 지탄받는 것이 바로 술 문화다. 고등학교 시절에는 술이 허용되지 않았지만 대학생이 되면 갑자기 공개적으로 술자리가 많아진다. 또 마치 통과의례처럼 신입생환영회에서 폭음과 과음이 판을 친다. 심지어 죽음으로까지 이어져 매년 대학생 과음이 사회문제가 될 정도다.

　절주(節酒)가 될 수 있다면 절주가 좋다. 그러나 한국의 '술 권하는 사회'에서 혼자서 절주하기가 쉽지 않다. 그렇다고 금주도 쉽지 않다. 절주와 금주, 음주 중에 무엇을 택할 것인가.

　음주는 멀쩡한 지도자를 하루아침에 조롱거리로 만들어 버리는 일을 자주 목격했다. 음주에서 벌어진 망언, 망동이 언론에 보도돼 장관직에서 물러나고, 요정정치로 고급술집을 전전하던 정당대표가 물러나고 심지어 감방에 가고…… 신물 나지 않는가. 음주운전으로 하루아침에 동료가 세상을 떠나고 친구가 강도를 당하고…… 음주 때문에 시험을 망치고 인생을 망치고…… 술로 인한 2차, 3차 피해는 이루 말할 수 없는 정도다. 물론 그 이면에 술이 주는 쾌락과 즐거움을 마시지 않는 나 같은 사람이 어떻게 상상이나 할 수 있겠는가.

　술을 마시려면 1차로 끝내야 한다. 그런 원칙이라도 있어야 한다. 줏대 없이 2, 3차 따라다니다가는 언젠가 비참한 말로를 맞게 된다. 본인만 예외라고 장담하지 마라. 신문지상에 소개되는 장관이나 각료 프로필에 '두주불사(斗酒不辭)'형이라며 술고래라는 표현을 마치 자랑처럼 내놓는 인간치고 우리 사회에 도움이 됐다는 지도자는 보기 힘들었다. 술 접대로 그런 자리에 왔다는 것인지 술로 출세했다는 것인지 알 수 없지만 웬만한 사람은 그런 행운을 누릴 수 없음을 미리 깨닫는 게 좋다. 대학생 때 배운 술버릇이 평생 간다는 사실을 기억하라. 교수가 준다고 넙죽넙죽 술 받아 마시지 마라.

나의 제언

- 대학생 때 술, 담배에 대한 분명한 자기 나름의 원칙을 세워라.
  술고래들의 후배를 자처하든 주당들의 대열에 동참하든 말든 본인이 충분히 생각하고 판단하라. 아직은 어리고 배워야 할 때라는 점을 잊지 말라.
- 절주를 할 수 없다면 금주를 하라.
  앞으로 사회에 진출하여 술을 배울 시간은 얼마든지 있다. 대학에서 술부터 배운다는 것은 대학도 대학생도 잘못된 것이다. 소득도 없는 처지에 과음을 할 정도로 술을 마신다는 것은 문제다.
- 술을 마시지 않으면 많은 일을 할 수 있다.
  술은 단순히 몸으로 마시는 것이 아니다. 시간도 함께 마셔 버린다. 술 역시 중독성이 있어 일 차로 끝나지 않기 때문에 술 마시는 사람들은 자기 시간의 상당부분을 술에 바쳐야 한다. 술 마시는 시간, 술에 취해 있는 시간, 술에서 깨어나서 후유증에서 벗어나는 시간. 이 시간을 다른 일에 투자한다면 많은 일을 할 수 있다.

- 공짜 술은 몸에 더 해롭다.

자기 돈으로 술을 마시면 절제하게 되는데 공돈으로 술을 마시면 상황이 달라진다. 과거 기자, PD들에게 공짜 술자리는 매일같이 마련됐다. '술에 장사 없다'는 말을 입증이라도 시키듯 나의 친한 고향친구 엘리트 PD는 매일처럼 술을 마시다가 결국 젊은 나이에 부모보다 먼저 세상을 떠났다. 얼마나 무책임한가. 누구도 예외가 될 수는 없다.

- 교수와 함께 술을 마시지 말라.

교수가 어쩌다 사 주는 술이라도 사양하는 것이 좋다. 교수는 술을 마시고 여유를 부려도 좋은 안정된 위치에 있는 사람들이다. 그러나 대학생들은 그렇지 않다. 특히 지방대학이나 일류대학출신이 아닌 대학생들은 자신의 처지를 스스로 알 필요가 있다. 때로는 상습적으로 교수가 학생들을 데리고 다니며 술을 권하는 경우도 있다. 심지어 대학원생에게 농담처럼 '술자리에 오지 않으면 학점을 주지 않겠다'는 엄포를 놓는 경우도 대학사회에는 흔하게 있다. 교수의 자질문제를 거론해야겠지만 이보다 먼저 항상 자신의 처지를 먼저 생각하라고 권하고 싶다. 술자리에 따라가서 못난 교수의 술주정이나 성희롱을 당해서 언론에 보도되는 사례들을 보면서도 깨닫지 못하는 어리석음에서 벗어나라.

- 술을 즐길 처지가 되는지 스스로 한번 돌아보라

내가 사 줄 처지가 안 된다면 얻어먹어야 한다. 한두 번이야 가능하지만 매번 그렇게 입만 가지고 다니는 것이 너무 염치없게 느껴지지는 않는가. 그것은 공돈으로 먹는 것이라고? 세상에 당신이 생각하는 것과 같은 공돈은 없다. 프로젝트에서 나온 것이든 업무추진비에서 나온 것이든 모두가 국민의 세금이고 나의 돈이다. 내가 그럴 만한 위치에 있는지 그래도 좋은지 되돌아보자.

세계적인 역사학자 헤로도토스는 '역사'(기원전 5세기)를 통해 많은 기록을 남겼다. 그중의 하나가 술로 인해 망쳐 버린 한 사나이의 일화도 포함됐다. 이를 인용해 본다.(권력을 경영하는 48법칙 하편)

술 때문에 놓친 최고의 미녀

시키온의 참주(지역의 왕급 직위–편집자주) 클레이스테네스에게는 '아가리스테'라는 이름의 딸이 있었다. 참주는 아가리스테를 그리스 최고의 남자와 혼인시키고 싶었다. 그래서 올림픽 시합이 벌어지는 동안 그는 클레이스테네스의 사위가 될 자격이 있다고 생각하는 사람은 60일 이내로 시키온으로 오라고 공표했다.

그는 그로부터 1년 뒤에 남편 자격이 있는 남자와 딸을 약혼시키겠다고 했다. 클레이스테스는 경주장과 레슬링 마당을 준비해 놓고 남자들을 기다렸다. 수많은 구혼자들이 몰려들었다.

클레이스테네스는 오는 사람마다 국적과 부모에 대해서 묻고 1년 동안 그의 집에서 머물게 했다. 그들을 잘 알기 위해서였다. 그는 때로는 단둘이 때로는 여럿이 대화를 나누면서 남자다운 특질, 기질, 교육, 예절 등 여러 가지를 확인해 보았다.

그러나 가장 중요한 것은 식탁예절이었다. 결국 이런 저런 이유로 아테네 사람 두 명이 클레이스테네스의 마음에 들게 되었는데, 그중에서도 티산데르의 아들 히포클레이데스가 더 나아 보였…… 마침내 약혼식 날이 다가왔다.

클레이스테네스는 약혼자를 발표하기로 한 날이었다. 그는 황소 백 마리를 잡고 큰 잔치를 열었다. 구혼자들만이 아니라 시키온의 저명인사들이 모두 모여들었다. 저녁 식사가 끝난 뒤 구혼자들은 음악과 대화로 경쟁하기 시작했다. 두 가지 면에서 단연 앞서는 사람은 히포클레이데스였다.

그러나 술이 잔뜩 취하자 히포클레이데스는 플루트 연주자를 부르더니 춤을 추기 시작했다. 자기 흥에 겨워서 추는 춤인 것 같았다. 그러나 클레이스테네스는 그가 춤을 추는 것을 보고는 모든 일을 심각하게 재고하기 시작했다. 곧 히포클레이데스는 탁자를 하나 가져오라고 하더니, 그 위에 올라가서 처음에는 라코니아 춤을, 그다음에는 아티케 춤을 추었다. 그리고 마지막에는 머리를 탁자에 대고 발을 공중에 들어 올려서, 발로 박자를 맞추었다.

클레이스테네스는 라코니아 춤과 아티케 춤까지는 참았지만, 마지막 춤만은 그대로 봐 줄 수 없었다. 클레이스테네스는 큰 소리로 외쳤다.

"티산데르의 아들이여, 너는 춤으로 네 결혼을 날려 버렸구나."

11. 인생의 성공과 실패는 거의 반쯤 판가름 났다＝학교, 학과 선택

한국 사회에서 모두가 일류대학에 자녀를 보내려고 사교육에 엄청난 투자를 하는 데는 이유가 있다. 우선 일류대학에 입학하게 되면 취업, 승진 등에서 큰 장점이 있다. 현실적으로 이런 유리한 점은 강력한 동기부여가 된다.

이를 뒤집어 보면 소위 일류대학이 아닌 대학에 갔을 경우 상대적 불이익은 감수해야 한다는 소리다. 물론 여기에 한의대, 치의예과는 예외가 된다. 면접과 취업, 승진 등 평생 대학교 이름은 자신을 따라다닌다. 사기꾼들이 '서울대 법대' 한마디로 '돈을 후려치고 성적으로 수십 명을 농락했다'는 기사는 시대가 바뀌어도 종종 접하는 기사다. 한국사회는 그만큼 학벌사회고 학벌사기꾼이 많은 곳이다. 소위 실력보다는 간판, 내용보다는 껍데기를 중히 여기는 사회라는 서글픈 현실도 한몫한다.

이런 사회는 갑자기 누가 하늘에서 만든 것이 아니고 우리 스스로 만들었기 때문에 우리는 피해자이면서 가해자인 셈이다. 특히 서울의 7개 대학 정도를 제외한 서울과 수도권의 대학들, 지방의 모든 대학 학생들이 겪게 되는 학벌사회의 좌절감은 당해 보지 않은 사람은 실감하지 못한다. 부당하고 잘못된 것이지만 이런 대학에 대한 선입견과 편견은 너무나 단단하여 바꾸기가 쉽지 않다.

인제대학교가 지방의 명문이고 윤리경영으로 민족의 대학을 꿈꾸며 노력하고 있다고 하지만 서울에 올라오는 순간 '무명의 대학교'로 불린다. 한 신문에서는 인제대학교가 대학종합평가에서 전국 2위를 차지했을 때

‘무명 인제대 돌풍’이라고 제목을 단 적이 있다. ‘이름 없는 대학’ 정도가 아니고 심지어 ‘강원도 인제’에서 온 것으로 착각하는 사람들도 있다. 모르는 것을 탓할 수는 없지만 이것이 자칫 ‘무시하거나 깔보는 정도’로 평가절하된다는 것은 부당하다.

그러나 크게 염려할 것 없다. 인생의 승부수에 대학이나 학과가 주요 변수이긴 하지만 그것으로 승부가 끝난 것은 아니다. 다만 좀 더 유리한 고지 혹은 불리한 입장에 있다는 정도일 뿐이다.

진정한 승부는 현실을 어떻게 겸허하게 받아들이고 성실하게 노력하느냐에 달려 있다. 서울대 법대 나와서 판사하다 불명예로 옷 벗고 나와서 다시 변호사 하다가 불법으로 구속되는 식으로 인생을 산 사람도 있다. 오히려 일류대학 가서 자만하거나 자신의 잠재력을 충분히 발휘할 필요성을 느끼지 못해 실패한 사람도 적지 않다. 반대로 현실의 여건이 불리함을 깨닫고 피나는 노력으로 성공의 길을 걷는 사람도 주변에서 쉽게 목격하게 된다.

현실을 직시하되 굴복해서는 안 된다. 어느 학교 어느 학과를 왜 선택하게 됐는지, 이 선택이 앞으로 무엇을 의미하는지에 대한 반성과 자기다짐이 있어야 한다. 지금까지 목표한 대로 잘 이루어져 왔다면 당신은 이미 대단한 사람이다. 그러나 지금까지 실패와 좌절의 연속이었다면 당신도 참 대단한 사람이다. 그렇게 실패하고도 이 정도로 유지해 왔다는 것은 엄청난 잠재력의 소유자라는 것을 증명하기 때문이다. 더 이상 물러설 곳이 없는 사람들은 괴력을 발휘하는 법이다.

나의 제언

－대학교, 학과가 내 뜻대로 된 사람은 별로 없다는 사실을 받아들이자.

이것은 인생의 긴 과정에서 첫 승부를 겨룬 것이다. 인생이 쉽지 않고 패배란 쓰라린 것이라는 사실을 절감했다면 이것도 큰 성과다. 일류대는 일류대 나름대로 경쟁이 치열하지만 한국에서 큰 특혜의 대상이 됐다는 점에서 게을러질 수 있는 위험성도 있다. 학연사회에서 서로 조직을 만들어 밀어주고 당겨 주는 사이에 자기계발에 소홀해질 수도 있다. 반면에 일류대 아닌 학생들은 오직 실력 이외에는 믿을 것이 없다는 사실을 인식하게 되면 이제야 진정으로 노력하게 된다.

－학과는 다시 한 번 생각해서 내 적성에 맞는 것을 골라야 한다.

한국에서는 학과보다 점수에 맞는 대학이 우선적으로 고려된다. 그래서 대학에 들어오고 난 뒤에서야 적성에 맞지 않다면서 전과를 선택하거나 학교를 도중에 포기하는 경우도 있다. 요즘은 전과가 쉬운 만큼 대학 내 전과 혹은 다른 대학으로 편입하는 것도 한 방법이다. 학과선택은 직업 선택과 직결되고 자신의 가치관, 흥미 등과도 직결된다. 이는 궁극적으로 인생의 성공과도 직결되는 만큼 학과선택은 대학 선택보다 우선돼야 한다.

－대학생이 되면 집과 부모를 떠나라.

스스로 둥지에 벗어나서 생활해 보라. 이제 홀로서기 해야 할 때가 왔다. 학교선택도, 학과선택도, 이성 친구 선택도 스스로 하라. 그런 만큼 그에 대한 책임도 스스로 져야 한다. 모든 행위에는 책임이 따른다. 인간은 혼자 있을 때 성장하는 법이다. 자녀를 지방대학교에 보내면 마치 큰일이라도 나는 것처럼 착각하는 부모들을 종종 보게 된다. 그런 문제의 학생은 서울에서 생활해도 어차피 탈나게 돼 있는 덜떨어진 학생일 뿐이다. 오히려 부모와 떨어져 정신적으로 성장하고 보다 책임감 있는 능름한 대학생의 모습에 감동하는 부모들을 종종 만난다. 자녀들은 부모들이 생각하는 만큼 어리석지도 무모하지도 않다. 그들을 믿고 둥지에서 내보내라. 필요하다면 해외에도 보낼 수 있어야 한다.

―자신이 선택한 대학교에 대해 자부심을 가져라.

자신이 선택했든 그렇지 않든 현재 소속돼 공부하고 있다면 자부심을 가지는 것이 좋다. 그것이 아니라면 이 학교를 계속 다닐 것인지 그만둘 것인지 빠른 시간 안에 결단해야 한다. 자신의 선택에 대해 자신감과 자부심을 가져야 한다. 모두가 그렇지 않다고 도리질을 해도 본인은 그 선택에 책임을 져야 하기 때문이다. 자부심 없는 조직에서 성공한 사람을 찾기란 쉽지 않다.

―내가 선택한 학교가 일류가 아니라면……

인생은 역전의 드라마가 멋이 있다. 모든 승부의 세계에서 처음부터 일등이 끝까지 일등하게 되면 싱겁다. 한국의 대학세계에 진정한 일류, 이류, 삼류는 없다. 유명대학, 취업 잘되는 대학 몇 개를 제외하면 모두가 그렇고 그런 대학이라고들 한다. 대단히 부당하고 불합리한 평가이지만 현실적으로 기업체 인사담당자들은 이런 점을 굳이 부인하지 않는다. 현실의 편견을 깨고 새로운 질서를 만들어 내는 것은 도전하는 자의 몫이다. 쉽지 않은 길이 되겠지만 힘겨운 과정을 거쳐 작은 성공을 하나씩 이뤄 나갈 때 그 쾌감은 역시 느껴 보는 자만의 특권이다. 쉬운 길을 택하지 않은 당신은 이미 다른 사람보다 더욱 자신의 잠재력을 극대화해야 할 현실에 직면해 있음을 기억하자.

미국의 유명한 성공학 강의자 '로버트 H. 슐러'는 "성공한 사람들의 10가지 일상생활"이란 것을 만들었다. 나는 이것을 원용하여 다음과 같이 성공한 대학생들의 12가지 일상생활로 바꾸어 봤다.

1. 자기적성과 흥미에 맞는 매력적이고 현실적인 목표를 갖는다.
2. 대학생들은 오늘의 자신, 지금의 자신을 인정하고 여기서부터 출발점으로 삼는다.
3. 타인과 비교하여 일희일비하지 않는다.
4. 진취적이고 긍정적이며 정열적인 사고를 갖는다.
5. 창조적인 상상력을 적극 활용한다.
6. 현재의 일을 최후의 일이라고 생각하고 집중한다.
7. 자신만이 가지는 개성적인 매력을 가꾸고 소중히 여긴다.
8. 성공에 대해서 서두르지 않고, 교만하지 않고, 쉬지 않고, 포기하지 않는다.
9. 무엇을 하든 명예를 소중히 여기는 인간이 될 것을 마음에 새긴다.
10. 하나의 일이 끝났을 때, 성공했든 실패했든 훌륭한 성공 체험을 만든다.
11. 교수 중 한 사람의 멘토를 만들어 자신의 모델로 삼는다.
12. 학교의 작은 규칙과 교훈을 존중하는 자세를 유지한다.

둘

성공타입, 실패타입

1. 성공과 실패의 변수

처음부터 성공과 실패를 타고 나는 사람이 있을까. 운명처럼 성공할 상, 실패할 상 등 관상학적으로 점쳐 볼 수는 있을 것이다. 만약 인생이 태어날 때부터 성공과 실패가 이미 정해져 있다면 노력과 도전, 변화는 아무 의미가 없다. 인생 자체가 너무 단조로울지도 모른다.

따라서 자신의 운명을 점쟁이의 말 한마디에 의존한다는 것은 어리석은 일이다. 그러나 상당수 인간은 이런 어리석은 일에 기꺼이 지갑을 열기도 한다. 인간은 본래 나약한 동물이기 때문이다. 자신의 운명과 미래를 알 수 없기 때문에 인생은 더욱 살아 볼 만한 가치와 매력을 동시에 가지고 있다.

오늘도 성공을 노크하는 사람들은 인생의 불가측성, 변화무쌍함 때문에 도전, 또 도전해 보는 것이다. 동서고금을 통해 성공한 사람, 실패한 사람의 유형은 결과론적으로 구분되기도 하지만 이것이 반드시 절대적인 것은 아니다. 다만 보편적 공통점에 대해서는 경계하고 유의할 필요가 있다.

성공하는 자는 성공의 문법에 충실하고 실패하는 자는 실패의 길로 따라가는 식이다. 실패하는 자도 스스로는 항상 성공의 길로 가고 있다고 착각하기 마련이다. 그만큼 성공과 실패가 때로는 백지 한 장 차이로 판가름 날 만큼 유사성을 갖고 있기 때문이다. 모두가 성공을 원하고 실패를 피하고 싶어 하지만 모두가 성공하는 것은 아니다.

그렇다면 성공과 실패를 가르는 변수는 무엇일까. 성공한 사람들, 성공을 주장하는 사람들의 공통된 점을 정리해 본다. 이와 함께 주변에서 흔히 보는 더 많은 실패 사례에서 나타난 공통점도 제시해 본다. 주관적인 주장이지만 자신의 인생법칙, 습관과 어떤 차이점과 공통점이 있는지 비교, 분석해 보는 것도 의미가 있을 것 같다.

끊임없이 배우고 바꾸고 노력하지 않으면 오늘의 승리자도 내일의 패배자가 될 수 있다. 오늘의 패배가 내일의 성공을 위한 밑거름이 될 수도 있다. 그러나 패배를 제대로 분석하지 못하고 쓸데없는 고집만 부린다면 이 패배는 더 큰 패배, 절망, 재앙으로 연결될 수도 있다. 잦은 패배는 사람을 상하게 하는 만큼 패배의 습관을 바꾸어 보도록 하자.

예로부터 성공과 실패는 사람을 보는 눈, 사람과의 관계에 의해 결정되는 일이 많았다. 그래서 항상 사람 보는 눈의 중요성과 대인관계의 원만함을 강조했다. 중국의 역사서에 흔히 소개되는 '육험법'을 인용해 본다. 오늘날에도 인사정책, 인터뷰 등에서 유용하게 활용되는 내용도 있을 것으로 판단된다.

사람을 시험해 알아보는 6가지 방법

동서고금을 막론하고 사람을 평가하는 다양한 방법은 항상 고민거리였다. 이명박 정부 초기에 인사정책 실패로 국민적 지지도가 땅에 떨어졌다. 초기 이 대통령의 리더십 확보에 치명적인 상처가 됐다. 성공하는 인사정책의 핵심은 능력을 갖춘 인재를 적소에 배치하는 것이다. 어떤 자격을 갖춘 누구를 어떻게 뽑아야 하는지는 그래서 매우 중요하다. 중국의 여씨춘추에 나오는 '사람을 시험해서 알아보는 6가지 방법 소위 육험법(六驗法)'을 소개한다. 이를 통해 어떤 성공 습관을 길들여야 하는지 참고하는 데 도움이 될 것으로 기대한다.

1. 그를 기쁘게 하여 정상적인 상태를 잃고 천박하게 흐르지 않는지 살핀다.
2. 그를 즐겁게 해서 취향이나 나쁜 버릇 따위를 살핀다.
3. 화를 돋워 통제능력이 있는지 없는지를 살핀다.
4. 두렵게 만들어 그것을 견딜 수 있는지를 살핀다.
5. 슬프게 만들어 스스로 지탱할 수 있는지를 살핀다.
6. 힘들게 만들어 그의 의지를 실험한다.

평소나 유사시에 자기관리 능력을 알아보는 것이다. 개인의 정보가 잘 정리, 공개된 현대에서도 경영자들은 조직 내 인사를 평가할 때 업무능력과 함께 바로 이런 점들이 평가의 대상이 되기도 한다. 각 조직원들이 자기절제와 통제, 자기 관리를 어느 정도 해내는지는 최고경영자들에게는 항상 주요한 인사정책 기준이 되고 있다.

2. 성공하는 유형

성공에 이르는 길은 다양하다. 개인에 따라 성공의 형태와 정도는 천차만별이다. 개인이든 조직이든 성공하는 유형에는 공통점이 있다. 여기서는 그 공통점이 어떤 것인지 살펴보고자 한다.

성공하는 유형과 실패하는 유형의 기준을 크게 ♠사고방식, ♠말, ♠행동의 관점에서 살펴보고자 한다. 앞으로 성공 혹은 실패하게 될 유형은 이런 기준에서 어떤 차이점을 보이는지 미리 안다는 것은 스스로 이를 경계하고 개선하게 될 수 있다는 믿음 때문이다.

성공의 요인에 배경, 학벌, 지연, 혈연, 학연 등의 요소가 중요하게 작용하지만 개인이나 조직마다 편차가 다르기 때문에 여기서는 언급하지 않기로 했다. 개인의 행동 특성에 초점을 맞춰 자기관리의 지침서가 되도록 노력했다.

1) 성공하는 유형의 사고방식

-매사에 긍정적, 적극적이다

이들은 일이든 공부든 청소든 매사에 솔선수범하는 적극적 사고방식의 소유자들이라는 공통점이 있다. 적극적인 만큼 실수도 실패도 종종 따르지만 그를 통해 얻고 배우는 것이 많다. 소심하고 수동적인 사람들은 별로 눈에 띄지도 않고 특별히 잘못하는 것도 없어 보이지만 조직생활이나 인생에서 성공하기도 쉽지 않다. 매사 적극적인 생활태도가 더 많은 기회를 가져다주는 법이다.

교육방송(EBS)에서 2009년 4월 29일 '인간의 두얼굴'이라는 프로그램에서 학생들을 상대로 실험한 내용을 방영한 적이 있다. 내용은 사고방식이 '긍정적 학생들'과 '부정적 학생들' 두 부류로 나눠서 상자를 이용해 10층 탑을 만들도록 하는 것이었다. 대신 두 명씩 다리를 묶어 함께 일하도록 했다. 결과는 같은 시간대에 긍정적 부류의 학생들은 7층을 쌓아 올린 반면 부정적 사고의 학생들은 3층밖에 쌓아 올리지 못했다.

게다가 긍정적 학생들은 탑을 쌓아 올리다 넘어져도 다시 하면 된다는 반응을 보인 반면 부정적 학생들은 '좌절과 실망'으로 뒤로 나자빠지는 식이었다. 인생도 마찬가지다. 누구나 실패하고 좌절하는 법이다. 이때 누가 자포자기에 빠지고 누가 극복하느냐에 따라 인생의 성패는 판가름 나는 법이다.

'백만 불짜리 열정의 소유자'로 알려진 이채욱 GE헬스케어 아시아 성장시장 총괄 사장은 이렇게 표현했다.(한국경제신문. CEO들의 세상사는 이야기, 사장님 소주 한잔 하시죠.)

"(긍정적 사고는 타고난 것 같다는 지적에) 내가 만난 경영인들은 대부분 낙천적이고 긍정적인 성격을 가졌다. 나는 그것을 '행운아 마인드'라고 하는데 행운아 마인드를 가지면 진짜 행운이 따라오는 것 같다. 그러면 다시 의욕이 생기고…… 그게 바로 긍정의 힘이다."

─실패에 쉽게 좌절하지 않는 근성이 있다

웬만한 실패쯤은 꿈쩍도 하지 않고 툭툭 털고 다시 재기를 노린다. 이들은 실패를 실패로 보지 않고 성공으로 가는 길목의 암초 정도로 생각한다. 실패는 누구에게나 아프고 참담한 좌절의 시간을 가져오는 법이다. 문제는 성공하는 이들은 이를 실패로 인정하지 않고 인내한다는 사실이다. 이들은 대신 타오르는 열정을 가지고 또다시 오기로 근성으로 돌진, 시도해 낸다는 점이다.

이채욱 GE헬스케어 사장은 '실패학'에 대해 이런 주장을 했다.

"성공을 통해 배우는 것보다 실패를 통해 배우는 것이 100배 1,000배는 큽니다. 이를 통해 실패해도 절대 도망가지 말자는 생각을 가졌습니다."

성공한 CEO로 각종 언론의 인터뷰를 받고 있는 이채욱 사장은 '직원들에게 사회봉사 활동을 장려하고 GE장학생 제도를 확대하는 등 사회공헌과 차세대 인재육성에도 심혈을 기울이고 있다'고 한다. 실패는 그를 성공으로 이끈 강력한 동력이자 스승이 된 셈이다.

오마르 워싱턴의 시 '나는 배웠다' 중에는 이런 표현이 있다. "……인생은 무슨 사건이 일어났는가에 달린 것이 아니라, 일어난 사건에 어떻게 대처하느냐에 달려 있다는 것을 말한다. 어떤 것을 아무리 얇게 벗겨 낸다 해도 거기에는 언제나 앞면과 뒷면이 있다는 것을 배웠다."

─신뢰가 사고의 중심을 차지하고 있다

믿을 수 없는 사람치고 성공한 사람은 없다. 사회생활에서 가장 중요한 가치는 상대로부터 신뢰를 받는 것이다. 신뢰란 사소한 약속, 예의범절 등을 통해 쌓이기도 하고 무너지기도 한다. 신뢰를 통해 자신의 평판을 지키는 사람은 성공할 수밖에 없다.

－친구도 중시하지만 가정의 가치도 소중히 할 줄 안다

방식은 다르지만 가정을 중시여기는 사람은 성공의 반은 이룬 셈이다. 가정은 경쟁력 배양의 원천이고 리더십 실습의 상시 실험장이다. 배우자나 자녀들로부터 인정받고 존경받는다는 것은 가정이라는 최소단위에서 리더로서 작은 성공을 거뒀다는 판정이다. 가정을 잘 돌보도록 아내나 남편을 배려하고 도울 줄 안다면 이는 직장생활에서도 성공할 수밖에 없는 사려 깊은 사고의 소유자라는 것을 의미한다.

'장기적 전략수립의 대가'로 알려진 구학서 신세계 부회장은 벤자민 프랭클린의 말을 인용하여 '다른 이가 나로 인해서 행복해하는 것을 보는 것, 그것이 나의 행복'이라는 표현으로 부부관에 대해 말했다. 구학서 부회장은 "내가 행복하려면 배우자를 행복하게 해 주면 된다는 얘기다. 그러면 어느 한쪽이 일부러 싸우려 해도 싸움이 되지 않는다."고 말했다.(한국경제신문. 위의 책)

'재계에 소문난 메모광'으로 유명한 김정만 LS산전 고문은 자신의 부인에 대해 이렇게 인터뷰한 적이 있다.(한국경제신문. 위의 책)

"누가 물어본 적이 있어요. 다시 태어나도 지금 마누라를 만나겠느냐고 말이지요. 저는요. 백번 죽었다 깨어나도 우리 마누라와 살고 싶어요."

이렇게 공개적으로 말하기가 쉽지 않다. 김정만 고문의 부인 황선희 씨는 어려울 때마다 든든하게 버팀목 역할을 해 온 것으로 알려졌다. 이들뿐만 아니라 성공한 CEO들의 뒷면을 보면 하나같이 훌륭한 배우자, 훌륭한 가정의 울타리가 있었다는 점을 알 수 있다. 가화만사성(家和萬事成)은 그래서 오늘날에도 중요하다.

'소리 없는 실력자' 황두열 한국석유공사 사장은 가정생활의 중요성을 유독 강조한다. 황 사장은 "가정생활에 문제가 있으면 부장급 이상의 승진은 쉽지 않다."고 단언했다. 황 사장 스스로 "내가 CEO까지 오르게 된 데에는 아내의 역할이 절반 이상이다."라고 언론에 공개적으로 밝혔다.(한국경제신문. 위의 책)

―자신만의 구체적 꿈이나 이상을 지니고 있다

누구나 안정된 직장, 보수가 높은 자리를 원하지만 누구나 그런 자리에 갈 수 있는 것은 아니다. 막연히 '공무원이 되겠다', '이사가 되겠다', '국장이 되겠다'라는 꿈은 누구나 꿀 수 있지만 이런 식으로는 성공하기가 매우 힘들다. 보다 구체적인 꿈과 그 이유와 사명 등이 분명해야 확실한 동기부여가 된다. 꿈을 이룬 자들을 만나서 대화를 나눠 보라. 이들은 대부분 추상적인 성공을 좇지 않았고 자신의 구체적 이상과 희망을 향해 그냥 달려온 것뿐이다.

―상대가 누구든 인정하는 자세, 상생의 의지가 돋보인다

사고방식이 열려 있지 않은 경우, 타인을 인정하고 배우려는 자세에 인색하다. 성공한 사람들의 공통점은 사고가 편협하거나 자기 고집에 갇혀 있지 않다는 점이다. 물론 때로 자기 고집이 필요할 때도 있지만 보편적으로 항상 열려 있는 사고와 배우려는 자세를 읽을 수 있다. 또한 혼자 살려고 하는 것보다 함께 상생, 공존하려는 노력을 볼 수 있다.

이기태 삼성전자 부회장은 "난 회사생활을 해 오면서 경쟁자들과 협력하는 법을 터득했기 때문에 이 자리에 올 수 있었다. '이것이 내 의자다' 하면서 싸운 적은 없었다. 거짓말처럼 들리겠지만 사장이 되고 싶은 생각도 없었다. 그저 작은 선택과 그 선택의 결과 치가 모여서 여기까지 온 거다."라고 말했다.(한국경제신문. 위의 책)

−원망보다 희망을 앞세운다

성공으로 가는 길은 험난하다. 실패와 좌절의 순간이 오면 원망과 한탄이 나오기 십상이다. 이때도 성공하는 유형은 원망보다 희망을 앞세운다. 언젠가 '내 꿈이 실현되리라'는 희망을 통해 자신을 독려한다. 모두가 어렵다고 고개를 흔들어도 자신만큼은 자신을 믿고 희망의 횃불을 더욱 높이 치켜든다. 자신의 의식 속에 내재화한 구체적 희망에 대한 확신이 없다면 이는 불가능한 일이다.

−핑계보다 대안을 제시한다

일이 잘못됐을 때 핑계거리를 찾는 것은 너무나 쉽다. 그러나 실현 가능한 구체적 대안을 제시하기란 쉽지 않다. 실패가 반복될 때, 모두가 실의에 잠겨 있을 때 이런저런 핑곗거리는 누구나 찾을 수 있다. 그러나 앞을 보고 핑계가 아닌 대안책을 제시한다는 것은 이미 한발 앞서가고 있다는 반증이다. 대안을 찾는 사람에게 길은 열려 있게 마련이다.

2) 성공하는 유형의 말

-웬만해서는 거짓말을 하지 않는다

거짓말은 신뢰상실의 지름길이란 사실을 인식하고 있다. 거짓으로 잠깐의 성공을 이루거나 잠깐의 위기는 극복할 수 있지만 길게 봐서 결코 도움이 되지 못한다는 점을 알고 있다. 어리석은 자들이 자신을 신뢰하는 사람에게 거짓말로 대응하여 신뢰를 불신으로 바꿔 놓는다. 사소한 거짓도 거짓은 거짓이다. 성공한 사람들의 말을 들어 보라. 이들은 과장도 거짓도 없다. 물론 정직 하나로 살아왔다면 이것도 거짓이 된다. 그러나 명심해야 할 사안은 사람은 모두 똑같지 않고 거짓에 관한 한 편차가 너무나 다르다는 점이다.

성공한 CEO로 손꼽히는 IBM 사장 출신인 LG CNS 신재철 사장은 정직의 중요성에 대해 한국경제신문과의 인터뷰에서 이렇게 설명했다.

"나의 행동을 통해서 다른 사람이 나를 좋아하게 해야지 행동을 시원찮게 해 놓고 남이 나를 좋아하게 하는 것은 불가능합니다. 그래서 정직하게 사는 것이 가장 편하게 사는 방법이란 것을 배웠지요."

-남의 말, 험담 등을 잘하지 않는 편이다

성공하는 유형은 남의 말을 잘하지 않으며 하더라도 가급적 좋은 점을 말한다. 성공하는 유형을 보면 '입이 선하다'는 공통점을 발견한다. 남의 말이라고 쉽게 하고 쉽게 비난부터 쏟아 놓는 경우는 드물다. 역지사지의 입장에서 상대를 배려하는 마음씨가 입을 통해 나타난다. 물론 정당한 비판과 대안제시는 별개의 문제다. 사사로운 감정을 개입하여 험담을 하거나 불필요하게 시기질투하지 않는다. 자신의 입을 통해 나간 것이 결국은 자신에게로 되돌아온다는 부메랑의 법칙을 알고 있든 모르고 있든 '입이 곱다'는 공통점을 발견할 수 있다.

―극단적인 말, 욕설 등을 거의 사용하지 않는다

성공한 사람이라고 해서 성인군자처럼 행동하지는 않는다. 인간은 인간일 뿐이고 특정분야에서 두각을 나타내 성공했다는 평가를 받을 뿐이기 때문이다. 그러나 이들의 공통점은 인내 또 인내하는 과정에서 자연스럽게 겸손해지고 극단적인 말이나 표현 등을 자제하게 됐다는 점이다. 패배자들의 입에서 습관처럼 터져 나오는 욕설이나 상스러운 말을 성공한 사람들에게서 듣기가 쉽지 않다. 그런 격하고 극단적인 용어는 이들의 말사전에는 없다. 필요성을 느끼지 못하기 때문이다.

―칭찬과 격려를 입에 달고 산다

사소한 칭찬, 작은 격려 등이 몸에 배어 있다는 점을 알 수 있다. 성공하는 유형의 입을 주목해서 보라. 때로는 이들의 말이 어눌하고 표현이 서툴러도 남을 비난하기보다 칭찬하고 격려하는 데 열심이다. 자신의 입에서 나간 것이 되돌아와 자신을 일으키고 격려하게 되는 것이다. 리더들은 공개적으로 칭찬과 격려의 명수들이다.

교육방송에서 한 실험이다. 2009년 5월 3일 '인간의 두얼굴'에서 실시

한 실험으로 한 방에 들어가 아이의 눈을 가리고 어머니를 향해 공을 던지게 하고 어머니는 그 공을 바구니에 담는 역할을 부여했다. 어머니와 아이가 한 팀이 돼 실험을 한 결과, 많이 받은 편에 속하는 12~19개 받은 팀이 5쌍이 나왔다. 반면에 7개 이하의 저조한 성적을 낸 팀은 2쌍이 나왔다.

실험과정에 녹음한 내용을 실험대상자들에게 들려줬다. 많이 받은 팀 어머니들은 한결같이 '아이구 또 들어갔다', '잘한다' 등 칭찬 일색이었다. 반면에 저조한 성적을 낸 팀 어머니들은 공통적으로 '아니 아니 그렇게 말고', '아니 아니 이쪽으로……' 등 부정적 말이 대부분이었다. 가만히 둬도 잘할 수 있는 아이들에게 부정적인 말은 도움이 되지 않는다는 점이다. 긍정의 말, 칭찬의 말이 얼마나 중요한가를 배우는 귀중한 실험이었다.

3) 성공하는 유형의 행동

－생각보다 먼저 움직인다

성공하는 유형은 윗사람의 지시가 있기 전에 먼저 움직인다. 지시를 내려 기한을 정해 줘도 기한에 앞서서 가져온다. 항상 준비된 모습을 보여준다. 생각보다 먼저 움직이는데 상사가 좋아하지 않을 수 없다.

'협상의 달인'으로 불리는 이기태 삼성전자 부회장은 자신이 좋아하는 부하직원 스타일에 대해 이렇게 말했다.(CEO들의 세상사는 이야기. 사장

님, 소주 한잔 하시죠. 한국경제신문)

"좋아하는 부하직원은 내가 일일이 챙기지 않아도 다 해 놓거나 일부 지시만 해도 전체를 알아서 하는 스타일의 직원이다. 그런 직원이 전체 부하직원 가운데 3~4% 정도 된다. 그런 부하가 3%만 있다고 해도 많은 거다."

행동에 앞서가는 부하직원을 좋아하지 않을 리더가 없다. 게으른 자가 사랑받는 경우는 없다. 윗사람의 생각보다 앞서가기 위해서는 그만한 노력과 준비를 해야 한다. 윗사람은 그대를 위해 찬란한 계급장을 준비할 것이다.

'기업 인수 합병(M&A)의 귀재' 최평규 S&T그룹 회장의 경영철학은 '생각 즉시 행동하자'는 것이다. 모든 것을 긍정적으로 보면서 직원들의 애로사항 등은 즉각 행동에 옮기자는 주의다. 최평규 회장이 정의하는 유능한 직원이란 '주인의식과 책임감, 열정을 갖고 부지런히 노력하는 사람'이라고 한다. 주인의식, 책임감, 열정, 성실은 아마 모든 CEO가 기대하는 유능한 직장인상일 것 같다.

─자신의 흥미분야에 관한 한 열정이 넘쳐난다

다른 사람이 돈을 주고 해 달라고 해도 할 수 없는 일을 성공하는 이들은 기꺼이 보수의 과다를 가리지 않고 행동하고 일한다. 특정분야에 대한 열정이 넘쳐나기 때문이다. 자신의 흥미분야를 사랑하고 흥미를 느끼고 좋아하기 때문이다. 이런 열정은 기대 이상의 성과를 가져다주는 법이다. 영국의 신데렐라가 된 수전 보일의 이야기가 계속 세상에 화제가 되고 있다. 보잘것없는 외모, 제대로 손질하지 않은 듯한 머리, 우스꽝스러운 모습으로 그가 '브리튼스 갓 탤런트' 무대에 등장했을 때 방청석에선 비웃음이 터져 나왔다. 그녀가 웨스트엔드 뮤지컬 스타 엘레인 페이지처럼 되고 싶다고 말했을 땐 야유가 쏟아져 나왔다.

그러나 그의 노래 실력은 방청석과 심사위원의 편견을 깨는 충격과 환호의 박수갈채를 받았다. 영국 언론에 따르면 그의 인생은 탄생하는 순간부터 순탄치 않았다. 호흡 곤란 증세를 보이며 어렵게 태어났고, 이후 학습 장애 진단을 받았다고 한다. 어렸을 때 별명은 '단순한 수잔'. 직업은 지역 대학에서 6개월 동안 요리 보조사로 일했던 것이 전부였다.

세상을 살면서 누구를 만나느냐에 따라 인생이 달라지는 법이다. 두 명의 조언자는 보일이 '자신감'이란 단어를 마음에 담도록 격려를 아끼지 않았다. 한 명은 교회 성가대에서 그에게 노래를 지도한 피터 오닐 선생님이었다. 보일은 노래에 관한 한 열정이 넘쳤다. 몇 차례 신인발굴 프로그램 오디션에 참가를 시도했지만 실패했다. 밖으로 "내 꿈은 뮤지컬 배우!"라는 말을 꺼내진 못했어도 마음속에는 항상 그 열정과 꿈이 함께했다.

1999년에는 지역 사회 후원을 받아 '크라이 미 어 리버(Cry Me a River)'라는 제목의 자선앨범까지 냈을 정도였다. 그러나 별 주목을 받지 못했다.

보일 인생에 등불이 되어 준 또 다른 사람은 바로 어머니 브릿짓 보일이다. 브릿짓이 2007년 91세의 나이로 눈을 감을 때까지 곁에 있었던 사람은 보일뿐이었다. 보일에게 '브리튼스 갓 탤런트' 출연을 적극 권유했지만, 때가 아니라고 생각하고 미뤄 오던 보일은 어머니가 돌아가시고 1년 뒤 어머니의 소원을 풀려는 듯 자신 있게 더 넓은 세상에 노크를 했다. 오래 잠재된 열정과 응어리진 천상의 목소리가 외모와 대비되면서 영국과 세계를 놀라게 했다. 부족한 딸을 두고 저세상으로 간 어머니의 환한 미소가 보이는 듯했다. 편견과 비아냥을 날려 버리고 세상의 스타가 되는 데는 열정과 함께 용기가 필요하다는 교훈을 선사했다.

　－실행에 천재들이다

　보일 역시 당당하게 나서지 않았다면 오늘의 영광은 없었다. 47세라는 나이에도 불구하고 용기를 내 무대 앞에 섰다. 시행착오가 있을 수 있다. 보일도 실패를 반복했지만 끝내 꿈을 실천에 옮기기 위해 움직였다. 말만 많고 행동은 없다면 이것은 아무것도 아니다. 성공하는 유형은 실행에 천재들이다. 남들은 구상단계에 머물고 있지만 이들은 벌써 실행에 나선다. 그래서 실패도 좌절도 더 많지만 실행을 통해 실질적인 교훈과 성공해법을 터득해 나간다. 생각만 하면 공상으로 끝난다. 시도해 보면 더 많은 것을 발견할 수도 있고 성공에 더욱 가까워지는 법이다.

　‘장수 CEO’로 꼽히는 박찬법 금호아시아나그룹 항공부문 부회장은 임직원을 대할 때마다 ‘이 친구가 CEO감인지 한눈에 알아볼 수 있는 방법’으로 두 가지를 꼽았다. 첫 번째는 ‘스스로 판단하고 남들도 판단하도록 하는 능력’을 지적했다. 그리고 두 번째는 ‘스스로 움직이고 남들도 움직이도록 하는 능력’이라는 실천력을 꼽았다. 박 부회장은 “옳게 판단하더라도 실천에 옮기지 않으면 그만이기 때문이다.”라고 말했다. 그는 “자신과 남을 움직이게 하는 능력은 바로 감동에서 나온다.”고 설명하며 감동경영을 내세웠다.

　박 부회장은 “논리와 감동을 겸비한 사람은 스스로 판단하며 실천한

뒤 다른 사람도 판단하고 실천하도록 유도합니다. 이런 능력 있는 사람이
CEO감이지요."

  −부지런한 사람들이다

  일하는 시간대가 다르거나 게을러 보여도 자신의 분야에 관한 한 매우
부지런한 성실파란 공통점이 있다. 부지런한 사람에게 행운도 따르고 기
회가 더 자주 오는 편이다. 능력을 갖춘 데다 부지런하다면 이는 무적이
다. 크게 성공했다는 평가를 받는 사람들을 자세하게 관찰해 보라. 이들
의 성실성은 상상을 초월할 정도다. '원인 없는 결과 없다'는 것이 세상
의 이치다.

  '논리와 감동의 리더'로 불리는 박찬법 금호아시아나 그룹 항공부문 부
회장은 언론과의 인터뷰에서 이렇게 말했다.(한국경제신문. 위의 책)

  "성공한 사람들의 첫 번째 특징은 부지런하다는 점이다. 나 역시 천성
은 게으른 편이지만 성공한 사람들을 보고 후천적으로 부지런하려고 노
력했다. 요즘엔 밤 11~12시에 자서 새벽 5시 30분쯤 일어난다."

  '역발상의 도전자'로 유명한 윤홍근 제너시스 BBQ 회장은 지방대학
출신의 아픔과 사회적 편견에 대해 이렇게 말했다.

  "전체 수석으로 졸업한데다 군복무를 장교로 지냈다. 그러나 사회에 나
와 보니 서울의 명문대 꼴찌보다 못한 대접을 받은 적이 한두 번이 아니
었다. 그때마다 이를 악물었다. 신입사원 시절부터 '내가 이 회사의 사장'
이라는 생각으로 남들보다 다섯 배는 더 일했다."

  남들보다 갑절 더 일하기도 어려운데 스스로 다섯 배는 더 일했다면

완전히 일과 살았다는 뜻이다. 천재도 부지런한 자를 당해 낼 수 없다. 윤 회장의 도전정신과 더불어 '소비자가 원하면 무엇이든 한다', '가맹점이 살아야 본사가 산다' 등 현장중심경영을 강조한다. 특유의 근면함으로 윤홍근 회장은 2020년까지 전 세계에 5만 개의 가맹점을 개설하겠다는 목표로 뛰고 있다.

─신의를 매우 중시한다

사소한 시간 약속도 결코 소홀히 하는 법이 없다. 성공하는 유형은 자신의 신의에 모든 것을 걸 만큼 중시하는 모습을 볼 수 있다. 세상은 거짓으로 넘쳐나도 성공하는 사람들은 자신의 신망을 지키기 위해 정직을 택하는 편이다. 불가피한 상황이 오면 침묵할지언정 거짓은 잘하지 않으려 한다. 그 거짓이 자신의 신망을 하루아침에 무너뜨릴 수 있다고 보기 때문이다. 신의를 저버리는 행동은 이들에게 끔찍한 상처가 된다. 그런 행동을 하는 부하직원에 대해서도 냉혹하리만치 상응하는 대응을 하게 된다.

구학서 신세계 백화점 부회장은 1999년 신세계 사령탑에 오르면서 신세계가 세계적인 유통기업으로 비상할 수 있는 토대를 만든 주역이다. 프라이스 클럽을 과감하게 매각, 이를 토대로 이마트 부지를 선점해 오늘날 이마트의 1위 유지에 밑거름을 다졌다.(한국경제신문, 위의 책). 구 부회장은 IMF사태가 기업의 비윤리적인 운영에서 기인했다고 판단, 기업의 생존을 위한 수단으로 '윤리경영'이라는 새로운 패러다임을 도입했다. 1999년 12월, 국내 기업으로는 최초로 윤리경영 전담부서인 기업 윤리실천사무국을 설립하고 윤리규범을 제정하여 기업의 투명성 강화에 힘쓰고 있다.

이런 노력덕분에 2003년 납세자의 날에 유통업체로서는 최초로 금탑산업훈장을 수상하고 기업윤리경영 최우수 회사(반부패국민연대), 사회봉사 우수사례 발표기업(전경련)으로 선정되기도 했다. 2007년에는 유통업계 최초로 투명경영대상(경총/대한상의)을 수상했다.(한국경제신문. 위의 책)

윤리경영은 고객과의 신의를 전제로 한다. 구학서 부회장의 이런 투명경영 실천의지가 사업에서도 성공을 가져왔다.

―겸손한 행동이 몸에 배어 있다

겸손한 척이라도 해야 살아남는다는 현실을 직시했기 때문인지 분명하지 않지만 이들은 겸손하다. 속에 무엇이 들어 있는지 모르지만 행동으로 나타난 동작 하나하나가 겸손이 몸에 배어 있다는 점을 알 수 있다. 성공한 이들과 엘리베이터를 타거나 식당 같은 곳에 함께 가 보라. 이들은 항상 먼저 권하고 먼저 양보한다. 가식이든 진심이든 그런 행동을 할 수 있다는 자체가 중요하다. 리더십은 겸손에서 나온다. 생각이 말과 행동으로 나타나기 마련이다.

참고로 LG경제연구소가 밝히는 '위기극복한 CEO 7대 리더십'은 다음과 같다.

1) 불필요한 낙관주의보다 현실을 직시하며 두려움을 다스리는 용기
2) 선언적인 구호보다 흔들림 없는 소신

3) 희망의 불씨가 되는 솔선수범의 진정성

4) 어중간하고 무난한 리더십에 대한 경계심

5) 사소함에 대한 관심

6) 직원의 마음을 어루만지며 바닥을 두루 살피는 소통

7) 끝까지 포기하지 않는 용맹전진의 초심

대기업의 리더들은 항상 긴장감을 가지고 성공을 위해 노심초사한다. 수많은 기업과 치열한 경쟁을 벌여야 하기 때문이다. 큰 조직은 소통도 쉽지 않고 초심을 유지하기도 쉽지 않을 것이다. 또한 솔선수범한다는 것 역시 어렵다. 그러나 이런 것들을 해낼 때 경쟁에서 승리할 수 있다는 주장이다. 스스로 자기 자신을 경영하는 각 개인의 입장에서도 이런 요소는 매우 중요하다.

자신을 다스리는 자기경영자 입장에서도 '현실을 직시하고 두려움에 맞서는 용기'는 무엇보다 중요하다. 실천은 없고 구호만 책상 앞에 써 붙여 봐야 아무 소용없다. 자신의 심사를 다스리며 세상과 소통하려는 의지, 작심 당시 굳건했던 초심 등은 항상 기억해야 성공에 이를 수 있기 때문이다.

미국의 유명한 템플 신학교를 창설한 러셀 콘웰 박사는 제1차세계대전이 끝날 무렵 백만 달러 이상의 재산을 갖고 있는 미국의 백만장자 4,043명의 생애를 조사해 보았다.

그런데 조사 결과 놀라운 것은 이들 중 고졸 이상의 학력을 가진 사람은 불과 69명밖에 없었다는 것이다. 크게 성공해서 백만장자가 된 사람들의 대부분이 백만장자가 되기까지 돈과 정규 교육, 훈련 등에 있어서 일

반적으로 부족한 생활을 했다는 결론이다. 그러나 콘웰 박사는 그들의 생애가 평범한 다른 사람들과는 달랐던 몇 가지 요인을 지적했다.

첫째로, 그들은 분명한 목표를 가지고 살았다. 성공적인 삶을 살기 위해서 그들은 뚜렷한 목표를 향하여 전력투구했다.

둘째로, 그들은 마음속에 뜨거운 소원을 가지고 있었다는 것이다. 그들은 이 소원을 가지고 열심히 전진했다.

셋째로, 그들은 불퇴전의 인내를 가지고 있었다는 것이다. 어떠한 역경에 부딪혀도 끈질긴 인내로 그 어려움들을 극복해 내었던 것이다.

콘웰 박사는 이런 메시지를 전하고 있다. "비록 현재는 다른 사람들과 비교해서 상대적으로 열등한 환경 속에 있더라도 마음 가운데 있는 분명한 목표와 뜨거운 소원과 불퇴전의 인내가 있다면 누구라도 성공의 인생이 주어질 것이다." 주변 환경 탓하지 않고 자기 스스로 이뤄 내는 성과와 성공은 더욱 값진 것이다. 시대와 장소는 달라도 역경 속에 신화를 만들어 내는 주인공들은 항상 줄을 서고 있다.

성공을 부르는 7가지 생활습관

생각이 행동을 낳고 행동은 습관을 만든다. 습관은 운명을 바꿔 놓기도 한다. 좋은 습관은 행운을 부르는 열린 창이다.

1. 얼굴 표정이 밝고 활기가 넘친다.
 ─얼굴표정이 밝은 사람은 자신도 좋고 상대방도 기쁘게 하기 때문이다.
2. 말투와 행동에서 예의와 친절이 생활화돼 있다.
 ─친절은 항상 더 큰 친절과 뜻밖의 행운을 가져오고 성공확률을 더 높이기 때문이다.
3. 매사 긍정적이다.
 ─사소한 불평불만조차 불행을 부른다. 긍정적 태도가 보다 발전적이고 기회를 가져다주기 때문이다.
4. 눈빛에 여유와 호의가 담겨 있다.
 ─웃는 눈빛, 여유 있는 눈빛은 상대에게 호감을 준다. 반감보다 호감을 얻어야 성공의 확률이 높아지는 것은 게임의 법칙이다.
5. 겸손이 체질화돼 있다.
 ─성공한 사람치고 오만한 사람 찾기 힘들다. 겉으로라도 겸손한 척하는 것이 성공의 비결이라는 것을 알기 때문이다. 성공한 사람들은 대부분 실제로 겸손하다.
6. 생각보다 앞서 움직인다.
 ─지시에 의해 움직이기보다 능동적으로 꺼리를 찾아 미리 움직인다. 성실성, 준비성이 뛰어나다. 시간에 쫓기기보다 일에 쫓기는 편이지만 여유가 있어 윗사람을 편하게 해 준다.
7. 남의 험담보다 칭찬을 하는 편이다.
 ─내 입에서 나간 것이 나에게로 되돌아오는 법이다. 남 헐뜯기에 능한 자 부메랑의 칼을 맞는 법이다. 칭찬해야 듣는 사람도 기분 좋고 하는 사람의 표정도 밝아지는 법이다.

3. 실패하는 유형

　실패하는 경우는 너무나 흔하게 주위에서 목격하게 된다. 누구나 스스로 이미 크고 작은 실패를 경험한 적이 있다. 실패에는 실패의 요소가 반드시 있다. 그러나 실패 당시에는 어떤 문제 때문에 왜 실패했는지 잘 모르는 경우가 대부분이다. 문제를 잘 알고 있으면서도 실패했다면 미련하거나 바보거나 둘 중 하나다. 물론 추진 과정에 여러 가지 변수가 생겨 예기치 못하게 실패하는 수도 있다.

　과정의 시행착오나 한순간의 실패를 실패로 부를 필요는 없다. 최종적인 결과를 가지고 평가해야 한다. 복싱경기에서 다운될 수는 있지만 넉아웃(KO)되지 않으면 경기가 끝난 것이 아니다. 역전KO 혹은 역전 판정승도 얼마든지 가능하기 때문이다.

　실패하는 유형도 개인의 습관이나 행태에 초점을 맞춘다. 결국 조직도 사회도 개개인의 성공이 많아야 성공하는 사회, 건강한 사회가 되기 때문이다. 개인의 성공이 조직의 성공으로 이어지는 법이다. 실패자, 낙오자가 많은 사회를 선진사회로 부르지 않는다. 실패의 유형 역시 ♠사고방식 ♠말 ♠행동의 관점에서 살펴보고자 한다. 어떤 점이 자신의 행태나 습관과 직결되는지 비교해 보자.

1) 실패하는 유형의 사고방식

-실패의 원인을 자신이 아닌 환경, 인맥 등 외부 탓으로 돌린다

실패의 원인을 외부에서 찾는 것은 쉽다. 자신에게 면죄부를 주는 쉬운 방법이다. 그러나 그런 방식이 문제해결에 도움이 되지 않는다. 문제의 원인을 내부에서 찾아야 해결책이 보이는 법이다. 외부환경은 자신의 노력으로 바꾸는 데 한계가 있기 때문이다. 패배자들은 늘 다른 사람, 다른 조건, 다른 환경 등 외부 탓만 하며 징얼거리고 있다. 사고방식의 변화가 없이는 문제의 진단도 해결책도 찾지 못하게 된다.

-사소한 결정은 상의하지만 중요한 결정은 혼자서 해 버린다

저녁식사는 어느 레스토랑 가서 무얼 먹을지 상의하지만 수천만 원, 수억 원이 소요되는 상가분양건, 주식투자건, 펀드 투자 등은 혼자 저질러 버린다. 신문이나 방송에서 본 전문가라는 사람들의 설익은 정보나 지식을 믿고 자기식으로 해석해 버린다. 별 관심 없는 친구와는 상의해도 정작 함께 사는 사람에게는 비밀로 하는 식이다. 전문지식도 없는데다 귀는 얇아 주변에 모두가 쉽게 돈을 버는 것처럼 착각하여 자신도 혼자서 일을 저질러 버린다. 항상 문제가 터지고 나서야 상의하자고 달려들면 가정도 깨지고 돈도 깨지는 법이다. 삶의 가치관에서 경중을 따져 상의해야 할 것은 반드시 적정 파트너와 상의한다는 의식이 중요하다. 모두가 이를 모르지 않지만 이것을 지키지 않아서 가정이 파탄 나고 개인이 파산하는 경우가 드물지 않다.

-탐욕스럽다

인생을 살아가면서 사기 한두 번 당하지 않는 사람이 없다. 어떤 사람은 치명상을 입어 알거지가 되기도 하고 겨우 재기에 성공하기도 한다. 사기를 치는 당사자에게 먼저 비판을 가해야 하지만 세상 어디에도 사기꾼은 있게 마련이다. 이들에게 돌을 던지는 것은 무의미하다. 스스로 사기꾼의 덫에 넘어갈 만큼 자기 욕심이 과한 측면은 없었는지 반성이 우선이다. 대부분 사기꾼의 화려한 말에는 솔깃하지만 진지한 인생의 충고는 다 안다는 식으로 무시한다. 자신의 내부에 존재한 탐욕의 무의식이 스스로 좌절로 빠트리지 않았는지 분석해 내야 한다.

욕심이 있다는 것은 죄가 아니다. 욕심이 있어야 일할 동기가 부여되기 때문이다. 문제는 노력의 대가치고 과다한 욕심을 부린 것이 아닌지를 점검하고 경계해야 한다는 점이다. 세상에 공짜는 없다. 무언가 언젠가는 어떤 식으로든 대가를 지불해야 한다.

-한방에 '승부를 낸다'는 식이다

도박에서는 한방 승부가 가능하다. 그러나 인생에서 한방 승부는 불가능하다. 물론 1등짜리 복권 하나만 걸리면 인생역전이 가능하다고 선전한다. 그러나 준비되지 않은 자의 지나친 부는 자칫 불행을 동반하게 된다. 인생은 한방이라는 사고방식은 위험하기 짝이 없다. 인생은 순간순간이 위기이고 기회이다. 한방으로 모든 승부가 나는 식의 인생은 보지 않아도 불행하고 불쌍하다. 주어진 삶에 좀 더 진지해지는 의식의 전환이 필요하다.

–남의 돈 빌리는 것을 쉽게 생각한다

자본주의 사회에서 돈은 매우 중요하다. 오죽하면 서양에서조차 '돈이 모든 것(Money talks everything)'이라고 말하겠는가. 돈이 높은 가치를 지니고 부자가 선망의 대상이 되는 것은 불가피한 현실이다. 그런데 자신은 그런 돈을 벌지 못하면서 남의 돈을 쉽게 생각하고 또한 쉽게 빌리려 하는 것은 스스로 망조의 길을 가는 것이다. 내가 아는 한 남성의 명함은 수시로 바뀌며 사기행각을 벌였다. 이미 검은 별이 몇 개인지 헤아릴 수조차 없다. 이 사나이의 사고방식은 "그깟 돈 몇 푼 가지고…… 금방 갚아 줄 테니…… 5천만 원만 빌려 주라."는 식이다. 남의 돈 빌리는 것을 마치 자기 주머니 뒤져 돈 끄집어내는 것처럼 쉽게 말하고 행동한다. 실패한 인생을 거짓말처럼 반복하여 살아가고 있지만 부끄러운 줄도 모른다. 남의 돈을 귀하고 무섭게 생각하라.

–막연하게 앞으로 좋아질 것이라고 낙관한다

세상은 구체적 노력과 성과를 요구한다. 막연히 내일은 좋아질 것이라는 의식은 패배로 가는 지름길이다. 개인도 대학도 기업도 내일을 위해 오늘을 투자하고 헌신해야 한다. 내일은 더 나빠질 수도 있기 때문에 더욱 준비를 철저히 해야 한다. 막연한 낙관론은 패배를 부른다. 이는 긍정적 사고방식과는 다른 차원의 문제다. 오늘의 구체적 행동이 내일을 결정한다. 어제 없이 오늘 없고 오늘 없이 내일 없다.

－남의 말에 잘 흔들린다

남의 장단에 춤을 추게 되면 실패가 가깝다. 인생에 연습은 없다. 스스로 삶과 돈의 원칙과 가치관을 정해 두고 주도적으로 살아야 한다. 남의 말에 흔들리기 시작하면 매사 매번 매일 흔들리게 되고 불안해진다. 큰 부자, 큰 권력자라고 해서 걱정이 없고 늘 행복한 것은 아니다. 이 말 저 말에 허둥대는 자신의 줏대 없는 사고방식이 화를 부르고 재앙을 키우는 법이다. 다단계 판매, 펀드 투자 등 남의 말만 믿고 따라갔다가 자신도 가정도 망친 사례가 한둘이 아니다. 사기꾼에 걸려들면 빠져나오기가 쉽지 않다. 남의 화려한 유혹에 쉽게 흔들리지 말아야 한다. 그래서 자기 공부가 필요하고 교양수업, 인성교육은 필수다. 스스로 행복한 조건을 갖추고 있으면서도 스스로 불행하다고 생각하는 사람은 말릴 수가 없다. 남은 부러워해도 자신이 불행하다고 생각하면 불행한 법이다.

－표정이 어둡다

실패하는 유형은 하나같이 표정이 어둡다. 부정적이고 불안한 사고방식이 얼굴과 몸 전체 표정에서 드러나기 때문이다. 입사면접을 보든 대학교 입시생 면접을 보든 나는 지원자들의 표정을 찬찬히 살피는 편이다. 그리고 질문에 따른 답변하는 방식과 내용을 하나씩 비교해 본다. 표정이 어두운 사람은 사고가 진취적이지도 못하고 도전적이지도 못하다. 쉽게 비관론에 휩싸이고 만다. 이런 사람은 선택받기 힘들다. 자기 표정은 자기가 관리해야 한다. 표정은 숨길 수 없는 자신의 명함판이란 사실을 기억해야 한다.

2) 실패하는 유형의 말

-불평, 불만을 입에 달고 산다

이는 불행을 부르는 나쁜 습관이다. 이것은 또한 스스로 패배자임을 고백하는 소리에 다름 아니다. 실패하는 유형은 스스로 '복이 없다', '나는 못났다', '불행하다' 등의 불평을 습관처럼 입에 달고 산다. 그렇게 반복하면 오던 복도 되돌아간다. 친구 사이에서도 불평분자는 만남을 기피하는 대상이 된다. 불평, 불만은 불행을 부르고 이것은 주변을 불편하게 하고 또한 때로는 전염되기도 하기 때문이다.

-상대방 칭찬에는 인색하고 자신의 자랑은 틈만 나면 한다

실패하는 유형은 남의 칭찬에 인색하다. 자신이나 가족의 자랑은 과장법을 사용하면서까지 떠들어 댄다. 친구들조차 돌아서서 욕하는 줄 모른다. 우리나라 속담에 '배고픈 것은 참아도 배 아픈 것은 못 참는다'라는 말이 있다. 인간의 이율배반적인 심리를 솔직하게 잘 나타내 주는 말이다. 자신의 자랑에 열을 올리는 만큼 마음의 적을 만드는 셈이다. 대신에 남의 성공에 박수를 보내고 칭찬하면 그만큼 공덕을 쌓고 동지를 얻는 결과가 된다. 실패하는 유형은 거꾸로 하고 있다.

-소통이 잘 되지 않는다

실패하는 유형의 인간을 보면 참으로 소통에 문제를 공통적으로 안고 있다. 원인이 무엇이든 소통이 제대로 이루어지지 않아 실망과 실패가 반복된다. 무슨 말을 해도 누가 조언을 해도 듣지 않을 때 좌절은 가까이 있다. 자기 고집이든 자기 태만이든 무식함 때문이든 주변의 조언을 듣고 판단하여 받아들일 수 없는 경우 실패가 노크한다. 대통령도 소통이 제대로 안 됐다고 반복하여 사과하는 마당에 개인의 소통문제도 간단치 않다. 주변의 실패자들을 살펴보라. 하나같이 가족이나 부모나 학교나 사회와 소통이 제대로 되지 않아 고통을 받고 있는 모습을 보게 될 것이다.

−행동보다 말이 앞선다

승리자는 행동으로 자신의 말을 입증시킨다. 그러나 실패자들은 하나같이 말로 자신의 행동을 변명한다. 행동보다 말이 항상 앞서기 때문이다. 리더의 말은 신뢰를 전제로 한다. 스스로 말을 지키지 못했을 때 감당해야 할 리더십의 상실은 상상 이상이다. 실패자들은 말을 앞세워 행동을 포장하지만 시간은 실패자의 진상을 드러내는 법이다.

−자기표현에 서툴다

실패하는 유형은 자기표현에 문제점을 갖는 경우도 종종 있다. '감사한 생각'은 갖고 있지만 표현을 잘하지 않는 것은 겸손과는 별개의 문제다. 고마운 것은 고맙다고 표현을 할 때 비로소 상대에게 전달되는 법이다. 감사도 사랑도 용서도 자기표현을 전제로 한다. 마음속에 있는 것을 말로 전달할 때 비로소 마음도 전달되는 법이다. 입을 벌려야 할 때는 반드시 벌리는 습관을 들여야 한다. 실패자들은 거꾸로 하는 경향이 있다.

3) 실패하는 유형의 행동

－미리 포기한다

포기를 잘하는 사람은 결코 성공할 수 없다. 남들의 말을 듣고 자기 분석 없이 쉽게 이것저것 손을 대 봤지만 쉽게 되는 것이 없어 중간에 그만 둔다. "이제 와서 해 봐야 뭐 하나. 내가 해서 무슨 소용 있나" 등 이미 결과를 모두 아는 듯한 태도를 보인다. 그것이 현명한 판단일 수도 있다. 그러나 미리 포기하여 얻을 수 있는 것은 아무것도 없다.

－슬픔, 분노 등을 극단적으로 나타낸다

성공한 사람도 실패한 사람도 때로는 격렬한 슬픔과 분노에 흔들릴 수 있다. 이런 때 극단적인 선택을 하는 사람과 마지막 순간에 마음을 바꾸는 사람 사이는 성공과 실패만큼 큰 차이가 있다. 아무리 성공한 재벌이라 하더라도 비리 부패문제로 한순간에 자살을 선택하면 그 인생은 비참한 패배자가 된다. 아무리 시장, 도지사를 지내며 성공한 정치인생을 자랑해도 노모를 홀로 남겨 두고 스스로 목을 매거나 한강물에 뛰어드는 것은 자기부정이자 실패한 인생의 역설이다. 국민배우 인기탤런트 등 수많은 수식어가 부족한 연예인도 자신의 좌절과 실패를 극복하지 못하고 한순간에 극단적 선택을 한다는 것 역시 마찬가지다. 인간의 생명은 존엄한 것이다. 매번 감정조절에 성공할 수 없지만 극한 상황에서 자기 자신을 추스릴 수 있어야 한다. 그렇지 못한 사람은 동정은 받을 수 있어도 성공한 인생으로 평가하지는 않는다.

동아일보는 2009년 5월 6일, 자살 유혹을 극복한 모 지방법원의 A 부장판사가 최근 잇따르는 연예인 자살 및 동반자살 사건에 대해 자신의 경험담을 소개했다.

동아일보에 따르면 3년 전 A 판사는 우울증과 불면증을 심하게 앓았다. 주식에 투자한 돈을 고스란히 날렸고, 부부 싸움도 잦았다. 하루하루 고독한 결정을 내려야 하는 업무 스트레스까지 겹치면서 어느 날부턴가 잠을 이루지 못했다.

서울대 법대를 졸업하고 사법시험(30회)에 합격한 뒤 사법연수원 성적이 상위권이어서 판사로 임용될 때까지 탄탄대로를 걸었던 A 판사는 갑자기 닥친 시련을 받아들일 수 없었다. "왜 나한테 이런 일이……."라는 생각만 꼬리를 물었고 틈만 나면 어떻게 죽을지를 고민했다.

2006년 4월 그는 욕실 샤워호스로 목을 감았다고 동아일보에 말했다. 숨구멍이 '컥' 하며 막히는 순간 호스가 벽에서 뚝 떨어졌다. 욕실 바닥에 쓰러진 그는 눈물을 흘렸다.

"호스가 빠지면서 찬물이 콸콸콸 쏟아지는데 정신이 번쩍 들더군요. 주체할 수 없는 충동이 몰려와 목을 맸지만 내가 죽지 않았다는 게 기쁘기도 하고 또 내 신세가 너무 처량하기도 해서……."

며칠 뒤인 2006년 4월 어느 날 A 판사는 수면제 50알과 물 한 잔을 준비했다. 유서도 남겼다. '결행'을 앞두고 잠시 침대에 누웠다 잠이 들었다.

"꿈속에 2년 전 돌아가신 어머니가 나타나 제 수의를 벗기는 거예요. 그때 나타난 어머니가 바로 저였던 것 같아요. 겉으론 죽을 준비를 하지만 속으론 그만큼 살고 싶었던 거죠."

잠에서 깨어난 다음 날, 그는 한번 살아 보자는 생각으로 병가를 내고 충남 계룡산의 한 수련원에 들어갔다. A 판사는 수련원을 찾아온 가족들을 만난 뒤 2시간 동안 주저앉아 울었다. 자신을 불행하게 만든 사람들에 대한 분노, 처지에 대한 억울함이 눈물에 섞여 나왔다.

"그동안 원망했던 사람들이 한 명씩 떠오르는데 용서는 안 되지만 머릿속에서 대화가 되더군요. 그렇게 조금씩 그들을 이해하게 되면서 가슴 속 독이 녹아 내렸습니다."

그날 이후 그의 마음속에는 "눈물은 인생을 치유한다."는 금언이 자리 잡았다. 마음을 추스른 A 판사는 4개월 만에 수련원에서 내려와 본격적인 우울증 치료를 받았다고 동아일보는 보도했다. "죽을 놈이 살게 됐는데 뭘 더 바랄까" 하는 생각에 마음의 빗장을 열고 나니 빠르게 치유가 되면서 2007년 2월 업무에 복귀했다. 그는 "죽고 싶을 정도로 힘든 일도 있겠지만 그때 인생의 바닥을 치고 나면 돌이켜 봤을 때 별일이 아닐 수 있어요." A 판사는 "문제를 문제 삼지 않으면 더는 문제가 안 되더라."고 동아일보에 말했다.

겉보기에 부러울 것 없어 보이는 사람, 소위 일류대를 나와 잘 나가는 것처럼 보이는 사람도 고민과 갈등 속에 인생의 위기를 겪는다. 이를 극복하면 성공하는 인생을 만들 수 있고 여기에 굴복하면 참담한 실패의 인생으로 막을 내리는 법이다. 극단적 선택은 자신을 망치고 자신을 쳐다보는 가족 모두에게 비수를 꽂는 행위나 다를 바 없다.

－게으르다는 특징을 갖고 있다

특히 잠을 많이 잔다. 낮잠도 밤잠처럼 잘 자는 편이다. 물론 그러고도 틈만 나면 자주 잘 존다. 인생에서 잠이 삼분의 일을 차지한다고 하지만 게으른 자들에게는 거의 이분의 일을 차지할 정도로 잠의 유혹에서 벗어나지 못한다. 실패하는 자가 모두 게으른 것은 아니지만 게으른 자는 모두 실패한다. 게으르기 때문에 약속 시간에도 항상 늦다. 늦을 때마다 갖가지 핑계를 갖다 댄다. 스스로 실패하고 있음을 모를 뿐이다.

게으름은 자신의 의지, 가치관과 직결된 문제다. 스스로 게으르다는 것을 알면서 고치지 못한다는 것은 의지가 부족하기 때문에 좋은 직장에 들어가더라도 버티기 힘들다. 훌륭한 배우자를 만나기도 힘들지만 만나도 행복한 가정을 꾸려 나가기가 쉽지 않다. 가치관도 게으름이 좌우해 버리기 때문이다. '오늘 아니면 내일로 미루고', '약속 시간에 늦어도 그럴 수 있지……' 등으로 대수롭지 않게 넘어가 버리고 상대에게 실수하게 만든다. 사회생활 최악의 적은 상대로 하여금 실수하게 만드는 사람들이다. 다시는 상대하지 않으려 할 것이다.

－하루 중 생각만 많고 실행하는 것은 거의 없다

실패하는 유형은 공통적으로 이것저것 생각이 매우 많다. 공상수준에 불과하지만 생각이 많아 하나도 제대로 실행에 옮기지는 못하는 편이다. 실행을 하는 듯하면서도 또 다른 생각 때문에 집중이 잘 되지 않는다. 좌고우면하는 사이에 기회는 사라지고 제대로 준비한 것은 없다.

−중요하지 않은 일에 하루 중 많은 시간을 허비한다

자신이 처한 현실에서 현재 무엇을 해야 하는지 잘 알지 못한다. 안다고 하더라도 이에 대한 시간 배분에 실패하고 있다. 공부를 해야 할 때인지, 술을 마시고 2차, 3차까지 가야 할 때인지, 연예오락 프로그램을 케이블 TV까지 섭렵해야 할 때인지 잘 알면서도 시간 배분에 실패한다. 공부와 취업준비는 한다고 도서관에 오지만 틈만 나면 친구와 잡담에 외출에 더 많은 시간을 허비한다. 주어진 하루 24시간이 직장인, 학생, 교수 등에게 똑같지만 이를 어떻게 활용하느냐가 인생의 승부를 가른다. 하루를 허비한 사람이 일주일로 계산하면 큰 차이가 나고 일 년을 따져 보면 어마어마한 차이가 난다. 자신이 천재라 하더라도 시간을 버리는 사람은 인생을 버리는 법이다.

−비밀이 많고 생활이 복잡하다

실패하는 유형은 뭔지 정확하게 모르지만 생활이 복잡하고 비밀이 많은 편이다. 단순 명쾌하지 못한 사람들은 예측을 불허한다. 성공한 사람들은 의외로 생활이 단순하다. 항상 예측이 가능하고 '되는 것은 되고 안 되는 것은 안 된다'고 말한다. 비밀이 많은 기업, 숨기는 것이 많은 개인은 진정한 동지를 얻기 힘들다. 실패자들은 자신이 항상 세상 누구보다 똑똑하다고 착각한다.

－예의를 갖추지 않는 것을 대수롭지 않게 여긴다

예의란 인간과 인간 사이에 지켜야 할 기본적 도리다. 윗사람도 아랫사람에게 예의를 갖추지 않을 때 아랫사람의 진정한 마음을 얻기 어렵다. 하물며 아랫사람이 윗사람에 대해 예의를 갖추지 않을 때 그 결과는 상상을 넘어설 수 있다. 시간약속 등 사소한 예의 갖추기가 큰 승부의 변수가 되는 경우도 있다. 예의란 대충 소홀히 해도 되는 것이 아니라 반드시 지켜야 할 행동법칙이다. 실패자들은 이를 대수롭지 않게 여기는 경향이 있다.

－미래보다 과거에 집착하는 경향이 있다

실패자들은 넘어지면 뒤를 돌아본다. 성공하는 사람들은 넘어져도 앞을 쳐다본다고 한다. 과거는 이미 지나갔다. 미래는 아직 다가오지 않았지만 현재를 어떻게 보내느냐에 따라 미래가 결정된다. 현실에 충실한 사람이 풍성하고 아름다운 미래를 기대할 수 있다. 과거에 집착하고 과거에 연연하는 모습은 실패자들의 공통점이다.

－허황된 상상이나 공상을 자주 하며 현실을 직시하지 못한다

꿈을 이루는 상상을 하는 것은 좋은 일이다. 그런 상상조차 할 수 없다면 어려운 현실을 견뎌 내기가 너무 힘들 것이다. 그러나 허황된 공상이나 한방에 일확천금을 꿈꾸는 식의 비현실적인 행태는 현실에 집중할 수 없도록 한다. 현실에 집중하는 행동이 공허한 망상을 쫓을 수 있다. 실패

자는 거꾸로 공상 속에 현실을 우습게 보는 행태를 보인다. 실패의 법칙에 예외는 없다.

−작고 사소한 일, 원칙을 무시하는 경향이 있다

직장이나 가정에는 지켜야 할 나름대로의 원칙이나 교칙 등이 있다. 이런 것을 사소하게 생각하고 무시하는 경향이 실패자들에게 나타난다. 성공하는 사람들은 사소한 것을 잘하는 편인 데 비해 실패자들은 사소한 것에 실패한다. 가정에서조차 작은 원칙 하나 지키지 못할 때 자녀들에게 무엇을 요구할 수 있겠나. 리더십은 멀리서 대단한 것에서 출발하는 것이 아니다. 작은 일에서부터 시작된다. 실패자들은 작은 것이 승부를 가른다는 사실을 등한시한다.

−의지가 약하다

의지란 성공과 실패의 변수가 된다. 의지가 강하면 성공하기 쉽고 의지가 약하면 실패하기 쉽다. 예를 들면 내일부터 아침 6시에 기상하겠다고 결심하여 며칠 동안 이런 결심이 가능한지 체크해 보면 자신의 의지력을 확인할 수 있다. 의지력이 스스로 약하다고 생각하면 키우도록 노력해야 한다. 의지력 없이 성공할 수 있는 것은 아무것도 없다. 실패한 사람들의 공통점은 자신의 의지보다 남의 말과 의지에 의존하는 행태를 보인다는 점이다.

실패하는 사람들의 **7**가지 생활습관

세상에는 성공하는 사람들보다 실패하는 사람들이 더 많다. 과거에도 그랬고 앞으로도 변함없을 것이다. 그만큼 성공은 어렵고 실패가 쉽다는 소리다. 자신의 관리에 실패하고 조직 내에서 낙오하는 사람들의 공통점이다.

1. 약속을 하고도 오지 않는다.
 −오긴 오더라도 자주 늦는 편이다. 늦을 때는 항상 다양한 주변상황 핑계를 댄다.
2. 하루의 상당 시간을 꾸물거리는 데 허비한다.
 −실행은 늦고 '해야 하는데…… 하지만…….'이라는 말을 늘 입에 달고 산다.
3. 일은 하는 데 전혀 중요한 일이 아니다.
 −TV드라마나 연예인 신변잡담 프로그램은 꼭 모두 본다. 재밌으니까. 제시간에 못 보면 인터넷을 통해서라도 본다. 재밌는 게임에 탐닉하여 많은 시간을 보낸다.
4. 생각이 많다.
 −꿈도 많고 생각도 많다. 그러나 실행은 없고 구체적 계획도 정보도 없다. 막연하게 꿈만 꾸고 있다.
5. 매사를 부정적으로 생각하는 경향이 있다.
 −'내 능력으로 내 학벌로는 해 봐야 어렵다'고 생각한다. 나도 그렇게 하고 싶지만 '부모님이 허락하지 않고 돈도 부족하다'고 미리 포기한다.
6. 자신의 생각에 갇혀 있는 편이다.
 −남의 얘기 듣는 데 익숙하지 않다. 더구나 자신의 진로나 미래에 대해서는 더욱 타인과 대화하려고 하지 않는다. 스스로의 생각에 빠져서 다른 사람의 말을 들어도 건성으로 듣거나 대화 자체를 달갑잖게 여긴다.
7. 지나치게 많은 정보의 수집으로 인해 자만감에 빠지는 경향이 있다.
 −인터넷 등을 통해 얻은 지나치게 많은 정보는 오히려 방해요소가 된다. 모든 것을 아는 듯 자만감에 빠지는 것도 실패로 가는 지름길이다.

성공사례

이름 없는 한 동물원을 인기 있는 시민들의 동물원으로 만든 성공비결은 무엇일까. 다음은 조선일보 일본 특파원이 2009년 4월 1일자에서 보도한 '혁신경영'에 성공을 가져온 사례를 정리한 기사다. 날지 못하는 펭귄을 나는 것처럼 보이게 하는 것은 요술이 아니라 애정과 노력의 산물임을 알 수 있다.

사람들 펭귄 날게 한 일(日) 동물원장, 박수 받고 떠나다
(도쿄＝선우정 특파원 su@chosun.com 기자)

고스게 씨 정년퇴임…… 혁신 경영으로 망하던 동물원 살려
21세기 들어 일본에서 가장 성공적인 CEO로 평가받는 경영자가 31일 뜨거운 찬사 속에 정년퇴임했다. 퇴임식이라고 할 수 있는 그의 마지막 업무 현장에 보도진 수십 명이 몰렸고, 시민 수백 명이 박수를 보냈다. 일본 신문과 방송은 전날부터 그의 퇴임 사실을 보도했다. 도요타·혼다·소니 등 일본 간판기업 CEO들이 경영 부진으로 줄줄이 불명예 퇴진하는 요즘, 사례를 찾기 힘든 장면이었다.
홋카이도(北海道) 아사히카와(旭川)시에 위치한 아사히야마(旭山)동물원. 이날 정년퇴임한 CEO는 망해 가던 일본 최북단 동물원을 일본 최고의 동물원으로 만든 고스게 마사오(小菅正夫·60) 원장이다. 1973년 24세에 수의사로 동물원에 들어왔지만 1995년 원장을 맡은 뒤 창의와 혁신의 경영자로 변신해 일본은 물론 한국 경제인들에게도 큰 영향을 미쳤다. 2007년 윤종용(尹鍾龍) 삼성전자 당시 부회장이 "아사히야마동물원 같은 삼성전자가 되겠다."고 말했을 정도다.

그의 업적은 수치로 드러난다. 원장에 취임한 이듬해인 1996년 이 동물원 입장객은 26만 명. 11년 후인 2007년 입장객이 307만 명으로 무려 12배 늘었다. 벚꽃놀이를 위한·상춘객 인파를 제외하면 일본에서 가장 큰 도쿄의 우에노(上野)동물원을 능가한다. 입장 수입 증가로 시립(市立)동물원 가운데 이례적으로 2005년부터 연간 2억~3억 엔의 흑자를 기록하고 있다.

고스게 원장의 혁신은 '행동전시(行動展示)'로 요약된다. 관객들에게 동물이 행동하는 모습을 다양한 각도에서 보여줌으로써 같은 동물이라도 고객들에게 보다 큰 만족을 전하는 방식이다.

예를 들어 펭귄이 입장객들 사이로 산책하게 하고, 펭귄이 놀고 있는 수조에 유리 터널을 만들어 헤엄치는 모습을 관객들이 아래에서 올려다볼 수 있도록 했다. '재미있다'는 평가를 받으면서 한산하던 동물원에 시민들이 몰려들었다.

일본 언론들도 이 동물원에 주목했다. 2005년 공영방송 NHK가 일본 기업의 성공사를 다룬 유명 시리즈 '프로젝트X'에서 '펭귄 날다'란 제목으로 아사히야마의 혁신을 보도했다. 유리 터널에서 헤엄치는 펭귄을 올려다본 어린이들이 "펭귄이 날고 있다."며 좋아하는 모습을 혁신의 상징으로 삼은 것이다. 이듬해 민영 후지TV도 이 동물원을 다룬 '기적의 동물원'이란 프로그램을 방영했고 영화와 드라마로도 제작돼 인기를 끌었다. 닛케이(日經)MJ상 등 각종 경영상도 받았다. 한국에서도 NHK 제목과 비슷한 '펭귄을 날게 하라'등 관련 서적이 출간돼 변화와 혁신을 도모하는 기업 경영자들의 필독서로 자리 잡았다.

고스게 원장은 이날 동물원 하마의 집에서 가진 '원포인트 가이드(동물들 습성에 대한 설명회)'에서 "하마는 10마리 이상의 아이를 낳는다."며 "생명이 바통터치하면서 이어지는 곳이 동물원"이라고 말했다. 자신의 퇴임 이후에도 동물원의 혁신이 계속될 것이라는 뜻이다. 그는 앞으로 명예원장을 맡아 강연 등 대외 업무를 담당한다.

4. 성공을 방해하는 부정적 화법유형

　　실패와 좌절이 잦은 사람은 여러 가지 원인이 있을 수 있다. 이런 사람들과 대화를 해 보면 대화의 내용 가운데 이런 식의 표현이 종종 등장하는 것을 볼 수 있다. 스스로는 모르지만 이런 말을 하는 사고방식에서 이미 실패는 정해졌다고 볼 수도 있다. 혹시라도 이런 말투, 언어습관이 있다면 되돌아보고 고칠 필요가 있다.

　-그런 일은 한 번도 해 본 적이 없다.

　-그것이 정말 좋은 방법이라면 누군가가 하고 있을 거야.

　-우리는 그런 힘이 없으니까.

　-이론과 실제는 다르니까.

　-자네는 그 문제를 이해하지 못하고 있어.

　(내가 제대로 설명하지 못한 것은 아닌가.)

　-그건 우리의 문제가 아니야.

　(영광은 내 것, 책임은 너 몫이란 식이다.)

　-'한번 검토해 보지'라고 말한 후 영 소식이 없다.

　(피드백이 없을 때 참모의 마음을 얻지 못할 것이다.)

　-시기상조란 말을 입에 달고 다닌다.

　-그런 것은 윗사람이 납득하지 않을 것이라고 예단한다.

　-예산이 없을 것이라고 말한다.

　-쓸데없는 생각이라고 핀잔부터 준다.

　-'자네가 뭘 안다고 그래'라며 무시한다.

-그것보다 다른 일이 산더미처럼 쌓여 있다고 말한다.

-'다음에 보자'고 하면서 무소식이다.

-바빠서 시간이 없다고 말한다.

(소통의 실패로 가는 길이다.)

-그건 우리 책임이 아니라고…….

-해 보나마나 뻔한 일이라고…….

-어디 다른 데서 성공한 일 있나 물어본다.

-생각은 좋은 것 같은데…….

-잘 되리라고만은 생각할 수 없잖아…….

-그거 하나도 제대로 할 능력이 안 돼?

-너가 하는 일이 뭐가 있어.

-그 따위로 할 거면 회사 때려치워.

-아직 그것도 못해, 경력이 아깝다.

-시키는 대로 하지 왜 말이 많나.

-그것도 모르세요, 말이 안 통하네요.

-제가 왜 이걸 해야 하지요.

-그 정도밖에 안 되세요. 실망입니다.

-이제 은퇴하실 때 된 거 아닙니까.

실패자가 극복해야 할 **16**가지 업무습관

1. 자신이 무엇을 바라고 있는지 모르고 설명도 하지 못한다.
2. 오늘 할 일이 무엇이건 내일로 미룬다.
3. 자기계발이나 업무에 관심을 기울이지 않는다.
4. 자신의 일이 아니면 회피하고 책임전가를 한다.
5. 문제를 해결할 생각은 없고 변명할 생각만 한다.
6. 자기만족과 도취에 빠져 환상의 나날을 보낸다.
7. 중대한 문제에 직면하면 싸워 보지 않고 타협하는 자세를 취한다.
8. 상대방의 잘못은 지적하면서 자신의 잘못은 인정하지 않는다.
9. 안일하게 하루하루를 보낸다.
10. 작은 장애물에도 쉽게 포기한다.
11. 계획과 문제 분석표를 작성하지 않고 타성에 의존한다.
12. 기발한 아이디어나 기회가 와도 실행하지 않는다.
13. 환상의 꿈만 쫓고 실천을 하지 않는다.
14. 노력하는 것보다 일확천금을 꿈꾼다.
15. 나은 미래를 위해 투자하기보다는 지금의 생활에 안주한다.
16. 타인의 시선이나 비난이 두려워 앞에 나서지 않는다.

−나폴레옹 힐−

5. 채근담에 나타난 성공법칙

('채근담의 지혜를 터득하는 황금률', 2006, 씽크뱅크에서 인용)

홍자성의 채근담은 오늘을 살아가는 현대인들에게도 많은 교훈을 주고 있다. 채근담은 "부귀를 이룬 사람에게는 근신과 경계를, 빈천한 사람에게는 용기와 안정을, 성공한 사람에게는 충고와 경고를, 그리고 실의에 빠져 있는 사람에게는 격려와 평안을 준다."고 적고 있다. 여기서는 이미 학습한 내용과 겹치는 것도 있지만 원문에서는 어떻게 말하고 있는지 비교해서 살펴본다.

-큰 공을 세웠을지라도 자랑을 하면 허사가 된다.

[蓋世功勞라도 當不得一個矜字요]

: 겸손함을 강조하는 말이다. 공을 세운 그 자체가 이미 시샘의 대상이 될 수 있는 상황인데 잘난 척하게 되면 적을 더 키우는 꼴이 된다. 자랑은 타인이 하도록 자신은 절대 침묵해야 한다.

-명예를 독점하지 말고 부끄러움을 남에게 떠넘기지 말라.

[完名美節은 不宜獨任이니 分些與人이라야 可以遠害全身이요]

: 공적과 명예는 선망과 질투의 대상이다. 일이 잘 풀려 나갈 때 '나의 능력보다 직원들의 도움과 희생'이라고 말할 수 있어야 한다. 남이 실패하고 곤경에 처했을 때 '도와주지 못해 미안하다. 나도 힘껏 도울게' 등의 말을 할 수 있어야 한다. 성공하는 사람들은 궂은일도 마다하지 않았다. 명예는 독차지하려 하고 부끄러움은 타인의 탓으로만 돌리려 할 때 조직사회에서 리더가 되기는 어렵다. 철저하게 동료와 나눈 칭기즈칸의

성공에서 배우라.

　-악행을 너무 엄하게 책망하지 말고, 선행을 지나치게 권하지 말라.

　[功人之惡에 毋太嚴하고 要思其堪受라.]

　[敎人以善에 毋過高하고 當使其可從이라.]

　: 일상생활 속에서 남에게 비판하거나 충고할 때 유의해야 할 사항이다. 비판할 때도 권면할 때도 상대에 대한 배려와 존중을 바탕에 깔아야 효과가 있음을 지적하는 말이다. 좌절과 도전도 말 한마디에 영향을 받는데 어찌 함부로 말을 할 수 있으리오.

　-마(魔)를 항복시키려거든 먼저 자기 자신과 싸워 이겨라.

　[降魔者는 先降自心하라. 心伏하면 則群魔退廳이라.]

　: 싸움 중 자신과의 싸움이 가장 어렵다고 한다. 외부의 적은 군마로 물리칠 수 있지만 내 속에 있는 적은 보이지 않아 싸우기도 어렵고 극복하기도 쉽지 않다. 항상 패배는 외부보다 내부에서 먼저 흔들리고 결국 자중지란으로 이어지는 법이다. 자기 자신에 대한 분명한 신념과 원칙, 대의명분이 있으면 흔들리지 않는 법이다.

　-마음이 후한 사람은 자신에게도 후하고 남에게도 후하여 세상을 따스하게 한다.

　[念頭濃子는 自待厚하고 待人亦厚하여 處處皆濃이요.]

　: 그러나 마음이 얄팍한 사람은 자신에게도 박하고 남에게도 박하여 일마다 얄팍하게 한다. 베풀면서 더불어 사는 정신을 강조하는 말이다.

　-배우는 자는 기력을 한 곳에만 집중하라.

　[學者는 要收拾精神하여 倂歸一路라.]

　: 精神一到 何事不成과 같은 뜻으로 한곳에 힘을 집중하라는 주문이

다. 이것이 어찌 학자들에게만 한정되는 말인가. 누가 무엇을 하든 힘을 집중하여 일로매진하지 않을 때 큰 성과를 기대하기 어렵다는 말이다.

실패하는 습관을 유지하면서 성공을 바랄 수는 없다. 그러나 성공을 위해 각고의 노력을 기울이지만 사회구조가 쉽게 성공을 허락하지 않은 경우는 종종 있다. 그것이 사회체제나 시스템 부재에서 기인한 것으로 한 개인의 노력과 정성이 무시되는 수도 있다. 그렇다 하더라도 개인은 최선의 노력을 경주하는 것 외에는 할 방법이 없다. 그래서 '지성이면 감천'이라고 한다. 불가능한 환경에서 멋진 성공한 인생을 만들어 내는 많은 영웅들을 보면서 희망을 노래해야 한다. 인생은 단 한번만 주어지기 때문이다. 누구도 다시 살아 볼 수 있는 기회가 한 번 더 주어지지 않기에 더욱 그렇다.

셋

성공화법을 위한 '커뮤니케이션 스킬 (communication skills)'

1. 커뮤니케이션의 원리

　말은 권력이다. 말은 상대를 움직일 수 있는 강력한 무기다. 커뮤니케이션의 가장 중요한 수단인 말을 정복해야 한다. 앞으로 최고경영자가 되고자 하는 사람은 누구나 말의 중요성, 말의 원리, 힘에 대해 체득하고 있어야 한다.

　성공을 꿈꾸는 사람은 말을 통해 커뮤니케이션의 원리를 터득해야 한다. 문제는 커뮤니케이션의 원리는 한마디로 변화무상하여 전문가들도 체득화하기가 쉽지 않다는 점이다. 말하는 사람과 듣는 사람 간의 소통을 커뮤니케이션이라고 흔히 부르지만 여기서 작동하는 원리는 자연의 원리와는 다르다. 자연의 원리는 흔히 '뿌린 대로 거둔다'는 예상 가능한 법칙이다. 커뮤니케이션의 원리는 예상이 불가능하고 때로는 원수를 친구로, 친구를 원수로 만들 수도 있는 불규칙, 불가측의 원리가 작동된다.

　커뮤니케이션의 원리를 간단한 표로 설명하면 보다 쉽게 이해가 간다. 자연의 원리가 보다 정직하고 예측 가능하다면 커뮤니케이션의 원리는 대상과 방식, 내용에 따라 천차만별로 다르게 나타난다.

　○ 자연의 원리 – 정직하다
1) 콩 심은 데 콩 나고 팥 심은 데 팥 난다.
2) 뿌린 대로 거둔다.

○ 커뮤니케이션의 원리 - 정직하지 않고 변화무상하다
1) 말 한마디로 천 냥 빚을 갚는다.
2) 되로 주고 말로 받는다.

한 가지 사례를 들어 보겠다. '말의 메아리'라고 해서 흔히 인용되는 '할머니와 할아버지 대화'에 나타난 커뮤니케이션의 원리다.

사례) 한 시골에서 할머니와 할아버지가 옛 추억을 되새기며 한적한 산길을 걷고 있었다. 할머니는 옛날 연애시절의 향수가 그리워 할아버지에게 한마디 했다.

"영감, 나 옛날처럼 한 번 업어 봐 줄래…… 옛날에는 그렇게 싫다고 해도 업히라고 틈만 나면 등을 들이밀었잖아……."

말이 없던 할아버지. 먼 산 한 번 보더니 마지못한 듯 업히라고 등을 내밀었다. 할머니는 '신나는 표정'으로 옛 생각에 젖어 할아버지 등에 업혔다. '끙' 앓는 소리를 내긴 했지만 할아버지는 간신히 일어나서 걷기 시작했다. 등에 업혔던 할머니가 안쓰러웠는지 바로 물었다.

"영감, 나 무겁지?"

씩씩거리던 영감이 성질을 내며 한마디 했다.

"아따 무겁다마다. 머리 돌머리지, 얼굴에 철판 깔았지, 강철심장이지 안 무거운 것이 이상하제……."

할머니는 바로 등에서 내려 삐쳤다. 아무리 그래도 그렇지 분위기를 몰라주고 그렇게 대꾸한 할아버지의 말에 상처를 받은 것이다. 할아버지는 분위기 반전을 위해 이번에는 할머니를 달래려고 노력했다. 한번 삐친 할머니의 마음은 잘 돌아서지 않았다. 그래서 이번에는 할아버지가 할머니에게 거꾸로 한번 업어 달라고 부탁했다. 웬 걸 할머니는 기다렸다는 듯이 업히라고 말했다. 할머니도 힘을 다해 할아버지를 업었다. 놀란 할아버지가 한마디 했다.

"할망, 힘이 장사네. 나 무겁지?"

할머니가 주저앉으며 한마디 했다.

"아따 엄청 가볍네. 머리 비었지, 허파에 바람 들었지, 간도 없지, 쓸개도 없지……."

누군가가 웃자고 지어낸 말이겠지만 여기서도 커뮤니케이션의 원리를 읽을 수 있다. 할아버지는 '돌머리, 얼굴철판, 강철심장' 세 개를 늘어놓으며 핀잔을 줬다. 그런데 되돌아온 할머니의 반격은 '빈 머리, 허파 바람, 간도 쓸개도 없음' 등 네 개로 늘어났다. 되로 주고 말로 받은 격이다.

이처럼 커뮤니케이션의 원리는 예측불가능하고 정답이 없다는 차원에서 그 변수들을 더욱 정확히 알 필요가 있다. 또한 경계하고 공부해야 하는 영역이다. 그렇지 않을 경우 일상 속에서 매일같이 이루어지는 대인간 커뮤니케이션에서 어떤 예기치 못한 부작용, 좌절, 실패를 가져올지 모르기 때문이다.

2. 커뮤니케이션의 중요성

그렇다면 사회생활에 있어서 커뮤니케이션은 얼마나 중요한가. 백낙환 인제대학교 이사장은 2004년 학처장 회의 때 이런 말로 커뮤니케이션의 중요성을 강조한 적이 있다. 직접 화법으로 인용해 본다.

"미국의 유명한 잡지 타임즈지에서 미국 백대 기업 최고경영자(CEO)들의 공통점을 조사한 적이 있다고 합니다. 그 조사에서 나온 세 가지 공통점이 무엇인지 아십니까. 첫 번째는 건강관리(Health), 두 번째는 커뮤니케이션 스킬(Communication Skills), 세 번째는 독서(Reading)라고 합니다. 여러분 건강관리 잘하시기를 바랍니다."

건강관리(Health)　　　　독서(Reading)

커뮤니케이션 스킬
(Communication Skills)

　　미국 1백대 기업의 최고경영자들도 커뮤니케이션의 중요성을 인정할 정도로 '소통'의 기법은 특별한 분야로 주목받고 있다. 한국의 이명박 대통령도 2008년 취임 이후에 '소통에 실패했다'며 두 번씩이나 국민을 향해 사과한 적이 있다. 정권 초기 리더십을 발휘하며 국정을 추진력 있게 이끌어 나가야 했던 이 대통령은 소통문제 때문에 초기에 리더십에 큰 손상을 입었다. 앞으로 집권 내내 소통의 문제는 이 대통령을 괴롭힐 고질병으로 짐작된다.

　　홍보를 위해 소통은 필요하지만 홍보가 소통은 아니다. 최고권력자, 최고경영자도 소통에 실패하면 모든 것에 실패하게 된다는 사실을 이 대통령의 사례에서 확인할 수 있다. 개인도 개인 간, 조직 간, 사회 간 소통에 성공하지 못하면 성공과는 멀어진다.

　　소통, 커뮤니케이션은 어떻게 하느냐에 따라 여러 가지 결과를 가져올 수 있고 그 결과를 바꿀 수도 있다. 몇 가지만 쉽게 나열해 보자.

　　-적을 친구로 만들 수 있다.

-친구를 적으로 만들 수 있다.

-가정의 화목을 가져올 수 있다.

-가정의 불화와 반목, 파괴를 가져올 수도 있다.

-대통령 선거, 국회의원 선거 등에 'TV토론'이 있다. 선택의 기준이 될 만큼 중요하다.

-커뮤니케이션의 달인은 조직 내 승진은 물론 권력도 움켜잡는다.

-상사의 마음을 사로잡을 수 있다.

……

이런 것을 확인시켜 주는 과학적인 데이터가 있다. 2009년 5월 한국고용정보원은 608개 직업에 종사하는 2만여 명을 조사한 후 "'의사소통' 능력이 임금 수준을 결정한다."는 결론을 내렸다. 연합뉴스에서 보도한 내용에 따르면, 고임금을 받는 근로자들은 대체로 의사소통 능력이 뛰어나고 창조적인 활동을 즐긴다는 조사 결과가 나왔다.

한국고용정보원이 2008년 5~11월 608개 직업에 종사하는 2만 1,700명을 대상으로 설문조사해 7일 공개한 결과에 따르면 연봉 4천만 원 이상의 고임금 근로자들은 임금결정의 주된 요소가 되는 총 44종의 업무능력에서 2천만 원 이하의 저임금 근로자들보다 뛰어났다.

구체적으로 보면 다른 사람의 말을 듣고 이해하는 능력과 업무 관련 문서를 읽고 이해하는 소통능력에서 고임 근로자의 평균점수는 7점 만점에 각각 5.05점과 5.1점으로, 저임 근로자보다 0.91점씩 높아 44종의 능력 중에서 가장 큰 점수 차가 나타났다.

또 글쓰기 능력 0.8점, 수리력 0.7점, 문제해결·판단력 및 의사결정력에선 0.69점의 점수 차가 났다.

흥미 유형에 대한 조사에선 관찰을 즐기고 창조적인 조사, 연구 활동을 선호하는 탐구형과, 조직 목표나 경제적 이익을 얻기 위해 다른 사람과의 교류를 선호하는 진취형 부문에서 고임 근로자들의 점수가 높았다.

반면 저임 근로자들은 자유로운 신체·언어적 활동을 선호하고 체계적이고 질서정연함을 싫어하는 예술형 부문에서 상대적으로 점수가 높게 나타났다. 이 밖에 고임금 근로자들은 의사결정 과정에서 많은 권한을 갖지만 그 결과에 대한 책임과 정신적 부담이 큰 업무를 보는 반면, 저임 근로자들은 주로 반복적 성격의 업무를 맡는 것으로 조사됐다.

김한준 직업연구 센터장은 "좋은 직업을 갖고 자신의 능력을 발휘하기 위해서는 다른 사람의 이야기를 잘 들어주고, 글로 자신의 의사를 효과적으로 표현하며 합리적 의사결정을 할 수 있는 '소통' 능력을 키울 필요가 있다."고 분석했다.

이렇게 중요한 소통의 기술을 배우고 습득하는 것은 당연하지만 누구나 자신은 커뮤니케이션에 문제가 없다고 자신하는 편이다. 권력을 추구하는 정치인, 학생을 가르치는 선생님, 승진을 꿈꾸는 직장인, 남들을 설득해야 하는 종교인, 외국기관과 전문가를 설득해야 하는 외교관, 사업을 위해 성공적인 설명을 해야 하는 기업가, 자녀의 성공을 위해 설득커뮤니케이션을 실행해야 할 학부모…… 어느 누구나 커뮤니케이션의 성공자가 되지 않을 수 없는 상황이다. 그래서 성공을 원한다면 어떤 형태로든 커뮤니케이션의 달인이 돼야 한다. 그러면 먼저 커뮤니케이션의 주요 구성 요소부터 살펴본다.

3. 커뮤니케이션의 12가지 구성요소

1) 눈빛 - 눈으로 말하라. 눈과 입은 얼굴에서 표정을 나타내는 기관이다. 눈을 부드럽게 강조할 때는 힘차게 눈에 광채가 빛나게 하라. 상대와 눈을 맞춰라.

2) 표정 - 표정에서 긴장이 읽혀서는 안 된다. 청중들이 편안하게 느끼도록 표정을 관리해야 한다. 미소로 시작하는 것이 가장 좋다. 서먹하고 딱딱한 환경일수록 더욱 미소를 잃지 않도록 해야 한다. 스스로 표정관리를 하지 않으면 당황할 수도 있다.

3) 제스처 - 제스처는 전달력을 향상시키는 도구다. 손짓, 몸짓, 발짓, 등 모든 몸동작은 필요에 따라 적절하게 사용해야 한다. 다만 지나친 제스처로 산만해 보이면 안 된다.

4) 말의 강약 - 단조로운 어법은 피해야 한다. 말을 강조하고 싶은 곳은 강하게 해야 한다. 이를 위해 잠시 말을 멈추고 있다가 특별히 소곤거리듯이 혹은 특별히 강하게 변화를 줘야 한다. 이것은 전문가들이 흔히 전달력을 높이는 수법으로 잘 사용한다.

5) 의상 - 옷에 따라 정신자세나 태도가 달라지는 법이다. 의상은 커뮤니케이션을 더욱 돋보이게 하는 날개가 된다. 굳이 연예인들의 의상을 이야기하지 않더라도 대중 앞에서 추리닝을 입고 이야기하는 것과 정장을 차려입고 얘기할 때 전달력이나 분위기가 다르다. 청바지에 티셔츠를 입고 말할 수도 있지만 이는 장소와 대상에 따라 가려야 할 주요 요소다.

6) 말의 스피드 - 스피드에 유의해야 한다. 일대일로 얘기하든 대중을 상대로 연설하든 전달력은 항상 강조된다. 이를 위해 말의 스피드는 지나치게 빠르거나 느려도 안 된다. 연설장에서 '에~' '에~' 같은 불필요한 잡소리에다 말의 속도조차 느리면 전달력도 집중력도 크게 떨어지게 된다. 너무 빨라도 안 된다. 또박또박 말하듯이 표정을 담아 전달하면 된다.

7) 표준어와 사투리 - 공식적인 자리에서는 표준어를 사용하도록 노력해야 한다. 그러나 사투리 때문에 주눅들 것까지는 없다. 때로는 사투리가 공감대를 형성하거나 친밀감을 느끼게 하는 유용한 수단으로도 활용되기 때문이다.

8) 발음 - 아나운서들의 발음은 매우 정확하여 쉽게 이해가 된다. 그러나 일반인들은 개인에 따라 발음이 불분명하여 알아듣기 힘든 경우도 종종 있다. 발음이 명확하지 않아 잘 알아듣지 못하는 경우가 생기면 본의 아니게 상대방에게 점수를 깎이게 된다. 발음은 내가 하지만 듣는 쪽은 내가 아니기 때문에 상대에 대한 철저한 배려가 필요하다. 엉터리 발음, 부정확한 발음, 알아듣기 힘든 발음 등은 모두 성공화법의 적이다.

9) 개성/이미지 - 개성을 살려야 한다. 말하는 독특한 스타일은 개인의 이미지를 결정한다. 이왕이면 긍정적 이미지를 형성하는 것이 성공으로 가는 길이다. 나의 스피치 행태는 어떤 이미지를 주고 있는지 점검하고 개선하도록 노력하라.

10) 목소리 - 목소리는 각양각색이다. 그러나 공통적으로 자신감에 찬 목소리가 좋다. 너무 목소리가 큰 것도 문제지만 작은 목소리는 더

큰 문제다. 상대로 하여금 짜증나게 할 수도 있기 때문이다. 목소리는 타고나는 것이지만 노력 여하에 따라 얼마든지 개선할 수 있다. 어두운 목소리는 장례식장 같은 곳에서만 필요하다는 점을 명심하자.

11) 말 - 말도 커뮤니케이션을 구성하는 한 요소일 뿐이다. 그러나 가장 중요한 요소가 된다. 어휘는 정확해야 하며 논리적으로 구성돼야 한다. 말을 해야 할 때, 멈춰야 할 때, 조용히 해야 할 때, 강조해야 할 때 등 때에 따라 말을 변화시켜야 한다. 때로는 말보다 눈빛 몸짓이 더 효과적일 때가 있다. 이때는 말을 아껴야 한다. 보배일수록 가다듬고 아껴야 하듯이……

12) 유머 - 유머는 원활한 커뮤니케이션을 위한 윤활유다. 유머에 능한 사람은 분위기를 쥐락펴락할 수 있다. 물론 상황을 봐 가면서 어떤 유머를 사용할 것인가 선택해야 하겠지만 한국의 경우, 보편적으로 딱딱한 경우가 많다. 따라서 유머를 잘 사용하면 커뮤니케이션의 달인이 될 수 있다. 유머는 따로 준비하는 것이 좋다. 영국의 유명한 윈스턴 처칠 전 총리의 유머 한 토막을 소개한다. 처칠은 유머로 위기를 모면하고 좌중의 청중들의 폭소를 자아내게 해 여전한 인기를 과시했다.

원스턴 처칠 전 영국총리가 정계은퇴 이후 80세를 넘겨 한 파티에 참석했을 때의 일이다.
어느 부인이 반가움을 표시하면서 그에게 이런 짓궂은 질문을 했다고 한다.
"어머 총리님 남대문이 열렸어요. 어떻게 해결하실 거죠?"
그러자 처칠은,
"굳이 해결하지 않아도 별 문제가 없을 겁니다. 이미 '죽은 새'는 새장문이 열렸다고 밖으로 나올 수가 없으니까요."라고 말했다.

4. 성공 커뮤니케이션을 위한 7가지 준비사항

성공 화법, 성공 커뮤니케이션을 이루기 위해서는 기본 준비사항이 있다. 이것을 일곱 가지로 요약해서 정리할 수 있겠다. 이 일곱 가지 사항들은 성공화법을 위한 필요조건에 불과할 뿐 충분조건은 아니다. 이것조차 제대로 숙지되지 않으면 그다음 진행단계가 어려워진다는 점에서 항상 기억해 두고 체득화하도록 노력해 보자.

1) 웃는 얼굴, 밝은 모습을 만든다

마음의 벽을 허물고 호감을 갖게 한다. 연사가 엄숙하고 무겁게 말을 여는 경우 대부분 너무 긴장하기 때문이다. 이들 중 상당수는 커뮤니케이션의 초보자로 보면 틀리지 않는다. 유머나 미소로 말을 시작하는 연사는 대부분 프로로 보면 맞다.

2) 감정적 언어, 절제되지 않은 용어는 피한다

실수를 줄이고 믿음을 갖게 한다. 다소 과장하여 말할 수는 있지만 감정이 격해질 때 조심해야 한다. 스스로 감당할 수 없는 격한 표현이나 정제되지 않은 단어를 사용한다는 것은 곧 구설에 휘말리게 되거나 낭패를 보는 경우가 많다. 스스로 감정조절을 어떻게 해야 할지 항상 염두에 두고 공식 커뮤니케이션에 임해야 한다.

3) 경청하는 사람(good listener)이 되라

가만히 듣기만 하는 것으로 부족하다. 호응하라. 경청은 인내심과 집중력을 요구한다. 경청은 성공화법의 기본이다. 자신의 말만 하고 듣는 데는 익숙하지 않은 사람은 커뮤니케이션의 원칙을 지키지 않는 것이다. 잘 듣는 것만으로도 좋은 점수를 딸 수 있다는 점을 기억해야 한다.

4) 듣기 준비가 됐을 때 말하라

집중력 없는 대화는 생산적이지 못하다. 주위가 어수선하거나 들을 준비가 되지 않은 상대에게 말하는 것은 비효율적이다. 이곳저곳에서 휴대폰이 울려 퍼진다면 분위기는 망치기 십상이다. 집중력도 떨어지게 된다. 또한 지쳐 있는 상황이나 배가 고픈 상황에서 무슨 말이 귀에 들어오겠는가. 기본적 욕구를 해소시킨 다음 커뮤니케이션을 시작해야 한다. 그렇지 않을 경우 오히려 역효과가 나는 수도 있다.

5) 눈을 보며 대화하라

눈은 심리반응을 읽을 수 있는 창이다. 상대의 움직임에 연동하여 길게 말을 해야 할지, 짧게 줄여야 할지, 웃어야 할지 큰 소리를 쳐야 할지 정해야 한다. 커뮤니케이터 입장에서 이런 반응을 눈을 통해 읽어내고 반응할 수 있어야 한다. 따라서 말을 하면서도 상대의 움직임과 반응 태도를 면밀히 관찰해야 한다. 눈은 속일 수 없는 내면의 거울이기 때문이다.

6) 정직성과 열정이 느껴지도록 하라

과장과 부적절한 비유, 잘못된 사례나 통계 등은 금물이다. 모르면 모른다고 정확하지 않다면 정확하지 않기 때문에 다시 확인할 필요가 있다고 말해야 한다. 물론 본질과 상관없는 사소한 것까지 모두 그렇게 해야 한다는 것은 아니다. 그러나 소통의 과정에서 감동으로 이어지는 징검다리는 항상 열정과 정직성으로 구성된다는 점은 진실이다.

7) 3W(who, where, when)의 법칙을 항상 기억하라

대상, 장소, 시간에 따라 화법이 달라야 한다. 이곳에서의 히트곡이 다른 곳에서 소음으로 전락할 수 있다. 커뮤니케이션은 이처럼 대상과 장소, 시간에 따라 변하기 때문에 이런 변수에 알맞게 스스로 준비하고 또 준비해야 한다.

5. 좋은 스피치 커뮤니케이션을 위한 10가지 조건

커뮤니케이션을 성공적으로 수행하기 위해서는 멋진 스피치를 해낼 수 있어야 한다. 스피치 커뮤니케이션은 대인관계, 조직생활, 비즈니스 등에서 매우 중요한 역할을 한다. 미국의 버락 오바마 대통령은 국민을 움직이는 멋진 스피치 커뮤니케이션을 구사하는 성공한 지도자로 유명하다. 그의 훌륭한 스피치 커뮤니케이션의 비법은 이미 다양하게 분석됐다. 작은 변형이나 응용은 있었지만 기본적인 원리에는 변함이 없었다. 다음은 일반적으로 '성공하는 스피치'를 위한 조건들을 정리한 것이다.

1) 구성하라

길든 짧든 말의 시작과 끝, 메시지를 정리, 구성해야 한다. 특히 시작과 끝을 어떻게 할 것인지는 반드시 구성하여 깔끔하게 정리해야 한다. 시작은 스피치 전체의 성패를 결정하고 마무리는 핵심 메시지를 어떻게 강렬하게 남기느냐를 결정하는 변수가 된다.

2) 핵심 워딩을 생각하라

생각은 말보다 수십 배 빠르게 유동한다. 잡음이 길어질 때 핵심은 흐트러지고 상대는 쉽게 집중력을 잃게 된다. 이런 연습을 위해서는 초등학교 아이들과 대화해 보는 것은 좋은 훈련이 된다. 말이 끝난 뒤 아이들에게 무엇이 기억에 남는지 물어보라. 핵심어, 메시지가 남아 있다면 성공이다. 아이들은 가식 없이 곧이곧대로 말해 줄 것이다.

3) 명언, 사례, 통계를 인용하라

스피치의 품격을 높여 주고 촌철살인의 메시지를 전하는 데 명언만큼 좋은 것이 없다. 다만 적절해야 하는 만큼 따로 준비해 둬야 한다.
"승리자의 주머니 속에는 꿈이 들어 있지만 패배자의 주머니 속에는 욕심이 들어 있다."
"영원히 살 것처럼 꿈을 꾸고, 내일 죽을 것처럼 오늘을 살아라-제임스 딘-"
"잠을 자는 사람은 꿈을 꾸지만 잠을 이기는 사람은 꿈을 이룬다."
"잔잔한 바다는 숙련된 선원을 만들지 못한다-아프리카 속담"

4) 상대와 장소를 가리지 말고 연습하라

말하기도 연습이 필요하다. 주제와 대상을 다양화하여 스토리 텔러역할을 해 보라. 가시에 찔리지 않고서는 장미꽃을 모을 수가 없다. 무엇이든 연습이 최고의 스승이다. 어린이든 할머니든 누구를 대상으로 하든 말하기를 좋아하도록 해 보라. 특히 상대가 즐거워하고 유익해하면 성공이다. 연습은 반드시 대가를 되돌려 주는 법이다.

5) 메모광이 되라

좋은 말, 명언 등은 메모하라. 기억에 의존하는 데는 한계가 있다. 구체적 수치와 재미난 예화 등도 메모하라. 지나가면 잊어버리고 내 것이 되지 않는다. "종은 누가 울리기 전에는 종이 아니다. 노래는 누가 부르기 전에는 노래가 아니다. 사랑은 주기 전에는 사랑이 아니다." 이런 것들을 메모하고 응용하라. 메모의 힘은 위대하다.

6) 말을 위해 글쓰기를 생활화하라

글은 사람의 사고를 치밀하게 해 준다. 말은 대충해도 되지만 글은 주부와 술부 등이 일치해야 하고 기승전결 등이 맞아야 한다. 글이 정리되는 사람은 말도 쉽게 한다. 남을 설득하거나 분노를 표출하는 글쓰기 등은 말하기의 바탕이 된다. 글쓰기를 생활화하는 사람은 말도 잘하는 것이 보편적이다. 말은 글과 함께 간다는 점을 기억하자.

7) 독서하라—책은 말의 보고

독서를 하게 되면 우선 어휘력이 늘어난다. 풍부한 어휘력은 성공 스피치의 필수요건이다. 게다가 독서를 하게 되면 성공하거나 실패한 많은 사람들의 이야기를 간접 체험할 수 있다. 인용할 수 있는 표현과 사례 등은 독서를 통해서만 가능하다. 독서의 힘은 대화 속에 자연스럽게 나타난다. 이것은 자신의 인격을 드러내는 멋진 방법의 하나가 될 것이다.

"행복은 향수와 같다. 내 몸에 몇 방울 뿌리지 않고서는 다른 이들을 뒤덮을 수 없다-에머슨" 대문호, 에머슨의 이런 말은 동서고금을 막론하고 진리다. 에머슨이 아니면 누가 이렇게 멋지게 표현할 수 있을까. 독서를 통해 에머슨의 깊은 철학과 진리가 담긴 말을 즐기고 내 것으로 사용한다는 것은 행운이다.

8) 신문, 시사잡지를 보고 메모하라

신문이나 시사잡지의 칼럼을 보게 되면 논리력이 길러질 것이고, 대화에 필요한 정보, 뉴스자료를 얻게 될 것이다. 세상 돌아가는 원리나 내용을 모르면 화젯거리가 빈약해지는 법이다. 시대의 흐름을 읽는 데 신문만

한 것이 없다.

9) 가식, 자기 자랑은 금물이다

유머스럽게 자기 자랑은 애교가 될 수 있지만 진지하게는 절대로 자기 자랑하지 마라. 사실이라 하더라도 듣는 사람이 반발한다. 대신 자신의 실패담, 좌절의 아픈 경험을 얘기하는 것은 오히려 도움이 된다. 가식이나 과장은 한두 번 효과가 있을 수는 있지만 진실이 밝혀지면 너무 큰 대가를 치르게 된다. '허풍쟁이'로 낙인찍히며 진실조차 진실로 받아들이지 않게 된다. 사소한 가식과 자기 자랑이 주는 대가치고는 너무 가혹하지 않는가.

10) 유머를 준비하고 재미있게 전달하기 위해 아이디어를 짜라

유머를 어렵게 생각할 필요는 없다. 상황과 대상에 맞게 몇 개씩 준비는 하고 다녀야 한다. 다만 분위기에 맞게 잘 전달하면 유머가 상황 전체의 분위기를 살려 주기도 하지만 썰렁할 경우 시도하지 않은 것만 못할 수도 있다. 유머를 해야 한다는 강박관념은 가질 필요 없다. 반드시 웃겨야 하는 것은 아니다. 유머는 딱딱한 분위기를 바꿔 주기도 하고 장시간 집중하고 있는 상대에게 잠시 휴식을 줄 수 있다. 그런 다음에 다시 집중력을 발휘하는 것이 효과적이기 때문에 필요한 것일 뿐이다.

경청을 위한 **7**가지 수칙

스피치에 성공하기 위해서는 상대의 말을 '잘 들어줘야 한다.' 나 혼자만의 일방적인 스피치로 끝나면 곤란하다. 항상 듣는 자세가 중요하다. 잘 듣는 사람이 말도 잘하는 법이다. 스피치에 실패하는 사람들은 대부분 듣기에 문제가 있는 경우가 많다. 성급하거나 제대로 듣는 훈련이 부족하거나 인내심이 없거나 등 경청을 하지 못하는 경우가 많다.

경청은 그냥 가만히 있는 것이 아니다. 경청도 테크닉이다. 말을 하도록 분위기를 만들고 띄우는 상호 작용의 일환이다. 경청을 위한 7가지 수칙을 몸에 익히자.

1. 인내심을 요구하는 만큼 조금 나서고 싶어도 참는다.

2. 선입관이나 편견을 배제하고 마음을 활짝 연다.

3. 말하는 사람에게 집중한다. 핸드폰을 만지작거리거나 전화를 받는 것도 안 된다.

4. 시선을 상대방에게 고정시킨다. 듣고 있다면서 고개를 숙이거나 돌아서 앉아 있는 것은 스피치를 방해한다.

5. 이야기를 빨리 하라고 재촉하지 않는다. 지루한 경우도 있겠지만 '잘라라, 편집해라' 등으로 한마디 하게 되면 스피치는 제대로 되지 않는 법이다.

6. 상대가 말을 끝마칠 때까지 기다린다. 말을 도중에 끊게 되면 돈 뺏기는 것처럼 기분 나쁘다.

7. 적당한 추임새를 넣어 주는 것이 좋다. '그래서', '저런', '세상에……' 등의 추임새로 장단 맞춰 준다면 상대는 더욱 신나서 스피치에 열중하게 될 것이다.

6. 커뮤니케이션을 실패로 이끄는 다섯 가지 변수

인간사회에서 소통은 매우 중요하지만 소통의 기본을 중시하지 않아서
실패하는 사례는 의외로 많다. 부모와 자식 간에도 학생과 선생님 간에도
사장과 조직원 간에도 이런 사례는 종종 벌어져 서로 당황하게 된다. 커
뮤니케이션은 항상 변수가 많기 때문에 세심한 주의가 요구된다는 점은
이미 공부했다. 또한 성공한 커뮤니케이션을 위해 어떤 준비를 해야 하는
지에 대해서도 살펴봤다.

그러나 이런 연구를 하고 공부해도 개인 간 혹은 대중 간 커뮤니케이
션의 성공을 보장하지는 못한다. 여기에는 자칫 커뮤니케이션을 실패로
이끌 수 있는 인간 본연의 변수가 최소한 다섯 가지는 존재하기 때문이
다. 그 다섯 가지란 대략 ♠ 인간의 착각, ♠ 편견이나 선입관, ♠ 지적

수준, ♠ 사회적 지위, ♠ 집단주의 등의 변수가 정상적인 커뮤니케이션의 흐름과 원칙을 방해할 수 있는 것으로 판단된다. 하나씩 간단하게 살펴본다.

1) 인간의 착각

인간은 착각의 동물이다. 대부분 자신은 '올바르고 상식적이다'라고 생각하는 자체가 착각이다. 각 개인이 생각하는 '상식, 올바름'이란 것은 개인마다 편차가 있고 이것은 지극히 자연스런 일이다. 개인마다 사람은 매우 자기중심적이고 이중적이지만 타인에 대해서는 이것을 인정하지 않으려는 경향이 있다. 대부분 사람들은 특정 사안에 대해 자신이 아는 만큼 상대도 당연히 알 것이라고 생각하고 또한 비슷한 생각을 하고 있다고 착각한다.

이런 착각은 개인 간 커뮤니케이션을 방해하는 경향이 있다. 서로 비슷할 경우, 소통에 문제가 없다. 그러나 생각의 차이가 확연할 경우 '다름에 대한 인정'보다 '다름에 따른 맞고 틀리고'식의 주관적 평가를 내리게 된다. 이것은 상대를 인정하지 않는 결과가 되고 결국 커뮤니케이션은 위기에 봉착하게 된다. 대화는 흘러도 겉돌게 되고 소통은 불통으로 막혀 버린다. 인간은 누구나 어느 정도 착각할 수 있고 착각의 정도에 따라 소통의 정도도 결판날 때가 있다.

스스로 똑똑하다거나 자신은 완벽하다고 주장하는 엘리트들에게서 이런 현상은 종종 목격된다. 특히 배운 사람들과 대화를 나눌 때 어려운 점은 바로 이런 인간 본연의 착각현상을 인정하지 않으려는 데 있다. 자기 중심적인 인간, 자신도 모르게 이중적 행태를 보이는 인간의 편의한 사고체계가 착각을 만드는 경향도 있다. 예를 들면, 사무실에 가족사진이 걸려 있을 때 남이 하면 '공사 구분 못하는 것' 정도로 여기지만 자신은 '화목한 가정'을 상징하는 것으로 합리화한다. 남이 나를 방문했을 때 회의 중이거나 전화통화 중이면 '당연히 대기해야 하고' 내가 방문하면 똑같은 상황이라 하더라도 '먼저 만나야 한다'고 생각한다.

착각의 원인은 다양하다. 아는 것이 불완전하기 때문에 그런 현상이 나타날 수도 있다. 아니면 제대로 알기는 하지만 표현하는 과정에서 착각을 유발하는 불완전한 표현방법 때문일 수도 있다. 또한 인간은 누구나 자기 중심적이고 이중적이기 때문에 나타나는 현상이기도 하다. 그래서 소통을 제대로 하기 위해서는 자신의 말만큼 타인의 말을 경청하려는 자세가 매우 중요하다. 인간은 누구나 착각할 수 있다는 사실을 인정하는 기본자세가 가장 중요하다. 이것을 받아들이고 인정한다면 소통의 문제는 훨씬 쉽게 풀릴 수 있다.

2) 편견이나 선입관

인간은 편견의 동물이다. 자신이 처한 환경과 가치관 등이 혼합된 사고방식으로 세상을 본다. 누구나 균형 있는 시각으로 세상을 본다고 하지만 각자가 가진 편견과 선입관으로 자기 편의대로 세상을 보고 해석하는 경향이 있음을 인정해야 한다.

편견과 선입관 역시 정상적인 커뮤니케이션을 방해하는 중요한 요소다. 교육방송(EBS)의 '인간의 두얼굴'이라는 프로그램에서 실험한 결과는 얼마나 인간의 선입관, 편견이 심한가를 보여 준다. 이 프로그램에서 똑같은 젊은이를 한번은 '티셔츠 차림의 평범한 모습'으로 보여 주고 젊은 여성들에게 신랑감과 연봉, 직업 등에 대해 물어봤다. 여성들의 반응은 한마디로 신통치 않았다. 신랑감으로 10점 만점에 3, 4점 선을 오르내렸다.

그러나 그다음 같은 젊은이를 '멋진 양복과 헤어스타일 등의 모습'으로 변신시켜 여성들에게 같은 질문을 던졌다. 놀라운 반응을 보였다. 우선 직업을 대부분 의사, 변호사 등 전문직으로 추정했고 연봉도 1억 원은 넘을 것이라고 말했다. 신랑감으로 10점 만점에 8, 9점을 줬으며 심지어 만점도 줬다.

한국 같은 외모지상주의 사회에서 외모가 갖는 중요성은 말할 것도 없지만 각 개인마다 선입관이나 편견이 이처럼 극과극의 결론을 가져온다는 점을 읽을 수 있다. 커뮤니케이션에서도 비호감형은 이미 시작도 하기 전에 실패할 확률이 높다. 호감형은 별 커뮤니케이션이 필요 없을 정도로 잘 이루어진다.

이것을 직장 면접에 대입시켜 보자. 성실한 삼류대 학생과 불성실한 일류대 학생을 면접한다고 했을 때 면접관은 이미 자신도 모르게 편견과 선입관에 사로잡혀 있다. 똑같이 필기시험을 통과했다면 그 필기시험의 실력을 인정하고 면접은 순수하게 면접 그 자체를 통해 개인의 역량과 성실성 등을 평가해야 하지만 현실은 그렇지 않다. 일류대가 주는 화려한 선입관, 삼류대가 주는 부정적 편견 때문에 면접의 결과는 '예상대로' 끝나는 경향이 있다.

　인간 스스로 편견이나 선입관을 인정하지 않는 사람들은 매우 위험하다. 그렇지 않기 위해 노력하는 것과 '자신은 다르다'고 큰소리치는 것과는 별개의 문제다. 편견이나 선입관을 극복하기 위해서는 양면을 볼 수 있는 입체적 사고, 다양성을 인정할 수 있는 열린 자세가 무엇보다 중요하다.

3) 지적 수준

　커뮤니케이션 성공과 실패의 중요한 변수로 지적 수준으로 표현했다. 보다 정확하게 서술하자면 '무지'가 된다. 지적 수준이 높은 경우 소통에 문제가 덜하다. 그러나 지적 수준이 낮거나 무지할 경우 소통은 큰 문제에 봉착하게 된다.

　특정 사안을 논의하거나 강연을 할 때 토론자나 청중의 지적 수준에 맞추지 못한다면 실패할 확률이 높다. 언어의 문제가 아니라 이해도, 지적 수준의 문제이기 때문이다. 무식한 사람, 무지한 인간과는 대화가 잘 되지 않는 법이다. 이해할 수 있는 바탕이 없기 때문이다. 어린이 성추행과 관련하여 판사가 법정에서 세 살 된 어린이에게 이런 질문을 했다고 가정해 보자.

　"저 피의자가 ○○이의 둔부에 성기를 접촉하고 수 회에 걸쳐 같은 동작을 반복하던가요."

　"……"

어떤가.

일상생활 속에 이런 식의 화법은 종종 나타난다. 상대에 대한 배려 없는 커뮤니케이션은 실패로 끝난다. 의사와 환자 사이의 대화도 종종 이런 식으로 나타나는 경향이 있다. 공대 교수들이 특정 사안을 일반인들에게 설명할 때도 전문용어와 외래어를 설명 없이 뒤섞어 전달하게 되면 이런 현상을 초래할 수 있다. 끝날 때 박수를 받는 것은 '끝나서 좋다'는 것이지 강연이 훌륭해서 박수를 받는다고 착각하면 곤란하다.

커뮤니케이션의 원활한 흐름을 위해서는 말하는 사람이나 듣는 사람이 모두 일정한 지적 수준을 요한다. 특히 전달자가 청중들의 지적 수준을 맞추기 위한 치밀한 준비와 배려는 필수다. 그 대상이 어린이들인지, 할머니들인지, 교수들인지, 여성들인지 이에 대한 지적 수준과 표현방법은 어느 정도로 할 것인지 무슨 사례를 넣고 뺄 것인지 등 사전준비가 필요하다.

4) 사회적 지위

네 번째 소통의 변수로 '사회적 지위'로 표현했지만 이는 '권력', '직책' 등으로 다양하게 표현할 수 있다. 소통은 기본적으로 쌍방향 커뮤니케이션을 원칙으로 한다. 그러나 이 사회는 누구나 동등한 말할 권리를 누리는 것은 아니다. 교과서에는 누구나 표현의 자유를 보장한다고 헌법을 들먹이지만 현실세계는 그렇지 않다.

집단 내 힘의 경중, 직위의 고하, 권력 등에 비례해서 발언권이 주어진다. 위계서열이 엄격한 조직, 경찰, 검찰, 군대 같은 곳은 의외로 소통의 문제가 많다. 각자에게 동등한 소통의 권리가 주어지지 않기 때문이다.

민간업체나 대학같이 보다 소통이 자유로운 조직에서조차 동등한 발언권이 주어진다고 생각하면 큰 오산이다. 회의를 주재하는 총장이나 이사장은 무한 발언권이 주어지고 이슈도 자유롭게 선정할 수 있지만 그 외 다른 회의 참가자들은 제한된 발언횟수, 제한된 범위의 주제에 한정돼서 말할 수 있을 뿐이다. 그나마 이 정도는 훌륭한 편이다.

계급사회인 군에서 주요 간부회의가 열린다고 가정해 보라. 앉은 자리조차 계급순에 따라 일제히 서열이 정해지고 발언순서도 자기 차례가 주어질 때까지 기다려야 한다. 직속상관이 특정의견을 제시했는데 부하가 나서서 이에 반하는 의견을 낸다는 것은 재앙을 의미한다. 지위와 직책은 소통을 방해한다.

권력자들이 청와대만 들어가면 모두가 소통에 실패하는 이유는 어디에 있는가. 바로 이런 힘의 원리, 권력의 원리가 정상적인 커뮤니케이션의 원리를 질식시키기 때문이다. 노무현 전 대통령도 재임 때 '자신은 소통에 실패한 대통령'이라고 스스로 말했다. '아무 언론도 자신을 도와주지 않아 외롭다'고까지 말했다.

이명박 대통령도 취임 후 1년도 되지 않아 2번이나 국민 앞에 사과했다. 단 한 가지 이유 때문에. '소통에 실패했다'고. 청와대에 국민소통비서관이라는 희한한 직책을 하나 만들어 뒀지만 이 덕분에 소통이 좋아졌다는 평가를 받지 못했다. 오히려 소통을 더욱 불통으로 만들고 '홍보'의 마술을 기대하고 있는 모습이다.

청와대라는 권력의 공개 회의장에서 누가 솔직하게 의견을 개진하겠는

가. 누가 대통령 앞에서 비판적인 민심의 소리를 전달할 수 있겠는가. 모두들 알고서도 입을 다물고 눈치만 보게 된다. 이것이 소통을 실패로 이끌고 실패한 대통령으로 만드는 소통의 구조다.

리더의 말이 많아지면 참모는 입을 다문다. 리더의 호통소리가 요란하면 참모들은 소통보다 불통을 원한다. 결과는 커뮤니케이션의 구조를 차단하는 고립이 된다. 알아서 기는 참모들은 소통을 원하지 않고 다만 리더의 심기만 편하게 하려고 한다. 민의를 왜곡하고 좋은 것만 과장해서 보고하는 경향이 있다. 권력의 힘에 굴종하기 때문이다.

5) 집단주의

한국같이 획일성이나 집단주의 성향이 강한 나라에서 소수의 의견을 꿋꿋하게 내기란 쉽지 않다. 자칫 왕따로 이어지고 조직의 반항아로 낙인 찍히기 십상이다. 고집불통은 곤란하지만 다른 의견을 듣는 데 인색해서는 곤란하다.

집단주의는 매우 안전하다. 모두가 비슷한 생각을 하고 비슷한 행동을 할 때 쉽게 친구가 되고 동지가 된다. 그러나 이를 거슬리며 '다른 생각'을 하고 '다른 의견'을 제시하는 데는 용기가 필요하다.

원활한 소통, 창의적인 커뮤니케이션이 되기 위해서는 이런 소수의 목소리가 집단주의를 뚫고 나올 수 있도록 회의분위기를 만들어 줘야 한다. 이것은 리더가 할 수 있는 권한이 있다. 리더의 배려와 섬세함이 빛을 발휘해야 할 부분이다.

생각해 보라. 모두가 비슷한 생각을 하고 비슷한 결과를 예상하고 있다면 그런 회의는 시간 낭비가 된다. 사소한 부분이라도 이견이 기탄없이 제시되고 논의를 거치게 되면 논리와 명분이 더욱 다듬어진다.

정당이 같은 목적을 추구하는 정치적 집단이지만 누구나 같은 생각, 같은 가치관을 갖고 있어야 하는 것은 아니다. 집단주의, 사고의 경직화, 왕따는 매장시키는 분위기 등은 원활한 커뮤니케이션을 방해하는 적이다. 다른 견해가 있다는 것은 조직의 건강성, 소통의 구조가 건강하다는 반증이다.

개인이나 집단이 집단주의, 애국주의, 물신주의, 결과중심주의 등 무슨 무슨 주의에 질식해서는 사회의 소통구조가 약화된다. 이것을 극복하는 것은 개인과 집단 모두의 몫이다. 이를 위해서 우리 각자와 사회가 상대에게 좀 더 너그러워져야 한다. 이념적 대립조차 나쁘게 볼 필요는 없다. 다만 서로가 서로를 불구대천의 원수로 삼는 소모전은 서로는 물론 국가발전을 위해서도 도움이 되지 않는다. 획일적 집단주의는 소통의 적이라는 인식이 급선무다.

7. 실패한 커뮤니케이션 사례

커뮤니케이션의 실패는 자신을 망치고 조직을 망친다. 대통령도 국회의장도 경찰청장도 공개적인 커뮤니케이션 실패는 상상 이상으로 큰 후유증을 가져온다. 커뮤니케이션의 실패는 리더십의 실패로 이어지는 법이다. 실패 사례를 통해 무엇을 조심해야 하는지를 살핀다.

2009년 4월 강희락 경찰청장이 해서는 안 될 말을 했다. 이것은 언론을 통해 공개됐고 사회에 큰 파문을 가져왔다. 스스로 자격 없는 경찰청장이라는 고백을 보면서 한국의 경찰과 언론의 수준을 짐작하게 했다. 이를 두고 나는 이런 칼럼(미디어오늘 2009년 4월 3일자)을 작성했다.

[미디어 오늘 2009년 4월 3일자. 김창룡의 미디어 창]

'재수 없다'는 강희락 경찰청장
'성상납 대상' 경찰청 출입기자들

한마디로 요지경 대한민국이다. 입만 열면 '법치'운운하는 경찰이 돌아서서는 범법을 앞장서서 실행하고 들키면 '재수 없다'는 사회. 이를 감시하고 고발해야 할 경찰청 출입기자들은 폭탄주와 2차 접대에 흐물흐물……. 강희락 경찰청장의 입에서 나온 말이라고는 믿기 힘든 내용이 언론에 공개돼 파문은 확산되고 있다.

'프레시안'의 최초 보도로 알려진 강희락 경찰청장의 공보관 시절, "나도 기자들 모텔 많이 보내 봤다."는 발언은 즉각적으로 여성계, 정치권 등의 반발을 가져왔다.

민주당 김유정 대변인은 2일 "청와대 행정관 성접대와 '재수 없으면 걸린다'는 경찰청장의 발언에 이르기까지 이 정권의 수준을 유감없이 드러내는 일들이 연일 터져 나오고 있다."면서 "명백히 불법인 성매매를 단속하고 처벌해야 할 소임을 지닌 경찰총수가 '재수 없으면 걸린다'는 정도로 이 사태를 바라보고 있다."고 지적했다.

현재의 경찰청 출입기자들이 과거 선배기자들의 성접대 주장에 대한 비난을 받고 있는 것이 억울할 수 있다. 그러나 이 자리에 함께한 경찰청 출입기자 대다수가 이런 엄청난 발언에 대해 침묵했다는 점은 국민의 기대를 저버렸다는 점에서 역시 비판받아야 한다.

강희락 경찰청장과 공보관 시절 성상납을 했다는 당시의 경찰청 출입기자들, 그리고 현재의 경찰청 출입기자들 이들은 도대체 무엇을 잘못했는가. 성상납 의혹 속에 사망한 여배우 장자연과 성접대 리스트, 청와대 성상납 비리를 수사하고 있는 경찰청 최고총수의 수사의지를 의심케 하는 문제의 발언은 단순히 말실수로 넘어갈 수 없는 심각성을 안고 있다. 강 청장은 이명박 정부가 그렇게 강조하는 법치를 확립하기에 스스로 부적격자라는 고백을 하고 있기 때문이다.

강 청장이 공보관 시절이었던 2천년대 초는 한국사회가 새롭게 성매매를 근절하기 위해 법을 강화하고 단속에 힘을 기울이던 시절이다. 현역 경찰의 신분으로 기자들을 타락시키는 불법적 성상납 행위를 했다는 것은 스스로 형사처벌감이라는 자기 고백이다. 물론 성접대를 받은 당시 경찰청 출입기자들도 불법행위 당사자로 처벌대상이다.

경찰청은 강청장의 이런 발언이 문제가 될 것으로 보이자 이번에는 거짓말과 입막음을 시도했다. 4월 1일자 프레시안에 따르면, 경찰청 측은 이런 발언 자체가 없었다고 부인하고 있다. 윤명석 경찰청 홍보실 계장은 〈프레시안〉과의 통화에서 "'공보관 때' 운운하는 그런 이야기가 없었다."며 "'장자연 리스트' 이야기도 '철저하게 수사하겠다.'는 이야기 정도였다."고 반박했다. 그는 "이 사실을 기사화할 경우 법적 대응하겠다."는 것이다.

'기자 성접대' 발언 자체를 부인하다가 법적 대응도 들고 나왔다. 경찰청장이 한 발언을 경찰청 홍보실 윤 계장이 온몸을 던져 발언을 부정하는 거짓말을 하고 그것도 부족할 것 같아 '법적 대응'하겠다는 것이다.

법이 경찰의 거짓말을 위해 존재하나. 경찰이 거짓말을 한 지 단 하루 만인 4월 2일자 한겨레신문은 "성매매, 재수 없으면 걸린다." 제하의 기사에서, 강 청장은 "시대도 바뀌어서 인식의 변화가 필요하다는 점을 강조한 것이 와전됐다. 지금은 그런 일이 없어야 한다는 취지로 얘기한 것"이라고 보도했다.

하루 사이에 같은 대한민국 경찰청에서 나온 말치고는 너무나 달라져 있지 않은가. 강 청장의 '재수 없으면……' 발언 자체가 없었다고 부정하고 '법적 대응'까지 들고 나왔다가 하루 만에 '와전됐다'는 약화된 다른 말을 하고 있다.

이런 경찰청장과 경찰청에 투명하고도 철저한 성상납 수사의지를 믿을 수 있을까. 안타깝게도 수사흉내 정도 내는 것 이상은 이미 할 수 없는 원죄를 스스로 고백했다. 국민은 도무지 납득이 가지 않는다. 왜 경찰이 더구나 공보관이면 중견경찰간부급인데 경찰청 출입하는 '어린 기자들'을 모시고 모텔 열쇠를 건네줘야 했나. 오죽하면 경찰청장이 당시 모텔에서 기자들에게 (방)열쇠를 나눠 주며 "'내가 이 나이에 별일을 다 하고 있다'는 생각도 들었다." 등의 발언을 했겠는가.

강 청장이 옷을 벗든 말든 그것은 지엽적인 문제이다. 그러나 이런 경찰청장으로 한국의 법치는 불가능하다. 기자들이 강 청장을 어떻게 볼 것이며 국민은 강 청장을 기자들에게 성상납하던 불법경찰 그 이상으로 볼 수가 없다.

이제 경찰청 출입기자들에게 물어보자. 강 경찰청장이 건네주는 모텔방의 열쇠와 성상납은 진실이었는가. 진실이라면 불법과 함께 언론윤리강령을 저버렸고 스스로 경찰 감시와 견제를 포기했다. 거짓이라면 거짓이라고 말해야 한다. 한국 언론이 오늘날 신뢰의 위기 속에 손가락질받고 있는 것은 스스로 권력화되면서 경찰, 검찰과의 금도를 저버렸기 때문이다. 그들이 건네주는 폭탄주 속에 기자 정신은 사라졌다.

그때의 경찰청 출입기자들은 부끄러운 성상납, 불법로비의 대상자들로 전락했다. 현재의 경찰청 출입기자들은 강 청장의 충격적인 발언에 대해 입을 다물어 버렸다. 프레시안, 한겨레 등 일부 언론을 제외하고는 대부분 꿀 먹은 벙어리가 됐다.

말을 해야 할 때 말하지 않는 언론은 필요 없다. 도둑을 보고 '도둑이야'라고 소리치지 않는 파수견은 이미 파수견이기를 포기한 것이다.

경찰도 언론도 제발 제갈 길로 가라. 폭탄주로 서로가 너무 가까워져서 문제가 심화되는 것이다. 나이든 간부급 경찰이 어린 경찰청 출입기자들에게 성상납하는 사회는 불법을 조장하는 병든 사회일 뿐이다. 그런 간부들이 경찰총수를 하고 수사기관을 책임지는 사회는 위선과 불법이 난무하는 절망의 사회일 뿐이다. 누가 누구를 수사할 수 있나. 경찰간부가 일선 기자들에게 성상납하는 권력구조 속에서 어떻게 언론사 사주를 감히 수사할 수 있겠나. 경찰은 성상납 수사에서 손을 떼고 검찰이 나서라.

강 경찰청장은 자신의 발언에 책임을 져야 할 것이다. 그러나 이 발언이 사실이라면 언론과 경찰 간의 유착관계가 심각한 수준임을 알 수 있다. 법을 집행해야 할 경찰이 불법으로 언론인들에게 성상납을 하는 사회. 이를 고발해야 할 언론인들이 불법특혜를 누리는 사회. 이런 사회는 위선과 불법, 특혜가 가득한 권위주의 사회일 뿐이고 결코 선진국이 될 수 없다.

강 경찰청장의 말은 한국사회의 치부를 드러냈고 어쩌면 개선할 수 있는 훌륭한 계기를 마련한 것일 수도 있다. 이를 덮기에 급급하다면 이런 잘못은 다시 반복될 것이고 철저하게 단죄할 수 있다면 상황이 그래도 나아지지 않을까.

누구나 자신의 발언을 통제할 수 있어야 한다. 자신의 말을 통제하지 못한다는 것은 자신을 통제하지 못한다는 것이다. 이런 사람은 그가 누구든 리더십을 발휘하지 못한다. 어떻게 비벼서 출세했는지 모르지만 곧 단명 퇴출될 것이다. 말은 그 사람의 인격과 철학을 나타내는 척도다. 말이라는 보물을 허투로 쓰는 사람에게는 권력이 주어지지 않는 법이다.

화가면서 건축가, 과학자, 사상가인 레오나르도 다빈치는 말에 대해서도 명언을 남겼다.

"굴들은 보름달이 뜨면 껍질을 완전히 연다. 게는 그것을 보고 돌이나 해초를 안에 던져 넣어 다시 껍질을 닫지 못하게 한다. 그런 다음 게는 굴을 편안히 먹어 치운다. 너무 입을 많이 열어 듣는 사람의 손아귀에 자신을 스스로 갖다 바치는 사람의 운명도 굴의 운명과 다를 바가 없다."

다빈치는 말의 신중함과 절제를 강조했다. 레츠 추기경은 이런 말을 남기며 사제들에게 경각심을 일깨웠다.

"사제는 어리석은 짓을 하는 것보다 어리석은 말을 함으로써 훨씬 더 많은 피해를 본다."

말은 일단 나가면 거두어들일 수 없다. 특히 비꼬는 말을 삼가야 한다. 순간적인 만족을 얻을 수는 있지만 그보다 훨씬 더 큰 대가를 치를 수도 있다. 무조건 입을 다물어야 한다는 것은 아니다. 특히 윗사람과 함께 있을 때 침묵은 의심이나 무능력으로 비칠 수도 있다. 모호한 말은 뜻하지 않은 해석을 낳을 수도 있다. 주변의 실패 사례에서 교훈을 얻어야 한다. 말실수는 주변에 널려 있고 매일 목격하고 있기 때문이다.

넷

성공의 법칙 22

[성공을 꿈꾸는 자들을 위하여]

성공을 무엇으로 정의하든 누구나 성공하고 싶어 한다. 그러나 현실적으로 성공은 실패와 좌절이라는 과정을 반드시 거치도록 요구하고 있다. 때로는 이런 시련과 도전이 너무 크게 느껴져 성공했다는 사람조차도 실패의 늪에 빠져들고 결국 패자가 되기도 한다. 거꾸로 장기간에 걸쳐 많은 좌절과 실패를 겪은 사람이 끝내 성공하여 자기 인생의 승리자, 사회의 영웅이 되기도 한다.

한 인간에게 성공과 실패는 언제 어떻게 뒤바뀔지 알 수 없다. 한때 성공한 정치인, 연예인, 스포츠 스타 등도 비리에 연루되거나 자살로 생을 마감하게 되면 인생 실패자로 손가락질 받게 될 수 있다. 따라서 특정 인간을 두고 '성공했다, 실패했다'라는 평가는 특정 시점에서 내리는 불안정하고 불완전한 평가일 뿐이다. 이 책에서 사례를 드는 대상도 모두 이 법칙에 준하여 평가하는 것이다.

누구에게나 인생은 한번뿐이다. 누구나 실패자가 아닌 승리자가 되고 싶어 한다. 자기 인생의 설계자, 건축가, 최고책임자는 바로 자기 자신이다. 인생의 기로에서 어떤 선택과 판단을 하는지는 전적으로 자신에게 달렸다. 그 결과에 대한 책임도 자기 스스로 져야 한다. 세상을 탓하고 부모를 원망하는 그 자체가 스스로 자신은 실패자라는 사실을 고백하는 것이다.

사회 각 분야에서 성공한 사람들의 공통점, 가까이서 지켜본 자기 인생 승리자들의 공통점을 나름대로 정리해 보았다. 승리자 모두가 이 모든 사항을 지켰다고 생각하지는 않지만 적어도 상당부분을 체득화하고 있는 모습을 목격할 수 있었다. 성공을 원한다면 이런 성공요소 중 어느 부분이 부족한지에 대한 자기 분석과 보완이 급선무다.

인생은 길지 않다고 한다. 그러나 인생은 짧지도 않다. 매순간 승부수를 띄워야 하는 운명의 시간은 의외의 결과를 빚기도 한다. 한순간의 그릇된 판단, 착각이나 과욕이 인생 전체에 치명적 상처를 남긴다면 너무 가혹하지 않는가. 보다 신중해져야 한다. 비록 내일 지구의 종말이 온다 할지라도 인생의 고비, 전환점에서 보다 긴 안목으로 판단하고 선택해야 한다. 그러면 어떤 기준, 법칙으로 삶을 마주해야 할까.

1. 자기 자신을 스스로 귀하게 여겨라

누구도 자신을 보잘것없는 인간으로 취급당하는 것을 원치 않는다. 그러나 거듭된 실패와 좌절은 사람을 초라하게 만드는 법이다. 자기 스스로를 비하하는 사람은 희망이 없다. 대신 자신을 아끼고 가꾸는 사람은 성공할 확률이 높다. 영어에서도 다른 것은 모두 소문자로 표기하면서 '나'를 의미하는 'I'는 반드시 대문자로 표시한다. 이를 서울대학교 총장을 역임한 정운찬 교수는 이렇게 해석했다.

"우주의 섭리에서 나의 존재론적 의미를 찾는 동양과 '나'라는 존재가 사회와 국가와 우주의 중심이라는 서양의 인식론적 차이를 극명하게 상징한다는 사실을……."

정 교수는 '영어에서 딱 하나 마음에 든 것은 나를 의미하는 I를 대문자로 써서 세상의 다른 모든 존재들과 구별한다는 점'이라고 설명했다. '나'는 세상의 중심이다. 나를 아끼고 나를 사랑하고 나를 잘 관리해야 한다는 뜻이다.

도산 안창호 선생은 이를 '애기애타(愛己愛他)'로 표현했다. 자기 자신을 사랑할 줄 아는 사람이 타인도 사랑하게 된다는 것이다. 이기주의자를 '에고이스트'라고 부르지만 에고이스트를 지나치게 백안시할 필요는 없다. 자기만 아는 욕심꾸러기는 곤란하지만 자기 스스로를 위한 발전과 자기관리 등의 차원에서는 에고이스트가 되라고 권하고 싶다. 한국 사람들은 보편적으로 때로는 집단의식이 너무 강해 탈이기 때문이다.

테레사수녀
[출처]ⓒwiki

자신의 성공을 위해 고민하는 자신을 발견한다면 일단 반쯤은 성공의 문턱에 왔다. 자신의 소중함과 성공을 고민하는 사람은 함부로 자신을 가치 없는 일이나 反사회적인 일에 던지지 않는 법이다. 자신을 귀하게 여기는 사람은 자신을 다듬고 가꾸는 데 부지런한 특징을 갖고 있다.

성녀로 추앙받는 '테레사' 수녀는 '최악의 병'에 대해 이런 말을 남겼다.

"오늘날 최악의 병은 나병이나 결핵이 아니라 자신이 필요 없는 존재라고 느끼는 것이다.(The biggest disease today is not leprosy or tuberculosis, but rather the feeling of being not wanted.)"

누가 뭐래도 자신의 가치를 높이 평가하라. 그렇게 행동하라. 자신의 값은 자신이 매기는 법이다. 싸구려로 굴면 싸구려 취급받게 된다. 오만하게 굴거나 하찮게 행동하면 그 누구도 높은 평가를 해 주지 않는다. 자신을 사랑하고 높이 평가하는 사람은 그런 평판을 받도록 행동도 말도 그렇게 하고 있다. 스스로 위엄과 품격을 갖춰 평판을 지켜라. 그러면 세상은 당신을 높이 평가해 줄 것이다. 설혹 세상이 그렇게 생각하지 않는다고 판단해도 자신이 그렇게 믿는다면 세상은 언젠가 따라올 것이다.

중세 철학자 발타사르 그라시안(1601~1658년)은 이런 유명한 말을 남겼다.

"모든 사람은 자기 나름의 방식으로 왕처럼 행동해야 한다. 비록 왕이 아니라고 해도 모든 거동이 왕과 비교해서 손색이 없도록 하라. 행동은 숭고하고 생각은 드높아야 한다. 실제로 왕이 아니라고 해도 모든 일에서 왕이 될 자격이 드러나야 한다."

2. 야구에서는 3할대 타율이 필요하지만 인생에서는 3푼대도 성공할 수 있다

성공을 원하는 사람은 누구나 실패와 좌절과 먼저 만나게 된다. 이런 시련에 꺾이는 자신을 지나치게 자학할 필요는 없다. 성공은 그만큼 값진 것이고 귀해서 함부로 이룰 수 없다는 사실을 스스로 인식하고 자신에 좀 더 관대해져야 한다. 야구에서는 3할대가 돼야 강타자 소리를 듣지만 인생에서는 3푼대도 너끈히 성공할 수 있다.

다만 거듭된 실패는 인간을 단련시키기도 하지만 상하게도 한다. 투지는 사라지고 자신감마저 없어지기도 한다. 실패하는 사람의 어깨가 늘어지고 풀이 죽는 것은 어쩔 수 없는 일이다. 그럴수록 오기와 투지로 뭉쳐야 하지만 이것이 말처럼 쉽지 않다.

절대로 자학하거나 자포자기해서는 안 된다. 실패가 거듭될수록 성공도 멀지 않았다는 자기 최면도 어느 정도 필요하다. 그러나 이것도 가급적 30대 후반까지에 한정돼야 한다. 물론 40, 50대에도 실패와 좌절 끝에 성공한 인생을 만들어 내는 불굴의 인생도 있다. 그러나 한국사회에서 나이는 성공의 큰 제약으로 작용한다. 30대의 시행착오는 인생의 밑거름이 될 수 있지만 40대의 실패는 되돌이킬 수 없는 인생의 좌절로 귀결될 가능성이 더 높다.

3. 약속 시간에는 미리 가서 기다려라

성공을 원하면 약속 시간을 지키는 것으로는 부족하다. 미리 가서 상대를 기다리는 것이 성공의 지름길이다. 상대를 기다리게 되면 여유가 있고 표정관리도 미리 할 수 있다. 반대로 어떤 이유로든 늦게 가게 되면 먼저 '죄송합니다'라는 사과부터 시작해야 한다. 대화의 주도권도 뺏기고 궁지에 몰리게 된다. 프랑스 속담에 '약속 시간에 늦게 나타나는 동안 상대는 그대의 결점을 헤아리고 있다'라는 말이 있다. 동서양을 막론하고 약속 시간은 소중한 법이다. 모두가 '나를 기다려주기'를 원하지 '내가 기다리기'를 원하지는 않는다. 약속을 잘 지킨다는 것은 신뢰형성의 토대가 된다. 사소한 약속을 지키지 않아 상상할 수 없는 불이익을 보는 수도 있다.

성공하고 싶다면 약속 시간에 나타나지 말고 약속 시간에 미리 가서 여유 있게 기다려라. 기다리는 시간 동안 자투리 시간을 잘 활용하면 알찬 시간이 될 것이다.

4. 자기 분석을 철저히 하여 장단점을 찾아내라

인간은 누구나 장단점을 동시에 갖고 있다. 성공한 사람은 장점을 잘 살려서 행운을 잡았다. 장점은 키우고 단점은 보완해 나가는 원리다. 하나님은 한 사람에게 모든 재능을 주지도 않았고 누구도 쓸모없이 이 땅에 내려보내지도 않았다. 다만 스스로 자신을 용도폐기했거나 포기했을 뿐이다. 자신에 대해 얼마나 알고 있는가.

자신의 재능과 잠재력은 남에게 물어서라도 찾아내 개발시켜야 한다. 자신의 강점을 가지고 경쟁해도 상대는 쉽지 않다. 타인의 화려한 성공에 넋을 놓지 말고 자신의 타고난 잠재력을 찾아내는 것이 급선무다. 그런 것이 없다고 판단한다면 만들어서라도 경쟁의 무기로 삼아야 한다. 성공한 사람은 공통적으로 자신의 타고난 재능을 잘 살렸다는 점을 확인할 수 있다. 남과 비교하지 말고 자신의 숨은 끼, 숨은 특징을 찾아내야 한다.

피겨불모지 한국에서 꿈의 2백 점대를 돌파하며 화려하게 2009년 피겨 세계선수권대회에서 금메달을 따낸 김연아 선수를 보라. 자신의 타고난 재능과 엄청난 노력으로 2009년 3월 대한민국에 커다란 기쁨과 환희를 선사한 주인공이 됐다. 시상대에서 흘린 김연아 선수의 눈물을 본 많은 한국인들은 함께 감격의 눈물을 흘렸고 그의 성취에 박수를 보냈다. 누구나 자기만의 재능과 숨은 장점이 있다. 그것을 찾는 것이 성공을 향한 첫 번째 발걸음이다.

5. 목표를 구체적으로 단계별로 세우라

미래를 위한 인생의 설계도가 완벽할 필요는 없다. 미래는 불투명한 변수로 가득하기 때문이다. 그러나 막연한 목표나 설계도 없는 꿈은 망상으로 끝날 가능성이 있다. 미래의 구체적 꿈을 향해 도전할 때 힘이 나는

법이다. 꿈을 통해 이상을 실현하려는 목표가 구체적일수록 더욱 용기가
난다. 웬만한 좌절과 시련은 구체적 꿈의 힘 앞에 무력해지는 법이다.

백병원

전국 5개의 백병원, 2010년 3월 오픈예정인 해운대 백병원까지 포함하
면 6개의 백병원 사단이 하루아침에 이루어진 것이 아니다. 일제시대에
개원한 서울백병원(중구 저동소재)은 한국현대사의 산증인이다. 부통령
장면 박사 테러사건, 영화배우 김희갑 구타사건, 1960년 4·19의거 시
학생들을 치료한 역사 속의 병원이었으나 수차례의 위기 속에 역사의 무
대에서 사라질 뻔했다.

백인제 박사

백낙환 박사

　　서울백병원은 최소 너덧 차례의 파산 위기를 맞지만 백낙환 박사의 불굴의 투지와 사명감으로 이를 극복해 냈다. 백낙환 박사는 전국에 6개의 대형병원사단을 거느리고 있지만 처음부터 이런 원대한 꿈을 그렸던 것은 아니다. 단계별 전략수립과 수시로 닥쳐오는 어려움을 하나씩 기적적으로 헤쳐나가며 작은 성공이 모여 큰 성공을 가져온 것이다.

　　■ 백병원 1차 위기 = 1950년대 백인제 박사의 제자, 김희규 박사의 폭탄선언 '퇴직금도 못 받고…… 내 명의의 땅을 찾겠다'며 백병원 분활을 요구했다. 병원설립 멤버가 '재단해체'를 요구하던 당시는 백병원 생존의 위기이기도 했다. 백낙환 박사는 한국최초의 민립공익재단법인 백병원이 '누구 개인의 것이 아니다'며 재단해체를 반대했다. 오직 재단 창립자 백인제 박사 외는 해체요구 권한이 없다고 백낙환 박사는 대응했다. 결국 김 박사가 가톨릭 대학병원으로 옮겨 가는 것으로 일단락되긴 했지만 당시 재단해체라는 절체절명의 위기 속에 기적적으로 버텨 냈다.

　　■ 2차 위기 = 1960년대 세브란스 병원, 가톨릭 병원 등 서울시내 대형병원들이 신축 경쟁이 벌어졌을 때다. 1950년대 낡은 백병원 건물로는 경쟁력이 없었다. 1963년 3대 백병원장 취임(백낙환 박사) 후 1969년 서울백병원 기공식을 했다. 그러나 건설비 부족으로 부도위기에 직면했다. 건설회사는 건설을 중단했고, 은행 대출은 막혀 버렸다. 당시 백병원 재단이사장 최경진 여사는 영락교회 헌납을 강권했다. 영락교회는 백병원의 경영권을 요구했고 이는 사실상 백병원 해체를 의미했다. 백 박사의 반대와 백 박사 큰어머니 최 여사의 단호함이 맞부딪혔다. 최 여사는 '조카님

갈 길로 가시오'라며 백병원 재단 운영권 인계를 지시했다.

그러나 이번에는 영락교회 한경직 목사의 기도가 살렸다. 한 목사는 철야기도 후 "병원은 전문가가 경영해야 합니다. 사명감도 있고 책임감도 있는 사람이 경영해야지요……." 영락교회의 인수포기로 다시 백병원은 살아남았다. 훗날 백 박사는 이때가 심적으로 매우 고통스러웠다고 말했다.

■ 3차 위기 = '세상은 도움받을 자격이 있는 사람을 기꺼이 도우려 한다' 엔드류 카네기.

3차 위기는 1970년대 초 백병원 재건과정에서 발생했다. 건설비 부족으로 건설회사와 수시로 갈등을 겪었다. 끝내 공사가 중단되기도 했다. 자금결제문제로 건설회사가 세 차례나 바뀌었지만 근본 돈 문제가 해결되지 않았다. 백낙환 박사는 진료하면서 돈 꾸러 다니는 등 백방으로 노력했으나 좌절의 연속이었다. 고인이 된 백두진 전 국무총리(휘문중학교 선배)와의 도봉산 만남은 새로운 기회를 제공했다. 당시 국무총리가 재무장관을 겸직하고 있던 상황에서 은행장에게 전화 한 통 하여 5억 원을 대출받도록 했다. 그 후 한 번 더 도움을 요청하여 다시 5억 대출에 성공했다. 백낙환 박사는 백병원 건립에 숨은 은인 백두진 전 국무총리를 틈만 나면 거론하고 감사해 한다.

■ 4차 위기 = 1975년 백병원 완공직후 익명의 투서사건

백병원이 탈세를 했다며 세무서에 익명의 투서가 들어갔다. 근거 없는 모함이었지만 백병원 탈세사건으로 언론에 보도되고 수사만 시작해도 병원은 문을 닫아야 할 형편이었다. 아우 백낙서의 장인인 당시 김치열 전

법무부 장관의 도움으로 고비를 넘겼다. 인맥의 중요성과 평소 자기 관리의 중요성을 확인했다. 위기는 시시때때로 찾아온다.

1972년 백병원은 부분준공했다. 1975년에 와서야 현재의 모습을 갖추게 된 것이다. 서울백병원 구석구석 백 박사의 땀과 혼이 밴 애정의 결집체로 인제대학교 출생의 발판이 됐다. 서울백병원의 성공은 훗날 부산백병원, 인제대학교 건립, 상계백병원, 일산백병원, 동래백병원으로 이어지는 초석이 됐다. 작은 성공이 큰 성공으로 이어지는 법이다.

거듭된 역경 속에서도 정신적 지주요 큰 스승인 백인제 박사에 대한 믿음과 사랑, 책무정신이 백낙환 박사에게 불굴의 신념과 용기를 준 것이다.

6. '나의 꿈, 나의 인생'을 걸 만한 '꺼리'를 찾아라

목표를 세우기 위해서는 나의 가치관, 나의 잠재력, 나의 흥미분야에 맞는 직업적 선택이 우선돼야 한다는 것이다. 무엇을 하고 싶은가. 왜 그것을 하고 싶은가. 그것이 사회적으로 어떤 의미가 있는가에 대해 답해야 한다. 그것을 왜 굳이 자신이 해야 하는가에 대해 확실하게 답할 수 있어야 한다. 막연히 공무원이 되고 싶다. 왜냐면 직업적으로 안정됐기 때문이라는 식은 강력한 동기부여가 되지 못한다. 쉽게 포기할 수 있고 쉽게 도중에 마음을 바꿀 수 있기 때문이다.

백병원이 오늘날 성공할 수 있었던 배경에는 백낙환 박사의 큰아버지 백인제 박사에 대한 인간적 신뢰와 보은정신, 사회적 책무가 강했기 때문

이다. 사사롭게는 큰아버지이기도 하지만 그전에 당대 최고의 외과의사이
자 스승의 공익정신과 인술제세의 정신을 계승, 발전시켜야 한다는 의무
감이 강력한 동기부여가 됐다. 일찍이 어머니를 여의고 큰아버지 밑에서
엄격하지만 자상한 배려와 정을 받았던 어린 시절의 깊은 감동은 큰아버
지의 못다 한 꿈과 한을 반드시 '내 손으로 풀고 일궈 내고 말겠다'는 신
념으로 똘똘 뭉쳐 있었기 때문이다.

"명분 있는 꺼리를 찾아내라." 여기에 나름대로 사명감, 책임감 같은
것을 갖추면 금상첨화가 된다.

'갈매기의 꿈'으로 유명한 리처드 바크는 '꿈'에 대해 이렇게 설파했다.

"꿈은 항상 실현시킬 힘과 함께 주어진다. 하지만 꿈을 이루기 위해서
는 많은 노력이 필요하다.(You are never given a dream without also being
given the power to make it true. You may have to work for it, however."

7. 무조건 무엇이든 흥미분야를 찾아 독서하라

유대교육의 핵심은 독서와 대화다. 책은 지혜와 정보의 보고다. 한 개
인이 체험할 수 없는 많은 사례와 교훈이 담겨 있다. 타인의 삶이 곧 내
자신의 가치와 꺼리를 찾는 데 도움을 준다. 독서의 힘은 위대하다. 성공한
사람은 하나같이 독서의 중요성을 강조했다. 미국의 타임즈지는 미국 100
대 재벌의 성공한 CEO 공통점 세 가지 가운데 한 가지로 '독서(Reading)'
를 꼽았다. 영상시대에도 독서는 강조된다. 대화를 해 보면 상대의 어휘

력과 논리력, 사고력이 바로 나타난다. 그 이면에 독서량이 바로 평가기
준이 된다. 두말이 필요 없다. 독서하지 않는 자 성공을 논할 자격조차
없다.

8. 최종 승리는 부지런한 자의 몫이다. "너 자신에게 성실하라."

성공한 사람치고 성실을 강조하지 않은 사람은 없다. 서울대학교 정운
찬 교수는 "성실의 전제는 작은 것에 최선을 다하는 것이다. 작은 일에
최선을 다하는 사람이 큰일에 최선을 다하지 않을 리 없다. 시간 약속을
소홀히 하는 사람이 다른 약속을 중시하는 것을 나는 아직까지 본 적이
없다."라고 그의 저서에서 말했다. 시간 약속 지키기는 성실의 기본이 된
다는 말이다.

셰익스피어

도산 안창호

[출처]ⓒwiki

셰익스피어는 "너 자신에게 성실하라. 밤낮으로 그렇게 해라. 그러면 그대는 어떤 사람에게도 불성실하지 못할 것이다." 도산 안창호 선생은 이를 무실역행(務實力行)으로 표현했다. 인제대학교 교훈에도 성실을 강조했다. 성실은 자신의 꿈을 향해 전력투구하는 것을 말한다. 좌고우면할 틈이 없다.

사람들은 자신의 머리 탓, 조상 탓은 하지만 자신의 성실하지 않은 탓은 별로 하지 않는 편이다. 성실하지 못해 잃어버리는 기회는 얼마나 많은가. 조직의 윗사람은 게으른 천재보다 성실한 범인을 더욱 중히 여기는 법이다. 성공에 우연은 없다. 성실한 노력과 끝없는 도전 끝에 성공은 필연적으로 따라오는 결과물일 뿐이다.

토머스 제퍼슨
[출처]ⓒwiki

토머스 제퍼슨은 '행운'을 믿는다고 말했다. 제퍼슨이 주장하는 인생의 행운이란 이런 것이다. "나는 행운을 믿는 사람이다. 일을 열심히 하면 할수록 행운을 더 많이 얻을 수 있다는 점을 깨닫게 된다.(I'm a great believer in luck, and I find the harder I work, the more I have of it"). 정운찬 서울대총장을 역임한 교수는 그의 저서 '가슴으로 생각하라'(2009)에서 행운을 이렇게 묘사했다.

"행운은 누구에게나 찾아오지만 아무나 그것을 잡을 수 있는 것은 아니다. 행운은 행운을 행운이라고 인식하는 직관과 행운을 행운 그 자체로 받아들일 수 있는 그릇을 갖춘 사람에게만 부여되는 아주 특별한 선물이다."

인제대학교에는 2009년 현재 62세의 나이로 대학교 3학년에 재학 중인 박재식이란 학생이 있다. 그는 만학도이지만 성실성과 신뢰로 사업에 성공했다. 자녀들도 모두 대학원 등을 졸업시킨 뒤 뒤늦게 중학교, 고등학교 검정고시를 거치고 인제대학교에 입학한 것이다. 배움의 한을 풀기 위해 만학도의 길을 걷지만 출석과 레포트 제출 등 어린 학생들과 똑같이 의무사항들을 이행해 내고 있다. 가까이서 그를 지켜보면 그가 왜 초등학교 졸업장 하나 가지고도 사업에서 큰 성공을 거둘 수 있었는지 쉽게 관찰할 수 있다. 그것은 윗사람이나 평가자의 기대 이상의 성실성을 보여주는 것이다. 그는 타고난 성실성으로 이제 인제대학교 학생스타로 유명세를 타고 있다.

졸업하고 취업할 것도 아니지만 자식보다 어린 학생들보다 더욱 진지하고 성실하게 노력하는 모습은 학생들에게도 귀감이 되고 있으며 교수들에게도 자극제가 되고 있다. 그는 한걸음 더 나아가 가난한 학생들, 입양학생들 프로그램에 2009년 1천만 원의 장학금도 기꺼이 기부했다. 그는 이렇게 주장한다.

"학벌이 아무리 좋아도 요령을 피우고 성실하지 못하면 좋은 직장에 가서도 성공하지 못한다. 반대로 학벌이 떨어져도 성실하게 노력하는 자는 반드시 사장의 눈에 띄게 마련이다. 자신감을 가지고 성실하게 일하면 반드시 길이 열린다."

박 씨는 한때 사업이 부도나는 위기 속에 두 차례나 영도다리에서 자살을 실행할 뻔했던 위기도 있었다. 은행에 대출금을 갚지 못해 파산일보 직전까지 간 적도 있었다. 위기 때마다 가까스로 시련을 극복할 수 있었던 것은 그의 성실성과 정직성을 얼굴에서 읽을 수 있었던 한 은행 지점장의 파격적인 도움과 거래자들의 신뢰가 있었기 때문이다. 성실성은 얼굴과 행동에서 나타나는 법이다.

9. 가급적 정직하게 사는 것이 훨씬 경제적이다

요즘 세상에서 정직하게 살기란 참 어렵다. 그러나 적어도 정직하기 위해 노력은 할 수 있다. 가급적 정직하게 가급적 원칙을 지키면서 사는 것이 궁극적으로 성공에 도움이 되기 때문이다. 당장의 화려한 수사와 거짓말, 허풍이 잠깐 출세의 길로 인도할 수 있을지 모르지만 결국은 허망하게 끝나는 종말을 종종 목격하게 된다. 거짓말을 할 바에야 차라리 침묵하라.

故 김수환 추기경에게 생전에 몇 개 국어를 할 수 있느냐고 물었다. 그는 '2개 국어'를 할 수 있다고 답변했다. "참말과 거짓말이다."라고 답했다. 이처럼 성직자도 때로는 거짓말을 하는데 하물며 일반 범인들이야 물어 무엇하리오. 그러나 사소한 거짓은 또 다른 거짓을 낳고 결국 실없는

사람, 신뢰 없는 사람으로 만들어 버린다. 도산 안창호 선생은 '농담으로도 거짓말 하지 말라'고 설파했다. 일찍이 우리 민족이 '쉽게 하는 거짓말'이 민족적 병폐가 될 수 있다고 간파한 것이다.

일시적 손해는 감수할 수 있을지 모르지만 정직하고 단순하게 살면 마음이 편하다. 정직은 신뢰의 바탕이다. 가까운 사람에게라도 신뢰를 손상할 수 있는 과장, 말 바꾸기, 부정직은 곤란하다. 나중에 어떤 대가를 치르게 될지 모르기 때문이다. 가정생활에서 친구 간에 혹은 사업상 등 어떤 경우에도 정직하도록 노력해 보자. 처음은 어려울지 모르지만 습관화하면 오히려 편해진다. 서양속담에서도 '정직이 최선의 방책'이라고 하지 않는가.

정운찬 교수는 "정직과 성실과 관용을 체화(incarnation)한 스코필드 박사님은 나에게 '정직이 가장 경제적'이라고 가르치셨다. 정직하지 못하고 거짓말을 하게 되면, 그것을 합리화시키기 위해 또다시 거짓말을 해야 한다. 거짓말은 기억력이 아주 뛰어나거나, 대단한 주의를 집중하지 않으면 금세 드러나게 돼 있다."라고 말했다.

10. 예의와 양보심을 갖추는 것은 성공을 위한 투자다

의욕이 넘치더라도 예의를 갖춰야 한다. 예의는 상대에 대한 존중에서 나온다. 예의를 모르는 인간은 접촉 자체를 기피하게 된다. 바쁜 일상생활 속에서도 성공한 사람들은 기본적인 예의를 게을리하는 모습을 본 적이 없다. 생활 속의 작은 에티켓을 중시하는 예의는 성공하는 사람들의 공통점이다.

양보하라는 것은 다소 이상하게 들릴 수도 있다. 요즘 같은 세상에 먼저 차지하는 사람이 임자다. 두 번 다시 기회가 없어 보이기 때문에 반드시 이번 기회를 놓치고 싶지 않은 심정은 누구나 공통적이다. 물론 무조건 양보하라는 것은 아니다. 최후까지 노력해야겠지만 양보와 타협의 순간이 오면 인색하게 굴지 말라는 뜻이다.

정치인 이인제는 경선불복이라는 수식어가 따라다닌다. 민주주의의 기본 원리를 훼손한 반칙 정치인이라는 오명을 씻을 수 없게 됐다. 국회의원 한두 번 더 하는 것과는 별개의 문제다. 한때 이 나라 대통령을 꿈꿨던 촉망받던 정치인 이인제의 이미지는 치명적인 타격을 받았다. 이에 반해 박근혜 한나라당 전 대표는 경선에서 이명박 대통령에게 밀렸다. 내용으로 보면 사실상 이겼다고 할 수도 있었지만 결과적으로는 패배했다. 이 패배를 깨끗이 받아들이는 양보의 미덕을 발휘했다. 이런 모습은 박근혜의 이미지를 더욱 돋보이게 했다. 차기 부동의 대통령 후보가 된 이면에는 이런 양보의 미덕도 한몫했음을 부인하기 어렵다.

기본 예의를 갖춘다는 것은 쉽고도 어려운 일이다. 기본 예의를 존중한다는 것은 상생과 화합의 정신을 실천하는 길이다. 이것은 덕성함양으로 이어진다. 예의를 모르는 욕심꾸러기 심술쟁이의 말로를 보여 주는 희한한 사건이 오래전 경남 마산의 한 마을에서 일어났다.

P 씨의 논은 다른 사람들의 논보다 위쪽에 자리를 잡고 있었다. P 씨는 자기 논에 물이 모두 차면 물꼬를 아래로 돌려 다른 논에도 물이 흘러가게 해야 하지만 그는 그렇게 하지 않았다. 놀부 심보처럼 남의 논에

물이 흘러들어 가는 것을 배 아파했다. 자기 논에 물이 차면 도랑으로 길을 내 넘쳐나는 물을 다른 곳으로 흘러 보내는 한이 있더라도 남의 논에 물을 대 주는 것은 일부러 막았다. 이 문제 때문에 마을에서 P 씨와의 말다툼과 심지어 몸싸움마저 그칠 줄을 몰랐다. P 씨에 대한 원성이 온 마을에 자자했다. 그러나 그의 매너 없는 '제 논에만 물대기' 행태는 그칠 줄을 몰랐다.

P 씨에게는 세 아들이 있었다. 어느 날 큰아들이 갑자기 정신이 돌았다는 소문이 들렸다. 소문은 곧 사실로 드러났다. 큰아들은 마을에서 자주 옷을 벗고 정신이상행동을 보였다. 어느 날 큰아들은 마을에서 행방불명이 됐다는 소식이 나돌았다. 얼마 가지 않아 이번에는 둘째 아들이 미친 형과 똑같은 증세를 보였다. 사람들은 '심술궂은 P 씨가 하늘의 천벌을 받았다'고 입을 모았다. 누구 하나 동정하지 않고 '인과응보'라며 혀를 찼다. 거의 동시에 이번에는 셋째 아들이 갑자기 원인 모를 병으로 사망했다. 어린 나이의 막내아들마저 잃고 P 씨는 충격 속에 쓰러졌다. 끝내 P 씨는 일어나지 못했다. 남편과 세 아들을 잃어버리고 혼자 남은 P 씨의 부인은 거의 거지신세로 전락했다.

이 사건을 기억하는 인제대학교의 박재식 씨는 "덕을 베풀면 자신이 아니면 그 자식세대에게라도 돌아가게 마련이고 남을 해롭게 하면 그 피해가 자신에게도 돌아올 수 있음을 기억해야 한다."라고 말했다. 사람이 살아가면서 모든 예의를 지키고 살기는 쉽지 않다. 하지만 최소한 서로 함께 살려는 노력과 상호 존중, 상생의 정신은 자신을 지키고 발전시키는 동력이 된다. 타인을 배려해야 나도 배려 받을 수 있음을 기억하라. 혹 나는 타인을 위해 배려했으나 나 자신은 그런 배려를 받지 못했다 하더라도 실망하거나 화낼 필요는 없다. 그럴 수도 있다고 이해하고 넘기라. 그래도 이런 상생의 정신을 유지한다면 인생에서 실보다 득이 훨씬 더 크다는 것은 선현들의 가르침이다.

11. '커뮤니케이션 스킬(communication skill)'을 개발하라

인간과 인간 사이의 소통(communication)을 원활하게 하는 것은 신뢰를 확보하는 기초수단이다. 자기표현이 서툴거나 제대로 효율적으로 전달하지 못한다는 것은 치명적인 약점이 될 수 있다. 또한 타인의 의도나 말을 제대로 파악하지 못해 엉뚱한 보고를 하는 것도 실패의 요인이 된다. 타인의 어눌한 표현을 정확하게 알아내고 자신은 효과적으로 메시지를 전달할 수 있다면 성공의 반은 이룬 셈이다.

커뮤니케이션의 기본은 먼저 '잘 들어주는 것'이다. 잘 들어준다는 것이 그냥 가만히 있는 것이 아니라 인내와 추임새가 동시에 필요하다. 멋진 스피치를 하기 위해서는 얼굴표정, 말투, 제스처, 목소리, 말의 강약과 스피드, 의상까지 세심하게 신경 써야 한다. 이를 위해 전달력, 논리력, 어휘력, 구성력을 높이도록 해야 한다. 또한 적절한 사례와 비유 등은 전달력을 높이는 조미료가 된다. 이것은 단순히 이론적 지식전달로 습득되는 것이 아니고 주변 사람들과 많은 대화와 노력을 통해 이루어질 수 있다. 이를 위해 독서하고 메모하라. 말하기를 두려워 말라. 위대한 스토리텔러(storyteller)도 사소한 말하기, 표현하기에서부터 시작했다. 성공화법은 너무나 중요한 만큼 뒤에 따로 준비하도록 했다.

12. 힘에 부치면 오기로라도 버텨라

나약한 의지로 이룰 수 있는 것은 아무것도 없다. 뜻을 세우고 꿈을 가졌다면 밀고 나가라. 김연아 선수도 부상 때문에 몇 번이나 중도에 포기하려 했다는 점을 잊어서는 안 된다. 실낱같은 희망이라도 보이면 오기로 버텨 내라. 김연아 선수는 1년 365일 가운데 360일을 연습하며 1천 번 이상 얼음바닥에 쓰러졌다. 넘어질 때마다 다시 일어서는 것이 쉽지 않다. 모든 것이 쉽게 성취되리라고 예상하지 않았겠지만 시도하다 보면 정말 불가능해 보일 수도 있다. 도저히 안 되겠다고 포기하고 싶은 심정이 될 때도 있을 것이다. 현실과 타협하든 다른 길로 선회하든 그것이 포기의 또 다른 형태라면 말려야 한다. 굳은 의지에 불을 지필 몸 안의 오기를 찾아보라. 오기는 역경 속에서도 인내심을 불러 활화산 같은 저력을 발휘하도록 도울 것이다.

최선을 다해도 결과를 장담할 수 없다. 그러나 포기하면 그것으로 끝이다. 그동안의 노력과 투자는 물거품이 되고 만다. 어려운 환경에 처할 때 이순신 장군의 이런 말은 큰 격려가 된다. 우리나라 국민적 영웅 이순신 장군도 수많은 좌절과 난관을 극복한 인간 승리자라는 사실을 알 수 있다. 포기하려는 사람은 지금 이 시점에서 다시 한 번 이순신 장군의 당시 입지를 음미해 볼 필요가 있다.

이순신(李舜臣) 초상화

"집안이 나쁘다고 탓하지 마라.
나는 몰락한 역적의 가문에서 태어나
가난 때문에 외갓집에서 자라났다.

머리가 나쁘다 말하지 마라.
나는 첫 시험에서 낙방하고
서른 둘의 늦은 나이에 겨우 과거에 급제했다.

좋은 직위가 아니라고 불평하지 마라.
나는 14년 동안 변방 오지의 말단 수비장교로 돌았다.

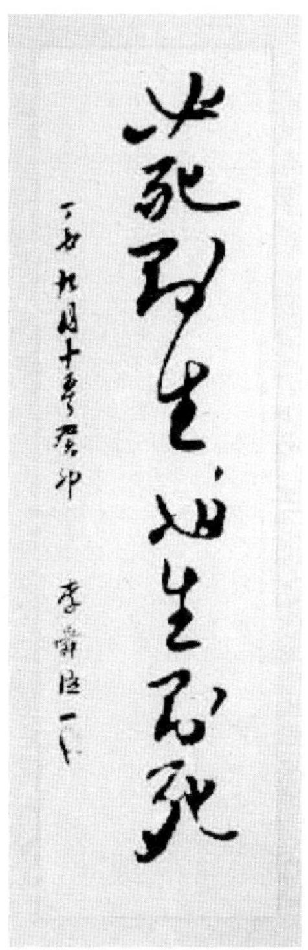

"必死卽生，必生卽死"
(죽고자 하면 살고, 살고자 하면 죽는다)
[출처]ⓒwiki

윗사람의 지시라 어쩔 수 없다고 말하지 말라.
나는 불의한 직속상관들과의 불화로
몇 차례나 파면과 불이익을 받았다.

몸이 약하다고 고민하지 마라.
나는 평생 동안 고질적인 위장병과

전염병으로 고통받았다.

기회가 주어지지 않는다고 불평하지 말라.
나는 적군의 침입으로 나라가 위태로워진 후
마흔 일곱에 제독이 되었다.

조직의 지원이 없다고 실망하지 말라.
나는 스스로 논밭을 갈아 군자금을 만들었고
스물세 번 싸워 스물세 번 이겼다.

사람이 알아주지 않는다고 불만 갖지 말라.
나는 끊임없는 임금의 오해와 의심으로
모든 공을 뺏긴 채 옥살이를 해야 했다.

자본이 없다고 절망하지 말라.
나는 빈손으로 돌아온 전쟁터에서
열두 척의 낡은 배로 133척의 적을 막았다.

옳지 못한 방법으로 가족을 사랑한다 말하지 말라.
나는 스무 살의 아들을 적의 칼날에 잃었고
또 다른 아들들과 함께 전쟁터로 나섰다.

죽음이 두렵다고 말하지 말라.

나는 적들이 물러가는 마지막 전투에서 스스로 죽음을 택했다."

  이야기는 조금 다르지만 2차 세계대전 당시 히틀러의 공격으로 온 유럽이 몰락 직전의 위기 속에 있었던 때, 유럽과 세계의 역사를 바꾼, 전 영국 총리 처칠이 의회에서 한 연설이다. 독일의 무차별 폭격 속에서 나라가 위기에 빠져 모두가 당시 처칠 총리의 입만 쳐다볼 때다. 아름다운 문화재를 보존하기 위해 독일의 무차별 폭격에 항복할 것인지, 희생을 감내하고서라도 전쟁을 해야 할 것인지 급박한 상황이었다. 처칠의 연설문이다.

원스턴 처칠 전 영국 총리
[출처]ⓒwiki

  "…… 비록 유럽의 넓은 영토와 유수한 전통의 국가들이
게슈타포와 나치의 압제하로 굴러떨어졌지만

우리는 굴복하지 않을 것입니다.

우리는 끝까지 싸울 것입니다.

우리는 프랑스에서, 바다와 대양에서 싸울 것입니다.

우리는 더 큰 자신감과 공군력으로

어떠한 희생을 무릅쓰고라도 영국을 지킬 것입니다.

우리는 해변에서, 교두보에서 싸울 것입니다.

우리는 들판에서, 도시에서 그리고 언덕에서 싸울 것입니다.

있을 수 없는 일이지만

만약 영국이 혹은 영국의 일부가 적들에게 점령된다 할지라도,

우리는 바다 건너 영국 영토에서

대영제국의 함대로 전쟁을 계속하여

신세계가 강력한 힘으로 유럽을 구할 때까지 전쟁을 계속할 것입니다.

우리는 현대 영국의 처칠과 그리고 고대에 연이어 덮쳐왔던

수많은 고난을 물리치고 일어섰던 욥을 생각하며

그들이 보여 준 어려움을 이겨 내는 슬기와 용기를 함께 기리고 싶습
니다.”

위기상황에서 지도자의 능력과 용기는 더욱 빛나는 법이다. 처칠은 2차
세계대전 당시 영국 국민에게 ‘피와 땀과 눈물’을 요구했다. 전쟁의 희생
과 피해를 딛고 일어선 영국은 21세기 여전히 선진국 행세를 하고 있다.
지도자들의 굴하지 않는 용기는 국민에게 희망과 나치에 대한 적개심을
고취시킬 수 있었고 결국 전쟁을 승리로 이끌 수 있었다.

두 팔 없는 세계적 '성공학 강사' 존 파피 내한 강연

(서울＝뉴스와이어) 2006년04월13일 - 두 팔 없는 몸으로 태어나 역경을 딛고 일어나면서 얻은 강한 정신력과 통찰력으로 세계적인 성공학 강사가 된 미국인 존 파피(35, John Foppe)가 국내에서 강연회를 갖는다.

존 파피는 골든 이글, 석세스 파트너의 초청으로 오는 5월 24일 우리나라에 와 26일 오후 1시~6시 서울 장충체육관에서 강연을 갖는다. 이어 6월 3일~6월 4일 1박 2일간의 존 파피와 함께하는 자기계발 프로그램 세미나를 갖는 등 한국에 머물면서 바쁜 일정을 보내게 된다.

존 파피는 역경을 이겨 낸 삶의 이야기를 4시간에 걸쳐 솔직하게 들려줌으로써 장애인, 세일즈맨, 그리고 평범한 사람들에게까지 결코 포기하지 말고 도전하라는 강한 메시지를 전달하게 된다.

존 파피는 두 팔이 없는 몸으로 태어났다. 그럼에도 불구하고 지난 18년간 전 세계에 있는 기업과 단체를 상대로 태도 변화와 개인의 성장, 행동 계발에 관한 연설을 해 왔다.

그는 자신에 대해 긍정적인 느낌을 가지라고 역설한다. 존 파피의 동기부여 강연은 우리에게 삶이 얼마나 소중한 것인지, 자신의 노력 여하에 따라 어려운 상황은 얼마든지 변화시켜 나갈 수 있다는 희망을 깨닫게 하는 것으로 유명하다. 온몸으로 깊은 고통을 극복하면서 얻어 낸 지혜를 전달하기 때문이다.

존은 보통 사람들이 겪는 것보다 훨씬 더 많은 위기와 도전을 매일 마주 대해야 했고, 그러면서 그만의 독특한 생각과 방식들을 만들어 내야 했다. 팔이 없다는 절망감에서 벗어나면서 그는 팔이 멀쩡한 사람보다 더 강해졌다. 깊은 어둠 속을 헤매어 본 사람만이 얻을 수 있는 강한 정신력이었다. 그 정신의 힘으로 그는 다른 정상인들에게 용기를 주는 일을 시작했다. 바로 성공학 강사가 된 것이다.

대학교 시절부터 강연을 시작한 그는 13년 전 미국의 유명한 성공학 강사인 지그 지글러에게 발탁된 뒤 그와 함께 세계 곳곳을 돌아다니며 강연을 통해 사람들에게 용기를 심어 주고 있다. 두 팔이 없는 그가 밝은 모습으로 삶에 대한 강한 확신을 들려줄 때 청중은 깊은 감명을 받았다.

그의 강연에서 가장 자주 등장하는 말은 '인생은 태도이다(Life is attitude)'는 것이다. 우리가 어떻게 느끼고 생각하는지에 따라 우리의 행동이 결정된다는 것. 그는 동료와의 갈등, 회사 직원의 책임감과 의욕 부족, 기술 혁신과 산업 변화를 따라잡으려고 하는 과정에서 느끼는 스트레스는 우리의 태도 여하에 따라 해결될 수 있다고 주장한다.

그렇다면 어떻게 태도를 바꾸어야 할까? 그는 변명을 극복해야 한다고 강조한다.

"변명(excuse)과 설명(explanation) 사이에는 중요한 차이가 있습니다. 변명은 책임을 회피하기 위해 구실을 찾는 것이고 설명은 해결책을 찾기 위한 것입니다. 내가 변명에서 설명으로 옮기게 되자 더 많은 기회가 나에게 열렸습니다."

그는 바이올린이나 클라리넷을 연주할 수 없지만 인공 팔로 트롬본을 연주한다. 발가락으로 핫도그와 빵을 집거나 소다 캔을 딸 수 있다. 발가락으로 면도를 하고 머리도 빗는다. 발가락으로 집게를 잡아 프라이팬 위의 고기를 뒤집는다.

열여섯 살에 그는 또래 친구들처럼 면허를 땄다. 그는 왼발로 운전대를 잡고 자동차를 운전한다. 그가 차를 몰고 시내에 나가면 애들은 깜짝 놀라곤 했다. "엄마, 팔이 없는 사람이 운전해!"

"우리가 우리 자신과 싸우는 것을 중단하면 우리는 우리의 문제와 싸울 수 있게 됩니다. 문제로부터 도망가는 것을 멈추면 문제를 극복할 수 있게 됩니다. 팔이 없다는 것은 내가 성공하는 데 별 장애가 되지 않습니다. 능력, 열정, 지능, 친구들, 기회 그리고 잠재력이야말로 진정 삶을 만들어 가는 데 중요한 것들입니다. 밖을 보지 말고 안을 들여다보십시오."

존은 지난 18년 동안 미 대륙과 동남아, 유럽 등을 다니며 태도의 수정, 문제 해결에 대한 강연을 해 왔다. 자신의 성장 과정을 담은 'What's Your Excuse? Making The Most Of What You Have'의 저자이기도 하다. 그는 1993년 미국의 청년 상공회의소에 의해 '10명의 뛰어난 젊은 미국인'으로 꼽혔다. 세인트루이스에서 아내 크리스틴과 살고 있다. 존 파피는 세인트루이스 대학에서 사회사업학 석사 학위를 받았다.

존 파피는 현재 자신의 회사를 경영하면서 전 세계 15개국에서 강연과 훈련 사업을 하고 있다. 보잉 GE, 파이저 같은 포천 500대 기업의 초청을 받아 강연을 한다. 사람의 마음속에 있는 아주 작은 내적 저항감이 커다란 비전을 망가트릴 수 있는지에 대하여 통찰력 있게 알려주고 있다.

13. 콤플렉스, 약점을 역이용하라

인간은 누구나 약점이 있다. 성격이든 외모든 학력이든 누구나 콤플렉스는 있는 법이다. 그 약점은 품고 있으면 독이 되지만 극복하면 보약이 된다. 세상에 완벽한 사람, 완전한 인간은 없다. 각 분야에서 탁월한 성적을 낸 사람은 자신의 약점을 극복했다는 사실을 발견하게 된다. 인제대학교도 초청하여 공연을 한 적이 있는 '네 손가락의 희야'는 잘 걷지도 못하고 손가락 4개조차 성하지 못한 상태에서 누구보다 아름다운 피아노를 연주했다.

영국의 무명가수 데뷔무대역할을 하는 '브리튼스 갓 탤런트(Britain's got

Talent)'프로는 얼마 전 의외의 인물을 탄생시켜 화제가 됐다. 38세의 영국 웨일즈출신의 휴대폰 세일즈맨 폴 포츠(Paul Potts)가 화제의 주인공이다. 그는 평균에도 못 미치는 얼굴생김새에 고르지 못한 치아, 자신감 없는 말투, 불룩하게 나온 배를 가진 전형적인 옆집 아저씨 스타일로 예선 심사 시작 전에는 심사위원들의 관심을 끌지 못했다고 한다. 더군다나 그 모습에 '오페라'를 부른다고 하자 주변에서 수군대기까지 했다.

그러나 폴 포츠의 노래가 시작되자 분위기는 대반전됐다.

"석탄 속에서 다이아몬드를 발견했습니다."

심사위원들은 놀랐고 관중들은 뒤집어졌다. 노래는커녕 말도 잘 못할 것 같던 폴 포츠는 출연자 모두를 물리치고 그날의 우승을 차지했다. 영국 시청자들의 심금을 울리며 당당히 스타의 반열에 서게 된 것이다.

폴 포츠는 부인과 함께 평범한 가장으로 살고 있었지만 오페라를 부르는 성악가가 되겠다는 꿈을 갖고 있었다고 한다. 그러나 호감 가지 않는 외모와 자신감 없는 태도로 번번이 무시당하고 오디션조차 제대로 받지 못했다. 더구나 교통사고로 쇄골 골절과 성대를 다쳐 다시는 노래를 부를 수 없을지 모른다는 진단을 받기도 했다. 그러나 꿈을 버리지 않고 끝내 자신의 콤플렉스를 극복한 사나이가 됐다. 팬들의 주문으로 음반 판매는 수십만 장으로 늘어났다.

2009년 4월 영국에는 또 다른 스타가 탄생했다. 키스 한 번 못해 봤다는 47세 노처녀 수전 보일(Boyle). 영국의 스타 발굴 프로그램 '브리튼스 갓 탤런트(Britain's Got Talent)'를 통해 등장한 수전 보일의 이야기는 인터넷을 통해 전 세계로 번져 나갔고, 유튜브에 올라온 보일의 동영상은 삽시간에 전 세계 2,000여만 명이 클릭했다고 한다.

수전 보일이 무대에 올라오자 청중들은 얼굴을 찌푸렸다. 머리는 제대로 빗지도 않은 듯했고, 인구 5,000명인 고향 마을을 설명하면서도 더듬거렸다. 현재 무직(無職)이지만 영국의 전설적인 배우 겸 가수인 일레인 페이지(Paige)처럼 되고 싶다는 보일의 말에 관객들은 측은한 표정까지 지었다. 하지만 보일의 입에서 노래의 첫 소절이 흘러나왔을 때, 모든 이들의 입은 딱 벌어졌다. 맑고 호소력 있는 목소리에 전율한 관객들은 참지 못하고 물결처럼 일어섰다. 심사위원 3명은 입을 다물지 못한 채 그녀를 지켜봤고, 곡이 끝나자 관객들은 탄성과 함께 우레와 같은 박수를 보냈다.

보일은 스코틀랜드의 작은 고향마을로 돌아갔지만, 이제 그는 새로운 삶에 도전하게 됐다. 방송 출연 교섭이 빗발치고, 출판사, 음반 회사로부터 제의가 쏟아지고 있다. 사람들은 2년 전 이 프로그램에 출연해 우승한 후 오페라 가수로서 성공한 휴대폰 판매원 폴 포츠(Potts·38)를 떠올리며, "여자 폴 포츠가 탄생했다."고 말하고 있다.

그러나 사람들의 마음을 울린 것은 맑고 고운 노래뿐 아니라, 그의 촌스럽고도 진솔한 '꿈'이었다. 노래경력은 12세까지 교회 성가대에서 활동한 것이 전부다. 그는 나이든 어머니를 돌보느라 가수의 꿈을 접었다. 이번 프로그램에 참가한 것은 2년 전 어머니가 세상을 떠나면서 그에게 "모험을 하라."라고 당부했던 것을 지키려고 용기를 낸 것이라고 한다. 보일은 "사람들은 겉모습만 보고 너무 빨리 사람을 판단한다. 그렇지 않다는 교훈을 주고 싶다."라고 말했다. 콤플렉스를 극복한 수전, 늦었지만 어머니의 유언 "모험을 하라."는 가르침을 실행하여 이제 세계적인 스타로 탄생했다.

인간은 누구나 콤플렉스가 있지만 그것 때문에 성공하지 못한다는 것은 패자의 핑계일 뿐이다. 축구황제 펠레는 170cm도 되지 않은 단신이었지만 전 세계를 공 하나로 놀라게 했다. 한국여자골프 선수 중 최단신인 신지애 선수는 한국의 지존에서 세계적 스타로 급부상하고 있다. 성실과 집념으로 자신의 신체적 콤플렉스를 극복한 신 선수는 연일 통쾌한 성공의 샷을 날리고 있다.

축구스타 박지성은 한국에서 군에도 갈 수 없는 평발이었지만 집념과 성실로 극복하고 세계적인 축구스타가 됐다. '나도 할 수 있다', '나도 내 역사의 주인공이며 내가 내 인생을 성공적으로 개척해 나갈 수 있다는 자신감'이 필요하다. 이를 위해 약점을 굳이 숨기려 할 필요 없다. 당당하게 드러내고 극복하도록 노력하라. 생각이 바뀌어야 행동이 바뀌고 행동이 바뀌면 운명이 바뀐다.

14. 최소한 한 가지 스포츠는 반드시 하라

운동은 건강관리 차원에서도 반드시 필요하다. 젊은 시절 누구나 건강에 대해 자신할 때지만 건강은 그 누구도 장담할 수 없다. 김영삼 전 대통령도 "머리는 빌릴 수 있지만 건강은 빌릴 수 없다."고 말한다. 백낙환 박사는 '소식 다동(小食多動)'으로 '적게 먹고 많이 움직이라'는 말로 운동을 강조했다. 운동이 주는 특혜는 매우 많다.

백낙환 박사의 등산길

운동은 건강관리뿐만 아니라 페어플레이의 중요성, 지고 이길 때 나타나는 자기감정 조절 등 인생의 많은 부분을 배우게 한다. 또한 운동을 통해 인맥을 넓히고 스포츠 외교로 활용할 수도 있다. 따라서 인생에 있어서 운동의 중요성은 반드시 강조돼야 한다. "운동은 하루를 짧게 하지만 인생을 길게 해 준다."라는 말도 있지 않은가.

15. 억지로라도 겸손해야 한다

성공한 삶도 겸손하지 못하면 하루아침에 무너질 수 있다. 대부분 사람들은 일부러 겸손할 정도로 성공하지 못하기 때문에 해당사항 없다고 생각할 수 있다. 그러나 생활 속에 겸손하지 못하거나 그렇게 보이지 않아서 손해 보는 것은 자신도 잘 모른다. 잘난 사람이 잘난 체하는 것도 밥맛 없다고 한다. 심지어 못난 것이 잘난 체하는 것은 더욱 못 봐 준다고 한다. 오죽하면 '배고픈 것은 참을 수 있어도 배 아픈 것은 참지 못한다'라는 말이 세간에 자주 회자되겠는가.

높은 자리에 오를수록 상황과 조건이 그 사람을 돋보이게 한다. 특별히 잘난 체하지도 않았지만 벌써 '거만하다'는 비판을 받을 수도 있다. 그래서 더욱 자신을 되돌아보고 불필요한 오해를 받지 않도록 조심해야 한다. 특별히 거만하게 행동하지 않았음에도 자신의 관리에 실패해서 중도에 하차하는 경우는 종종 목격하게 된다.

어느 대학교 S 총장의 경우, 부임하자마자 매우 역동적이고 성실하게 일을 해 나갔다. 새로운 변화의 바람을 기대했으나 얼마 가지 않아 기대는 실망으로 바뀌었다. 이유는 간단했다. 말만 앞서고 공적은 자신의 것으로 돌리고 잘못은 다른 참모에게 둘러대는 식이었다. 게다가 잘난 체하는 모습이 그의 말과 행동에서 여과 없이 드러났다. 이런 일이 반복되자 신뢰는 무너지고 구성원들로부터 배척당하기 시작했다. 결국 임기도 채우지 못한 채 총장직에서 쫓겨나야 했다.

단순히 자리에서 물러나는 정도가 아니라 목숨까지 바쳐야 하는 경우도 있다. 프랑스 루이14세의 통치기간에 있었던 일이다. 당시 재무대신 니콜라스 푸케는 화려한 파티와 여자를 좋아하는 남자였다. 1661년 총리 후보 1순위로 물망에 올랐던 쥘 마자랭이 죽었을 때 모두들 루이14세의 촉망을 받고 있던 영리한 푸케가 그 자리를 차지하게 될 것으로 예상했다. 그러나 루이는 총리 자리를 없애 버렸다. 이를 보고 푸케는 자신이 왕의 신임을 잃은 것으로 판단하고 사상 최대의 파티를 열어 루이왕의 환심을 사고자 했다. 이 상황을 묘사한 '권력을 경영하는 48법칙(2000. 까치. 로버트 그린, 주스트 엘퍼스. 정영목 옮김)'에 의하면, 이렇게 묘사

돼 있다.

"파티는 일곱 코스로 이루어진 화려한 저녁식사로 시작되었다. 식사 시간에는 푸케가 왕을 기리기 위하여 특별히 작곡을 의뢰한 음악이 연주되었다. 식사 다음은 성의 정원을 산책하는 순서였다. 보르비콩트의 정원과 분수는 나중에 베르사유 궁전에 영향을 줄 정도로 훌륭한 것이었다……. 불꽃놀이가 이어지고 모두들 입을 모아 생전 처음 보는 훌륭한 파티라고 말했다. 다음 날 푸케는 왕의 경호실장 다르타냥에게 체포되었다."

푸케가 체포된 혐의는 국고횡령죄. 체포된 지 석 달 만에 푸케는 유죄 판결을 받고 피레네 산맥 깊숙한 외딴 감옥에서 20년 동안 혼자 감옥살이를 하다가 죽었다고 한다. 이를 두고 푸케의 파티는 루이의 환심을 산 것이 아니라 오히려 그의 허영심에 상처를 준 것으로 분석됐다. 프랑스 시인 볼테르(1694~1778)는 이 사건을 두고 이렇게 정리했다.

"저녁이 시작됐을 때 푸케는 세상의 꼭대기에 올라가 있었다. 그러나 아침이 되었을 때 그는 바닥에 떨어져 있었다."

인생에서 잘난 체하여 얻는 것보다 겸손하여 얻는 것이 훨씬 더 많다. 나 자신도 특별히 거만하게 행동했다고 생각하지 않았으나 가끔 오해를 받은 경우도 있었다. 내가 의도했든 의도하지 않았든 상대가 그렇게 느낀다면 이것 역시 나의 잘못이라고 뒤늦게 깨닫게 됐다. 더욱 조심하고 경계하는 수밖에 없다. 겸손하기도 쉽지 않다. 억지로라도 겸손하게 비치도록 하는 것이 중요하다.

16. 냉정할 때는 야멸차게 냉정해져라

인생은 혼자서 감당하는 것이다. 친구도 친척도 결정적인 순간에는 도움이 되지 못한다. 냉정할 때 냉정하지 못하면 재앙을 부른다. 인정 때문에 차마 거절하지 못해 빚어지는 재앙은 때로 스스로 감당하기 힘들다. 처음에 'NO'라고 말했더라면 일을 키우지 않았을 텐데 뒤늦게 자신의 어리석음을 깨닫고 후회할 때는 이미 너무 늦어진 경우가 많다. 물론 너무 늦었다 하더라도 수습에 나서야 하지만 세상의 일이 쉽지 않다.

한 광역시에서 일어난 사건이다. 여고 3학년 여학생이 밤늦게 지친 몸을 이끌고 집으로 향하고 있었다. 이때 낯선 남자가 다급하게 다가와 바로 옆 건물을 가리키고 통사정을 했다. 사연인즉 그 건물 4층 학원에 자기의 여자친구가 강사로 있는데 좀 불러만 달라는 부탁이었다. '1분이면 된다', '집안에 급한 사정이 생겼다' 등 애원조로 통사정을 했다.

차마 거절하지 못한 이 마음 약한 여고생은 그를 따라 그 건물에 올라갔지만 학원은 없었다. 그는 그 여고생을 옥상으로 끌고 가 성폭행을 하려 했다. 이 여고생은 두려움과 엉겁결에 4층 건물에서 뛰어내렸다. 다리가 부러지는 등 중상을 입었지만 다행히 목숨은 건졌다.

그러나 문제는 여기서 끝나지 않았다. 한 신문에서 이 사건을 보도하면서 "성폭행당한 후 신변을 비관하여 자살을 시도했다."는 식으로 엉터리 기사를 내보냈다. 이 사건이 있은 지 약 열흘 뒤 정정보도가 나왔으나 이미 학교에 잘못된 소문이 파다하게 번진 뒤였다. 이 여학생은 학교에서 퇴학당하고 결국 그 도시를 떠나 어디론가 이사하지 않을 수 없었다.

초기에 냉정하게 거절하지 못한 대가치고는 너무나 엄청난 상처를 받았다. 성폭력범이나 사기꾼들은 항상 만만한 먹잇감을 찾고 있는 법이다. 희대의 악마 강호순을 보라. 최고급 차를 몰면서 미남형 얼굴에 미소로 접근하는데 누가 감히 살인마라고 상상이나 했겠는가. 과분한 호의도 뜻밖의 행운이나 제의도 덥석 받아들이지 말라.

또 다른 사건은 술자리에서 벌어졌다. 평소 술을 잘 마시지 못하던 K군은 학과 친구들의 술자리 권유를 차마 거절하지 못했다. 대학에서 태권도 전공자들인 친구와 함께 포장마차에서 K 군도 자리를 함께했다. 태권도 특기생 K 군은 가정형편이 넉넉하지 못해 술자리에 친구들과 함께 어울릴 형편이 되지 못했고 본인도 거절했지만 친구들의 강권을 이기지 못했다.

K 군은 술 두 잔에 거의 비몽사몽을 헤매는 수준이었다. 문제는 그다음에 벌어졌다. 술값을 지불하고 친구들과 자리에서 일어나 2차로 가던 중 K 군이 오지 않는 것을 알고 친구들은 포장마차를 향해 '야' 하고 고함을 질렀다. 그러자 옆에서 술을 마시고 있던 5명의 건달들이 험악하게 인상을 찌푸렸다. 태권도 유단자들 3명과 건달 5명은 순식간에 패싸움이 붙었다.

의자가 날아가고 쌍욕이 난무했지만 승부는 간단히 끝났다. 5명의 건달이 떡이 되게 맞은 것이다. 결국 경찰이 오고 쌍방폭행 정도로 일이 끝날 것 같았지만 건달 중 한 명이 사망하는 바람에 '사망사건'으로 커져 버렸다. 영문도 잘 모르던 K 군이 죽은 건달을 때린 것으로 경찰조서에 조작됐다. K 군은 당시 제 몸도 제대로 가누지 못할 처지였지만 다급해진 친구들조차 진실을 외면했다. K 군 친구들도 맞은 건달들도 입을 맞췄다.

물론 여기에는 K 군 친구들 부모가 나서고 건달들의 위증이 있었다.

결국 K 군은 영문도 잘 모른 채 살인범 혐의를 뒤집어쓰고 감방행 신세가 됐다. 7년여 복역을 하던 중 진실은 뒤늦게 밝혀졌다. K 군의 아버지가 백방으로 뛰어다니며 건달들에게 인간적으로 접근해서 진실을 밝히는 진술을 받아 냈고 이를 녹음하여 법원에 다시 제출했다. 진술 번복과 새로운 물증을 제시하는 데 K 군의 아버지는 생업을 접고 수년을 꼬박 매달렸다.

무능한 한국경찰을 믿을 수 없었던 K 군 아버지는 직접 나서서 결국 재판을 다시 열도록 만들었다. 한때 20대 초반 태권도 국가대표를 꿈꾸던 유망했던 아들 K 군은 대학도 퇴학당했고 서른을 넘긴 나이에 교도소를 나올 수 있었다. 진범은 다른 태권도 친구로 밝혀졌지만 K 군은 하염없이 눈물만 흘릴 뿐이었다. 술을 못 마시면 처음부터 단호하게 'NO'라고 말했어야 했다. 냉정하지 못했던 K 군의 뜻하지 않은 사건은 어린 그에게 너무나 많은 것을 앗아 갔다.

이런 어처구니없는 행태의 일은 지금도 대학가, 술집 등지에서 심심치 않게 발생한다. 책임도 지지 못하면서 술이 약한 친구에게 벌주를 먹이고 분위기에 휩쓸려 할 수 없이 마시고…… 제발 'NO'라고 말할 때는 단호하게 'NO'라고 말하라. 달콤한 친구의 제의, 유혹에 'NO'라고 할 수 없다면 그 책임은 친구가 아닌 당신이 져야 한다. 어쩌면 돈 몇 푼이 아닌 당신의 인생을 걸어야 할지도 모른다. 'NO'라고 말하는 데 두려워 말라. 이런 상황을 두고 레오나르도 다빈치는 재미있는 우화를 통해 어리석고 냉정하지 못한 인간들에게 교훈을 남겼다.

레오나르도 다 빈치의 교훈＝열매와 종탑
─냉정할 때는 냉정해져라

레오나르도 다 빈치
자화상(1513년경)
[출처]ⓒwiki

까마귀 한 마리가 단단한 열매 하나를 입에 물고 가다가 종탑 위에 떨어뜨리고 말았다. 열매는 종탑의 돌담 틈에 끼는 바람에 끔찍한 운명을 피할 수 있었다. 열매는 돌담의 높이와 종소리의 아름다움을 찬양한 뒤에 애원했다.

"저를 버리지는 말아 주세요. 저는 잔인한 까마귀의 부리에 물려 있을 때, 만일 거기서 벗어날 수만 있다면 작은 구멍에서 내 일생을 바치겠다고 맹세를 했습니다."

그 말에 돌담은 동정심이 일어, 열매를 그 자리에 그대로 있게 해 주었다. 그러나 얼마 지나지 않아서, 열매가 벌어지면서 뿌리가 돌 사이로 뻗기 시작했다. 그와 더불어 돌 사이에는 틈이 벌어졌다. 가지는 하늘을 향해 뻗고 있었다. 곧 나무는 건물보다 높이 자라게 되었고, 뿌리가 굵어지면서 돌들이 자기자리에서 밀려나게 되었다. 돌담은 후회했으나 이미 때는 늦었다. 오래지 않아 돌담은 무너지고 말았다.

('권력을 경영하는 48법칙'에서 인용)

17. 조직의 이익에 어떤 형태로든 기여하라

이 세상에 독불장군은 존재할 수 없다. 대부분 자신의 이익을 위해 일을 한다. 그것은 자연스런 것이고 탓할 일이 못 된다. 그러나 자신의 조직을 위해 무슨 일을 할 수 있을까 고민하게 되면 더 많은 일이 눈에 보이게 된다. 물론 기획과 아이디어만으로 업적을 낼 수는 없지만 관점이 달라지면 업무에 임하는 태도가 달라진다.

자신에게 주어진 일을 잘하는 것이 가장 급선무이긴 하지만 여기서 한 걸음 더 나아가 시야를 넓혀 조직을 생각하게 되면 승진도 보상도 따라오는 법이다. 이익은 사람을 움직이는 힘이다. 이윤을 추구하는 기업이라면 이윤극대화를 위한 방안을 내놓아야 한다. 인성교육을 강조하는 대학이라면 인성교육 활성화를 위한 방안을 마련하는 것이 이익을 창출하는 것이다. 프랑스 철학자 장 드 라 브뤼예르(1645~1696)는 이런 말을 남겼다.

"출세를 하는 가장 빠르고 좋은 방법은 사람들에게 당신을 출세시키는 것이 그들의 이익이 된다는 것을 분명히 보여 주는 것이다."

조직논리도 마찬가지다. 사장의 입장에서 일개 직원에 머무르지 않고 전방위 아이디어를 내고 조직을 위해 기여를 하는 직원을 다시 보게 되고 승진자리도 마련하는 법이다. 흔히들 조직 내에는 세 부류의 사람들이 있다고 한다. 첫째 부류는 꼭 필요하며 조직을 이끌어 가는 사람들, 둘째 부류는 있어도 그만 없어도 그만인 사람들, 셋째 부류는 존재 그 자체로 조직에 부담을 주고 해악을 가져오는 사람들이다.

평직원일 때는 자신이 어느 부류에 속하는지 잘 모를 수 있지만 윗사람의 관점에서 보면 쉽게 분류가 가능하다. 다만 정규직이란 이유 때문에 차마 제대로 응징하지 못하고 있을 뿐이다. 둘째 셋째 부류도 별로 표시 나지 않게 함께 공존하지만 이들이 조직의 장으로 올라가는 경우는 극히 드물다.

이익은 사람을 움직이는 지레이다. 당신이 속한 조직의 요구를 충족시켜 주겠다고 하면 그 조직은 기꺼이 당신을 돕게 될 것이고 합당한 자리도 마련해 줄 것이다. 조직의 이익과 필요를 파악하고 그 요구에 부응하는 노력을 기울이면 조직은 당신을 위해 붉은 카펫을 준비할 것이다. 다만 멍청하거나 사악한 윗사람을 만나게 되면 이런 논리는 적용되지 않는다. 그들은 값진 제의를 시궁창에 박아 넣거나 자기 것으로 가로채려 할 것이다. 이들과 함께 일하지 않는 것이 가장 좋지만 때로 불가피한 경우가 있다. 그런 경우는 어떤 방법으로든 그런 조직에서 벗어나는 것이 최상책이다.

18. 상대방에게 정중하게 'NO' 하는 방법을 배우라

상대방의 부당하고 무례한 제의에 'NO'라고 대답할 때도 상대의 감정을 건드려서는 곤란하다. 나는 당위성을 내세워 상대방의 부당한 제의에 당당하게 'NO'라고 말했으나 뒤늦게 후회한 적이 있다. 굳이 그렇게까지 할 필요는 없었는데…… 나의 잘못이었다.

때는 2000년대 중반 인제대학교 언론정치학부에서 교수모집 공고가 나갔을 때다. 지원서를 접수하고 면접이 다가오자 여기저기서 로비성 전화가 걸려 오기 시작했다. 인제대학교는 타 대학과 달리 교수모집을 투명하고 공정하게 하기 때문에 이런 전화는 아무 소용이 없었지만 해당 당사자들은 필사적으로 매달리는 모습이었다.

당시 한 학술학회 회장이 나에게 직접 전화를 걸어 특정후보를 거론하면서 입에 침이 마르게 칭찬을 했다. 이미 토론회 등지에서 몇 번 만나 나를 잘 안다고 전화한 것이었지만 나는 그리 유쾌하지 않았다. 대충 넘어가려고 했는데 부탁이 아니라 거의 압력수준으로 느껴졌다. 나는 마침내 참지 못하고 이렇게 대응했다.

"그렇게 뛰어난 박사라면 왜 ○ 교수님 학교에서 임용하지 여기까지 보냈습니까. 아시다시피 인제대학교는 교수임용 지침과 인사규정이 있으니 이것을 존중하게 해 주세요. 현역 학회 회장이 이렇게 특정 후보를 로비하는 것을 보니 참으로 부럽기도 하고 부끄럽기도 합니다……."

이 전화 한 통 때문에 그 교수와는 더 이상 교류가 지속되지 못했다. 그가 내 말을 어떻게 하고 다녔는지 짐작은 하지만 말릴 방법은 없었다. 지금도 부당한 개입이라고 생각하지만 나도 너무 심하게 대응했다는 미안한 마음을 금할 수 없다. 굳이 그렇게까지 할 필요는 없었다는 것이 현재의 판단이다. 이런 정도라면 그나마 큰 문제가 아닐 수 있다. 더 심한 경우를 살펴보자. 상대를 얕잡아 보고 'NO'라고 대답하며 감정을 건드려 어떤 보복을 당했는가. 역사의 사례에서 살펴보자.

13세기 초 화레즘 샤 왕조의 무하마드는 수많은 전쟁 끝에 서쪽으로 터키에 이르고 남쪽으로는 아프가니스탄에 이르는 광대한 제국을 건설했다. 제국의 중심은 사마르칸트로 무하마드는 막강한 권력자로 군림했다.

1219년 칭기즈칸은 무하마드에게 사절을 보내왔다. 유럽으로 통하는 비단길을 다시 열어 무하마드와 함께 사용하려고 했다. 그러나 무하마드는 먼 아시아의 초원국가 몽골의 칭기즈칸에 대해 잘 몰랐고 이런 제의를 무시했다. 그러자 칭기즈칸은 다시 백 마리의 낙타에다 온갖 보물을 실어 호의를 표시하며 '실크로드 공동운영' 재고를 요청해 왔다.

그러나 사마르칸트의 접경 지방의 총독인 이날치크가 칭기즈칸의 보물을 가로채고 사절단을 처형해 버렸다. 칭기즈칸은 분노했지만 이것은 이날치크의 독단적 비행으로 판단하고 다시 무하마드에게 사절단을 보내면서 이날치크를 처벌해 달라고 요구했다.

이번에는 무하마드 자신이 사절단 가운데 한 사람의 목을 자르고 다른 둘은 머리를 빡빡 밀어서 돌려보냈다. 몽골인들에게 이것은 엄청난 모욕이었다. 불같이 화를 낸 칭기즈칸은 "당신은 전쟁을 선택했다. 그 결과는 우리도 모른다. 오직 신만이 아실 뿐이다."라며 이듬해 1220년 칭기즈칸은 이날치크 총독을 공격했다. 포로로 잡힌 이날치크는 눈과 귀에 펄펄 끓여 녹인 은을 부어 죽이라는 명령을 내렸다. 그 후 1여 년에 걸쳐 사마르칸트는 불바다가 되고 수많은 무고한 시민들이 떼죽음을 당했다. 무하마드는 도망 다니다 결국 비참하게 객사했다.

상대를 얕보고 함부로 대한 대가치고는 너무나 참담했다. 상대가 보잘 것없어 보이더라도 상대가 터무니없는 제의를 하더라도 지나치게 대응하면 어떤 보복을 당할지도 모른다. 과유불급이라고 했다. 특히 거절할 때 정중하게 예의를 갖추는 것이 좋다. 사람의 앞날은 모르는 것이다. 지금의 약자가 나중에 어떤 강자가 될지 미래는 그 누구도 모른다.

"고려할 만한 가치가 없는 하찮은 사람은 없다. 누구든 언젠가는 당신에게 도움이 될 수 있다. 그러나 당신이 한번이라도 경멸하면 도움을 얻을 수 없다. 잘못한 일은 용서받지만, 경멸은 절대 용서받지 못한다.(체스터필드 경, 1694~1773)"

19. 칭찬의 명수가 되어라

작은 것이라도 칭찬에 인색하지 마라. 칭찬은 자주해도 좋다. 칭찬에도 기술이 필요하다. 의례적인 흔한 칭찬보다는 구체적이고 상대가 기뻐할 만한 칭찬거리를 찾아내는 노력을 해야 한다. 그런데 보편적으로 사람들은 칭찬보다 험담하는 경우가 더욱 많은 편이다. 남의 흉을 보거나 비난하는 것은 재밌고 속이 후련한 측면도 있다.

그러나 말이란 내 입에서 나간 것이 나에게로 되돌아오는 법이다. 정당한 비판도 제한적으로 필요할 때만 해야 한다. 불만과 불평은 불행을 부르는 또 다른 소리다.

칭찬을 하게 되면 먼저 자신의 표정이 좋아지고 입이 부드러워진다. 칭찬은 그 대상자를 더욱 높여 주고 듣는 사람도 즐거워진다. 반대로 욕설을 하거나 비난하게 되면 자신의 표정부터 굳어지고 입도 더러워진다. 그 대상자도 상처를 입게 되고 듣는 사람도 불편하게 된다. 옛말에 이런 것이 있다. '개에게 나쁜 이름을 지어 주느니 차라리 목을 매달아 죽이는 게 낫다.' 반대로 좋은 이름, 칭찬은 사람을 바꾸고 운명을 바꿔 놓는다.

돌아서서 자신의 평가가 나쁘지 않기 위해서는 스스로 먼저 칭찬하는 데 익숙해져야 한다. 말은 쉽지만 실행하기는 어렵다. 비난은 쉽고 칭찬은 어렵기 때문이다. 별로 칭찬거리가 없는데 칭찬하게 되면 아부한다는 비판을 듣게 된다. 그럴 수도 있다.

생활 속에 작은 것부터 칭찬하는 습관부터 길러야 한다. 자기 자신을 위해서라도 밝은 칭찬, 밝은 미소를 만들어야 한다. 일본 속담에 '따뜻한 말 한마디로 석 달의 겨울이 따뜻했다.'는 말이 있다. 칭찬과 격려의 힘은 위대하다.

나폴레옹 1세
[출처]ⓒwiki

나폴레옹 1세도 이런 원리를 잘 이용한 것으로 알려졌다. 나폴레옹은 자신이 제정한 '레지옹 드뇌르' 훈장을 1,500개나 뿌리기도 하고 18명의 대장에게 원수의 호칭을 주기도 했으며 자신의 군대를 곧잘 '1등군대'라고 불렀다. 그리고 역전의 용사들을 장난감 취급한다는 비난을 듣게 되자 그는 이렇게 대답했다. "인간은 어차피 장난감에 의해 지배받는 것이다." (인간관계 지도론. 데일카네기/이현정 옮김. 문진출판사) 직위나 권위를 주는 것은 칭찬의 또 다른 표현이다.

20. 윗사람에게는 부탁도 비판도 하지마라

윗사람들은 보편적으로 늘 수많은 청탁을 받고 있다고 보면 틀림없다. 특히 한국 같은 청탁과 로비 사회에서는 청탁이 청탁으로 끝나지 않고 거의 압력수준이다. 물론 그렇다고 해서 아예 부탁을 하지 말라는 것은 아니다. 다만 그 부탁을 웬만해서는 하지 말라는 뜻이다. 또한 부탁을 하게 될 때 그 부탁이 나 자신만을 위한 것이 아닌 조직에 어떤 유용성, 혜택을 가져올 수 있을지 말할 수 있어야 한다.

나는 윗사람에게 부탁을 할 때 한 가지 나름대로 원칙을 세워 두고 있다. 그것은 윗사람이 'OK'라고 답할 수 있는 사안에 한정해서 부탁한다는 것이다. 그것이 어떤 내용이건 몇 번을 생각하고 따져 보고 그다음 어떻게 접근하여 어떻게 결론을 유도하는지 그 전체 과정을 시뮬레이션화한다. 이 과정에서 나올 수 있는 반대나 의견에 대해 사전에 검토, 대비한다. 'NO'라고 답할 사안을 들고 가서 부탁을 하게 되면 윗사람도 불편해지고 그 관계도 손상 받게 된다.

물론 때로는 매우 민감하고 조심스런 사안을 부탁해야 할 때도 있다. 이 경우도 윗사람의 입장을 최대한 고민하여 배려한다. 그중 한 가지 준비사항은 윗사람을 절대로 외통수로 밀어붙이지 않는다는 점이다. 윗사람이 선택할 수 있는 최소한 두개 이상의 카드를 동시에 내밀어야 한다. 그래서 윗사람의 판단과 선택에 따라 내가 의도한 결론이 나오도록 유도할 수 있어야 한다. 이것이 불가능하다면 부탁도 건의도 하지 않는 편이 낫다. 성공하여 얻을 수 있는 이점이 실패하여 입게 되는 손실보다 크지 않다면 자제하는 것이 이익이다.

윗사람을 비판하지 마라는 주문은 자칫 오해의 소지가 있다. 정직을 강조하면서 비판에는 입을 다물라는 것은 이중성을 얘기하는 것 아니냐는 관점에서 그렇다. 여기서 내가 말하고 싶은 것은 비판에 관한 한 정직보다 예의를 권하고 싶다는 뜻이다.

비판은 정직하게 한다고 해도 듣는 사람, 특히 윗사람의 경우 불편해할 수도 있고 리더십에 상처를 받았다고 판단할 수 있다. 그것이 옳은 비판일 경우 더욱 그럴 확률이 높다. 비판은 주관적이다. 하는 사람도 듣는 사람도 주관적이기 때문에 불필요한 오해의 소지를 항상 내포하고 있다.

나는 대학교 학처장 회의든, 각종 심의위원회 회의든 공개석상에서 있는 그대로 의견을 말하는 편이다. 때로는 반대의견을 정면으로 맞받아 반대논리를 전개하기도 했다. 대부분 나의 정직성에 관한 한 인정하는 편이지만 그것으로 인해 상처받은 사람도 있음을 뒤늦게 알게 됐다. 나는 적어도 공개토론 장소에서만큼은 혹은 우리 내부적인 토론만큼은 진솔하고 신랄해야 한다고 믿었지만 현실은 그것이 아니었다. 나 같은 부족한 사람을 위해서 일찍이 아르투어 쇼펜하우어(1788~1860년)는 이런 가르침을 남겼다.

아르투어 쇼펜하우어
[출처]ⓒwiki

"정중하게 행동하는 것이 지혜롭다. 따라서 무례하게 행동하는 것은 어리석은 일이다. 불필요하게 무례하게 굴어서 적을 만드는 것은 자기 집에 불을 지르는 것처럼 미친 짓이다. 예의는 위조지폐와 같아서 그것을 가지고 인색하게 구는 것은 어리석은 일이다. 분별력 있는 사람은 그것을 넉넉하게 베풀 것이다……. 왁스는 원래 단단하고 부서지기 쉬운 것이지만 약간의 온기만 있으면 부드러워져서 어떤 형태로든 바꿀 수 있다. 마찬가지로 정중하고 친절한 태도를 보임으로써 괴팍하고 심술궂은 상대도 유순하게 만들 수 있다. 예의란 온기처럼 왁스라는 인간본성을 부드럽게 만드는 것이다."(권력을 경영하는 48법칙에서 재인용)

나는 문제의 원인을 내 쪽에서 찾기로 했다. 그것은 비판을 할 때 절대 정면으로 하지 않고 가급적 우회적인 방법으로, 불필요하게 상대의 감정을 건드리지 않도록 노력했다. 그래서 반대의견을 제시할 때도 가급적 부드럽게, 신중하고 중립적인 용어를 선택하고자 고민했다. 늘 잘되는 것은 아니지만 적어도 상대의 뜻을 존중하고 있다는 모습은 보여 주고자 한다.

또 한 가지 고려사항. 나처럼 비판성 의견이나 의견제시 방식이 강한

186

편에 속할 경우, 하고 싶은 말을 100% 하지 않고 70~80% 정도에서 멈추도록 한다는 것이다. 그것이 좀 미진하다고 느껴지더라도 후련하게 하는 것보다는 차라리 좀 부족한 듯해도 상대는 이미 알아차리고 있음을 알 수 있다. 이 세상에 감성적으로 공격이나 비판받아 기분 좋을 사람은 없다. 그것이 아무리 옳은 말이라 하더라도 그렇다. 특히 윗사람의 경우는 더욱 그렇다.

조직에서나 가정에서나 어떤 집단에서든 이런 커뮤니케이션 방식은 유념해야 할 부분이다. 나를 바꿔야 세상이 바뀐다. 나를 바꾸는 것이 조직을, 세상을 바꾸는 것보다는 훨씬 쉽다. 나는 많은 시행착오를 거친 뒤에야 이런 결론에 다다르게 됐다는 점에서 값비싼 대가를 치렀다. 특히 조금 생소한 분야인 성공학에 대해 관련 책을 읽고 준비하게 되면서 이런 점을 새삼스럽게 확인할 수 있었다는 점에서 큰 소득이다. 그동안 어리석게도 미련을 떨었지만 너무 늦지 않게 이런 가르침을 체득화할 수 있다는 점에서 다행으로 생각한다.

'우화'

두 마리의 개(이반 크릴로프. 1768~1844)

주인을 충실히 섬기는 개 바르보스는 예전에 알던 애완견 주주가 창가의 푹신푹신한 방석에 앉은 것을 보았다. 바르보스는 주주에게 다정하게 다가갔다. 그는 감정이 복받쳐 울음이 나올 뻔했다. 바르보스는 창밑에서 낑낑거리며 꼬리를 흔들고 뛰어다녔다.
"주주, 주인이 너를 집 안으로 데려간 뒤 어떻게 살고 있니?
전에 우리가 마당에서 살 때 함께 굶주리던 것을 기억하겠지?"
"내 행운을 두고 불평하는 것은 죄가 될 거야. 주인님은 나에게 더 해 줄 것이 없나 안달이셔. 나는 모든 것이 풍부한 곳에 살면서 은그릇으로 먹고 마셔. 주인님과 장난을 치다가 피곤해지면 양탄자나 방석에서 편히 쉬지. 너는 어떻게 지내니?"
"나?"
바르보스는 꼬리를 늘어뜨리고 고개를 숙이고는 말을 이어 갔다.
"나는 전과 다름없어. 추위와 배고픔 때문에 고생하지. 그리고 주인집 지키느라 담벼락 옆에서 자야 해. 비가 오면 몸이 흠뻑 젖지. 엉뚱한 때 짖으면 두들겨 맞기도 해. 너처럼 작고 허약한 것도 주인의 총애를 받고 사는데, 나는 왜 이 꼴로 살아야 하는 거지? 대체 네가 할 줄 아는 게 뭐야?"
"그거 좋은 질문이구나."
주주는 조롱하듯 대꾸하고는 덧붙였다.
"나는 뒷발로 걸을 줄 알지."

21. 구체적 희망을 틈만 나면 크게 소리쳐라

쇠렌 키르케고르
[출처]ⓒwiki

　현실적으로 희망보다 절망이 항상 가깝지만 내가 희망을 기대하는 한 희망은 나의 것이다. 때로는 절망이 너무 크게 느껴져 희망이 송두리째 사라져 버린 것처럼 느껴져도 현실이 반드시 그렇지는 않다. 길을 찾는 사람에게는 희망이 보이게 마련이다. 스스로 포기한 자는 희망과 기회가 다가와도 보이지 않는 법이다. 철학자 키르케고르는 "절망이야말로 죽음에 이르는 병이다."라고 주장했다. 거꾸로 말하면 "희망이야말로 성공에 이르는 동력이다."라고 말할 수 있다.

　'뿌리 깊은 희망'의 저자 차동엽 인천가톨릭대 교수는 '희망 다이내믹'이라는 말을 만들어 다음과 같이 다섯 가지로 나눠 희망을 노래했다.

　"희망은 쓰러지지 않는다. 희망은 절망을 몰아낸다. 희망은 목표에 집중한다. 희망은 바라보는 대로 된다. 희망은 말하는 대로 이루어진다."

　차 교수는 "희망을 말하라. 될 수 있는 한 자주 떠벌리라. 희망을 글로 적어라. 가능한 한 또박또박 반복해서 적어라. 희망을 선포하라. 혼자 우물우물 속삭이지 말고 만천하에 공표하라. 그것이 더 큰 성취의 파장을 일으킬 것이다."라고 말했다.

인생의 성공을 꿈꾸는 사람들은 희망에 의지하여 극한 상황을 극복해낸다. 그 희망이 때로는 너무나 가물가물하여 절망에 가까워도 포기하는 법 없이 희망을 바라보며 희망에 의지한다. 희망은 생명에 용기와 힘을 불어넣어 준다.

한 기자가 빌 게이츠에게 세계적인 부자가 된 비밀이 무엇이냐고 물었다. 그의 대답은 평범하고 간단했다고 한다.

"나는 매일 스스로에게 두 가지 말을 반복합니다. 그 하나는 왠지 오늘은 나에게 큰 행운이 생길 것 같다고 다른 하나는 나는 무엇이든 할 수 있다는 것입니다."

빌 게이츠는 자신에게 항상 희망의 메시지를 반복해서 세뇌했다. 희망을 마음속 깊은 곳에 두지 않고 말로 행동으로 반복했다. 절망적 상황에서도 '나는 할 수 있다'고 외쳐라. 버락 오바마 미국 대통령은 '변화'와 함께 '나는 할 수 있다'는 희망의 구호로 미국에서 최초의 흑인대통령이 됐다. 희망은 강력한 힘을 지니고 있다. 그 희망 속에 자신을 던져라.

나는 기자가 되겠다고 결심했을 때 이미 어떤 기자가 되겠다는 구체적 목표까지 세워 뒀었다. 그 목표라는 것이 세 가지로 지금 생각하면 사소하게 보일지도 모른다. 첫째, 기자실에서 고스톱 치지 않는 기자가 되겠다. 둘째, 촌지받지 않는 기자가 되겠다. 셋째, 공부하는 기자가 되겠다. 그러나 이런 구체적 목표까지 세워 뒀지만 기자고시의 길은 멀고도 험했다. 지금처럼 인터넷 언론, 민영방송사 등 매체의 수가 많지도 않았다. 다른 직업은 생각해 보지도 않았다.

결국 대학 졸업할 때까지도 기자는 되지 못했다. 이미 대학 3수를 했고 군대도 3년을 다녀와야 했기 때문에 기자시험자격에 연령제한에 묶여 버려 더 이상 시험조차 치를 수 없었다. 그래서 한국에서 기자의 꿈은 불가능해 보였다. 물론 포기할 수밖에 없는 상황이었고 사실상 포기했다. 그리고 도망치듯 이스라엘로 간 것이고 그곳에서 2년여를 태권도 사범생활을 한 후 영국으로 갔고 마침내 영국 런던시티대학교 언론대학원에서 석사과정을 할 수 있었다. 기자의 꿈을 버리지 않았기 때문에 저널리즘 공부를 한 것이다.

나는 내 마음속에 깊이 구체적 꿈을 간직하고 있었기 때문에 먼 먼 길을 돌아 어렵게나마 기자가 됐다. 그렇게 간절하게 되고 싶던 기자가 된 순간을 나는 평생 잊지 못한다. 그래서 누구보다 기자직에 대한 애착과 미련이 강했고 자부심도 컸다. 내가 이렇게 글을 쓰고 말을 하는 것도 기자직에서 훈련된 논리력과 어휘력덕분이라는 점에서 기자직은 지금도 내 마음속에 최고의 직업 가운데 하나로 생각하고 있다.

22. 멋진 배우자를 찾기 위해서는 모든 것을 바쳐도 아깝지 않다

잘나가던 사람이 배우자를 잘 만나 더 잘나갈 수도 있다. 그 반대의 경우도 있을 수 있다. 나는 배우자를 만나 결혼을 하게 되면 남자든 여자든 제2의 인생이 시작된다고 생각한다. 주변에 경쟁력을 갖추고 잘나가 보이는 사람들을 보면 하나같이 부인의 내조나 남편의 이해와 도움이 있다는 공통점을 발견할 수 있었다.

힘든 얼굴로 시들어 가는 사람들을 보면 그 이면에 부부 싸움의 일상화, 별거, 이혼 등 파열음이 그치지 않음을 볼 수 있었다. 그 내용과 이유도 갖가지이기 때문에 일반화하여 말할 수는 없다. 이혼도 하나의 선택이기 때문에 이를 나쁘게 볼 필요도 없다. 이혼하여 오히려 더 잘되거나 더 큰 불행을 막는 경우도 얼마든지 있다. 분명한 것은 서로가 서로에게 별 도움이 되지 못하거나 한쪽 일방이 지속적으로 문제를 만들고 키워서 결과적으로는 서로에게 큰 상처를 주는 것은 문제라는 점이다. 이런 남자나 여자는 물론 경쟁력이 없고 직장에서도 성공하기가 쉽지 않다.

나의 경우는 결혼 후 완전히 제2의 인생을 살게 된다. 나 역시 초창기 남부럽지 않게 부부 싸움이란 것을 해 봤다. 오랜 연애기간을 거쳤지만 사소한 말다툼이 부부 싸움으로 연결됐고 심지어 결별을 고민해 보는 순간까지 이르렀다.

모든 잘못이 나로부터 시작되고 나에 의해 더 커진다는 사실을 깨닫는 데는 시간이 걸렸다. 지금도 나의 마음을 아프게 하는 한 장면이 있다. 나는 백수인 주제에 그 당시 말단 공무원을 하고 있던 아내를 불편하게 하고 속 좁게 이해해 주지 못하던 나날이 반복되던 어느 날. 그렇게 무던하던 아내가 아침에 단칸방 현관에서 출근하다 돌아서며 눈물을 흘렸다. 나의 잘못을 반성하며 아내를 안아 줬지만 지금 생각해도 나는 부족한 것이 너무 많은 콩나물처럼 약한 사람이었다.

이런 나를 아내는 조금씩 조금씩 변화시키기 시작했다. 내가 하겠다는 것에 대해 'NO'라고 한 적이 없이 모든 것을 받아 주고 이해해 줬다. 전

세금을 빼내서 유학 간다고 할 때도 '그렇게 하라'라고 했고, 결혼 전 연애할 때 비행기 삯으로 50만원이 필요했던 나는 당시 여자친구였던 지금의 아내에게 돈을 빌려달라고 했는데 아내는 형편이 넉넉지 못한 부모님께 말씀드려 돈을 가져왔다. 그 돈으로 서울 중부시장에 가서 모두 오징어를 사와서 교수님과 친척, 친구 등에게 팔러 다닐 때 함께 뛰어다니며 팔아서 비행기티켓비용을 마련하는 데도 헌신적으로 도왔다.

나는 그나마 이런 공부를 하고 학생들을 가르치는 직분이 주어진 것도 배우자의 공이 80%는 넘는다고 생각한다. 팍팍한 내 성정에 여유와 포용심을 기르게 한 것도 배우자의 조언과 실천덕분이다. 물론 아직도 갈 길이 멀지만 배우자의 노력과 지원은 콩나물같이 허약한 사람을 소나무처럼 튼튼한 동량으로 만들 수도 있다고 믿는다. 나머지 부족한 부분은 본인의 노력과 자세에 달렸다고 본다.

2009년 4월 7일자 일간지 스포츠 면에 일제히 축구선수 최태욱을 톱기사로 다뤘다. 최 선수가 프로입문 10년 만에 처음으로 해트트릭을 기록했기 때문이다. 그는 한때 축구를 그만둘까 하며 포기 직전까지 간 적이 있던 위기의 선수였다. 방황하던 그를 바로잡아 준 것은 바로 부인 정혜령 씨였다. 내가 그와 관련된 여러 기사를 읽으면서 주목한 것은 아내의 발언 부분이다. 최 선수는 아내의 조언에 대해 이렇게 말했다.

"이번이 마지막 기회다. 이제 제발 고집을 꺾고 주위의 말에 따라 보라."

언론에는 이 정도밖에 소개되지 않았지만 부인이 그의 잘못된 생각과 행동을 바꾸기 위해 얼마나 가슴 졸이며 노력하고 힘들어했는지 미루어 짐작이 갔다. 다행히 그는 아내의 조언을 깊이 생각하고 마음과 몸으로 받아들이며 스스로 자신을 바꾸는 데 앞장섰다. 최 선수는 바뀐 자신에 대해 이렇게 말했다.

"아테네올림픽 때 유니폼을 집어 던진 것, 프로에서 내 고집만 부렸던 것 등은 모두 제 잘못이었습니다. 교만함을 버린 지금은 새사람으로 거듭난 느낌입니다. 프로 9년 동안 고생했는데 앞으로는 좋은 일만 생겼으면 좋겠습니다."

이런 말을 누구보다 기뻐할 사람은 바로 부인이다. 부인의 조언과 믿음이 그를 바꿨기 때문이다. 나도 이제 새로 태어난 최태욱 선수의 팬이 됐다. 최 선수는 이렇게 자신을 변화시켜서 나처럼 무심하던 사람을 한 명씩 팬으로 확보하는 데 성공했다. 어렵고 힘든 시절을 지내 봤기 때문에 최 선수는 앞으로 더욱 잘할 것이라 믿어 의심치 않는다.

여자든 남자든 사람을 잘 만나야 한다고 이구동성으로 말하고 있다. 그러나 실제로 함께 사귈 때는 판단이 쉽지 않다. 명품을 명품으로 알아보지 못하는 것은 명품이 아니어서가 아니라 명품을 볼 수 있는 눈이 없기 때문이다.

각 개인의 특성은 다양하기 때문에 어떤 사람이 '훌륭한 배우자'라고 말하는 것은 내 능력 밖의 일이다. 그런 가이드가 가능한지도 의문이다. 그러나 최소한의 몇 가지 일반적 제의 정도는 가능하리라 본다. 이것은 여자나 남자나 모두에게 적용될 수 있는 일반론이다.

첫째, 가치관과 성실성을 점검해야 한다.

돈 문제, 직업관, 친척관계, 종교문제 등에 대해 서로가 범접할 수 없는 선이 있다면 이것은 곤란할 수 있다. 배우자는 서로 이해와 지지를 전제로 한다. 이해와 지지가 없다면 두 사람이라 하더라도 한 사람의 능력도 발휘할 수 없다. 또한 삶에 대한 성실성 등도 살펴야 한다. 게으른 사람은 누군가 한 사람은 두 배의 노력을 해야 하고 이것은 곧 싸움의 불씨를 제공하게 된다. 부부 사이라고 하더라도 불공정하고 불공평한 게임의 법칙은 어느 한쪽을 돌아서게 만든다. 실제로 이렇게 갈라지는 사람을 주위에서 흔하게 본다.

둘째, 감정표현방식은 매우 중요하다.

남자든 여자든 자신의 희로애락 감정표현을 때로 극단적으로 하는 사람들이 있다. 이것은 매우 위험한 신호로 읽어야 한다. 기뻐서 펄쩍펄쩍 뛰는 것을 탓할 수는 없다. 그러나 슬픔이나 괴로움 때문에 자신을 주체하지 못하고 극단적 표현방식을 택하는 사람은 피해야 한다. 한국에서는 '변심한 애인 칼로 찔러' 등의 기사가 일 년에 수만 건이 넘게 보도된다. 자기감정 표현 방식이 서툴거나 극단적 행동을 하는 사람은 예측이 어렵다는 점에서 나중에 후회하게 될 수 있다. 고칠 수 있다면 다행이지만 통제가 어렵다고 판단되면 그 순간 물러나는 것이 좋다. 끝내 결혼까지 하고 난 뒤 이혼하는 경우를 가까이서 목격하기가 요즘은 매우 쉽다.

셋째, 술과 도박 등 가정의 평안을 해칠 수 있는 현실적 문제를 점검해야 한다.

술을 마시더라도 절제하거나 자기통제 범위 내에서 이루어지는 경우는 아무 문제가 없다. 그러나 자기 통제가 되지 않는 사람은 평소 멀쩡하다가도 술만 마시면 문제를 일으킨다. 배우자와 몇 번씩 약속하고 각서까지 작성하지만 결국 도돌이표다. 수년을 보내고 아이까지 딸린 상태에서 결국 헤어지는 커플이 주변에 널려 있다.

도박은 말할 나위 없다. 재미로 하는 정도가 아니라 도박에 빠져 있거나 그럴 가능성이 보이면 일급 배우자감이라 하더라도 포기하는 것이 낫다. 그래서 결혼 전에 함께 술도 마셔 보고 함께 도박장에도 가 보라는 것이다. 함께 즐기는 척하며 상대를 체크해 보라는 가르침이다. 서로 평생을 의지해야 할 사이인데 이 정도의 점검과정도 거치지 않는다는 것은 문제가 아닌가. 따질 것은 따지는 것이 후회를 최소화하는 법이다.

넷째, 대인관계도 중요하다.

이웃과 잘 조화를 이루며 사는가, 사소한 다툼도 참지 못하고 이웃과 등을 지고 사는가. 평소 대인관계의 사교성은 평화로운 가정을 만드는 데 매우 중요한 변수가 된다. 친구가 너무 많은 것도 반드시 좋은 것은 아니다. 반대로 친구가 너무 없는 것도 주의해서 살펴야 할 부분이다. 어느 정도가 좋은지는 각자가 알아서 내려야 할 판단이지만 상대를 존중하고 상생하는 자세를 갖췄다면 무난하다.

다섯

성공을 위한 교육철학, 인성교육

1. 인성교육(人性教育)이란 무엇인가

인성교육(人性教育)의 핵심은 인성교육(仁性教育)이다. 공자에 따르면, 인(仁)은 나 자신을 사랑하듯 다른 사람을 사랑하라는 것이었다. 공자는 자신의 수제자 안연에게는 '인(仁)'이 극기복례(克己復禮)라고 가르쳤다. 자신의 이기심을 극복하고 예의를 갖춘 인간이 되기를 강조했다.

'어진(仁)' 삶을 살기란 지극히 어렵다. 은혜조차 원수로 갚는 일이 허다한 현대사회에서 '어질게 살아라'라는 가르침은 시대에 뒤떨어지게 느껴질 수도 있다. 고대 철학자 타키투스(55~120년경)는 "사람은 은혜보다 피해를 더 잘 갚아 준다. 은혜를 갚는 것은 짐이고 복수를 하는 것은 즐거움이기 때문이다."라고 말했다. 이런 범인들의 일반적 행태에서 그래도 성공을 이룬 사람들은 상당수 인성교육의 중요성을 이구동성으로 강조하고 있다.

서울대학교 총장을 역임한 정운찬 교수는 그의 저서 '가슴으로 생각하라'(2009)에서 '덕성이 지식보다 먼저다'라는 주장을 했다. 정 교수는 "나는 아이들을 키울 때 지식보다는 덕성과 체력이 중요하다고 생각하였다. 덕성을 먼저 갈고 닦고, 그다음에 체력을 연마한 뒤, 그래도 여력이 있을 때 지식을 쌓으면 된다."라고 말했다. 정교수는 "날카로운 지성은 따뜻한 감성으로 감싸야 하고, 따뜻한 감성은 외유내강의 덕성으로 품어 안아야 한 인간이 완성된다."고 말했다.

일반 학부모들이 듣기에 '너무나 한가한 소리'로 들릴 수도 있다. 하지만 '덕성'을 강조하는 데는 그만한 이유가 있기 때문이다. 대다수 교육기관에서 강조하는 인성교육의 핵심은 어짊과 덕(德)이다. 인덕제세(仁德濟世)는 말 그대로 어짊과 덕으로 세상을 구하겠다는 뜻이다. 오늘날처럼 약삭빠르고 눈치껏 살아남아야 하는 사회에서 '인성'을 강조하는 것은 별로 효용성이 없는 것으로 비칠 수도 있다. 그러나 진리를 탐구하는 대학에서마저 시류에 편승하는 모습은 대학의 사회적, 역사적 책무를 저버리는 것이다.

덕을 육화(肉化)하려면 정직, 성실, 근면으로 자신을 갈고 닦아야 한다. 동서고금을 막론하고 정직, 성실, 근면으로 이루지 못한 것이 없다. 평범한 진리이긴 하지만 스치는 구호 정도로 과소평가되는 것이 현실이다.

국내 많은 교육기관에서 인성교육을 강조하지만 실제로 큰 호응을 얻어 파급되고 있다는 소식은 듣지 못했다. 그만큼 인성교육이 중요도에서 후순위로 밀려났기 때문이다. 당장 취업을 위해 영어점수를 올려야 하고 소위 일류대학에 가기 위해 점수 따는 데 급급한 것이 한국교육의 현실이다.

보다 도덕적 인간, 아는 것을 실천하는 지성인, 협동하는 인간을 만들어 내는 것이 인성교육의 핵심이다. 이것을 봉사하는 마음, 상생하려는 자세, 상대를 존중하는 사려 깊은 태도 등으로 표현할 수 있다. 인성교육은 이런 심성과 가치관을 강조하고 교육하는 것을 근본으로 삼는다.

'만인의 연인'으로 불리는 오드리 헵번은 자식에게 보낸 유언에서 헌신과 나눔 등 인성교육의 중요성을 강조했다. 영화 '로마의 휴일'의 주인공으로 유명한 헵번은 말년에 암으로 엄청난 고통을 받으면서도 아프리카 어린이들을 보살피는 사회봉사를 온몸으로 실천했다고 한다. 그가 아들에게 마지막으로 남긴 유언은 지금도 전 세계인을 감동시키고 있다.

"사랑스런 눈을 갖고 싶으면

사람들에게서 좋은 점을 보아라.

날씬한 몸매를 갖고 싶으면

너의 음식을 배고픈 사람과 나누어라.

아름다운 머리카락을 갖고 싶으면

하루에 한 번 어린이가 손가락으로 너의 머리를 쓰다듬게 하라.

아름다운 자세를 갖고 싶으면

결코 너 자신이 혼자 걷고 있지 않음을 명심하며 걸어라.

사람들은 상처로부터 치유되어야 하며

낡은 것으로부터 새로워져야 하고

병으로부터 회복되어야 하고

무지함으로부터 교화되어야 하며

고통으로부터 구원받고 또 구원받아야 한다.

결코 누구도 버려서는 안 된다.

기억하라.

만약 내가 도움을 주는 손이 필요하다면

너의 팔 끝에 있는 손을 이용하면 된다.

네가 더 나이가 들면 손이 두 개라는 것을 발견하게 될 것이다.

한 손은 너 자신을 돕는 손이고

다른 한 손은 다른 사람을 돕는 손이다."

동양의 탈무드 채근담에서도 인성교육은 강조되고 있다. 몇 가지 주요 내용을 옮겨 본다.

*채근담-"덕은 주인이요 재능은 종이다."

[德者 才之主, 才子 德之奴, 有才無德 如家無主而奴用事矣 幾何不魍
魎而猖狂]

: 덕과 재능을 겸비하는 것이 최고지만 그렇지 못한 경우가 더 많다.
  재능은 있으면서 덕이 없다면 마치 집에 주인은 없고 종들이 마음대
  로 살림살이를 꾸려 가는 것과 같으니 어찌 도깨비가 날뛰지 않겠는
  가. 덕의 중요성은 과거나 현재나 똑같이 강조되고 있는 모습을 볼
  수 있다.

*채근담-"성실성이 없으면 일마다 헛될 것이다."
[作人 無點眞懇念頭 便成個花子 事事皆虛]
: 사회생활에서 진실성과 성실성이 없다면 결코 성공할 수 없음을 일컫
  는 말이다. 인성교육은 무시할 수 없는 현대교육의 기본이란 점을 과
  거의 가르침에서 확인할 수 있다.

*채근담-"근면은 본디 도덕과 의리를 열심히 수행하는 것이다."
[勤者 敏於德義]
: 근면이란 본디 덕의를 실천하는 데 부지런하다는 뜻이고 검약이란 물
  질적 이익에 초연하다는 뜻이다. 근면은 마음을 닦는 수양의 자세인
  것이다.

2. 인성교육 왜 중요한가

인성교육을 강조하는 데는 분명한 이유가 있다. 식상하다고 해서 무시할 일이 아니다. 하나씩 살펴보자.

첫째, 인성교육이 인생의 성공과 실패를 가르는 핵심요소가 되기 때문이다.

인성의 교육 여부가 모든 성공의 변인은 아니라 하더라도 적어도 중요한 직접적 원인은 된다. 사악한 사람이 성공한 예는 드물다. 타인을 배려하고 존중하는 사람들 가운데 성공한 사람들을 만나기는 쉽다. 부모덕에 힘 안 들이고 큰 회사 사장이 된 사람이 아닌 자수성가한 사장을 만나면 대부분 겸손한 모습을 보게 된다. 운동선수도 마찬가지다.

한국축구의 대표적 스타 박지성과 이천수 선수는 2002년 월드컵 당시 한국을 세계 4강에 이끄는 데 공훈을 세웠다. 이들은 실력을 인정받아 앞서거니 뒤서거니 유럽으로 스카우트돼 갔다. 박지성은 히딩크 감독의 제안으로 네덜란드 리그를 거쳐 영국으로 진출했다. 2009년 영국의 세계적인 축구클럽 맨체스터 유나이티드 팀 소속으로 박지성은 부와 명예를 한꺼번에 잡았다. 히딩크의 황태자에서 세계적 축구스타로 발돋움하는 데 성공했다.

AP통신사는 축구스타 크리스티아누 호날두(맨체스터 유나이티드)가 "박지성은 사랑스럽고 환상적인 친구"라고 밝혔다는 내용의 외신을 전했다.

호날두는 2009년 2월 26일 영국 올드 트라포드에서 열린 자신의 새 축구화(Nike Mercurial Vapor Superfly) 런칭 행사 참석해 이같이 밝힌 뒤

"박지성은 마치 전기와 같이 지칠 줄 모르는 체력으로 끊임없이 달리며 경기장을 누빈다. 그런 박지성에게 감사한다."고 말했다. 그는 이어 "나는 박지성을 친구, 한 선수로서 굉장히 좋아한다."고 덧붙였다. 이날 행사 내내 진중한 모습을 보였던 호날두는 박지성에 대한 질문이 나오자 이례적으로 웃음을 띤 채 농담을 던지기도 했다고 보도됐다. 동료로부터 찬사를 받는 동양선수. 당연한 것 같지만 쉽지 않은 일이다.

개인기와 스피드가 뛰어난 이천수 선수도 유럽 명문으로 두 차례나 스카우트됐지만 두 번 다 실패하고 돌아왔다. 그가 무슨 일 때문에 그만두고 왔는지는 정확하지 않다. 그러나 매스컴에서 보도되는 내용을 보면 온갖 구설수에 휘말리는 내용이었다. 어디까지가 사실이고 어디까지가 낭설인지 확인되지 않았지만 축구경기에 집중하지 못하고 있다는 점은 분명했다.

이천수는 페예노르트에서 임대선수로 수원 삼성으로 왔지만 계약기간조차 채우지 못하고 다시 전남으로 재임대선수가 됐다. 자기 소속사에서 뛰지 못하고 방출에 방출을 거듭하며 결국 '연봉 0'라는 불명예 논란 끝에 '구단에 백지위임형식'으로 마무리됐다.

2009년 상반기, 비슷한 축구스타가 왜 한쪽은 성공하고 한쪽은 성공하지 못했을까. 실력만의 문제는 아니다. 축구 같은 팀워크를 중시하는 팀 스포츠에서 상대를 배려하고 존중하는 인성은 매우 중요하다. 더구나 프로선수가 어떤 이유로든 자기 관리에 실패했다는 것은 스스로 먼저 무너졌다는 것을 의미한다. 연예인과의 구설수, 돈 문제, 폭행 문제 등 실패하는 운동선수가 보여 주는 공통점이 고스란히 언론에 보도됐다.

이천수 선수는 아직 젊고 무엇보다 탁월한 재능이 있어 마음먹기에 따라 얼마든지 재기할 수 있다. 언론의 비판이나 세간의 혹평에 일희일비할 이유가 없다. 오늘의 실패가 내일의 성공으로 얼마든지 바뀔 수 있는 것이 인간사이기 때문이다. 축구성공의 대명사, 박지성 선수와 이렇게 비교하는 것 자체가 이천수 선수에게는 대단히 미안한 일이지만 보란 듯이 극복하여 성공신화를 재창조해 주기를 바란다. 그러나 무엇이 이런 결과의 차이를 가져왔는지에 대해서는 분석해 보고 후배들에게 교훈을 줘야 한다.

먼저, 성실성의 문제가 대두된다.

자기 자신에게 성실했는데도 언론의 가십거리 기사를 양산해 냈는지에 대해 반성해야 한다. 성공한 스타들을 방송에서 불러내 연예인들과 자리를 만들고 온갖 이야깃거리도 만들어 낸다. '말을 잘한다'는 이천수 선수의 경우, 방송에서 자주 찾는 매력을 갖춘 축구스타였다. 오죽하면 그의 별명이 네티즌들 사이에 '입천수'였겠는가. 매스컴은 선택적으로 제한적으로 출연했어야 했다. 본업인 축구에 집중하고 보다 성실해야 했다.

수원삼성으로 임대된 선수의 입장임에도 불구하고 항의성 태업을 하여 차범근 감독으로부터 다시 쫓겨나는 신세가 됐다는 것 역시 되돌아볼 부분이다. 물론 이천수 선수도 할 말이 많겠지만 결과적으로 다시 전남으로 굴욕적인 조건으로 팔려 갔다는 결과는 많은 설명을 하고 있다. 스타이기 이전에 타인에 대한 감독에 대한 존중과 배려가 충분했던가를 묻고 싶다. 인성교육은 그래서 중요하다.

그리고 겸손의 미덕은 스타에게도 필수조건이다.

유명 클럽에는 포지션별로 스타 아닌 선수가 없다. 스타의식은 자기 안에 묻고 겸손한 자세로 임하지 않으면 팀플레이가 살아나지 않는다. 스타에게도 겸손은 반드시 갖춰야 할 미덕이다. 더구나 해외에서 명문구단으로 뛰어든 경우, 텃세나 선수 간 인간적 견제 같은 것도 충분히 예상된다. 더구나 언어의 문제도 간단하지 않다. 차범근 선수나 박지성 선수도 똑같은 문제점에 직면했지만 오로지 성실과 인내로 견뎌 냈다고 한다. 운동선수도 기술개발과 함께 인성교육의 중요성은 반드시 강조돼야 함을 다시 한 번 반복한다.

둘째, 신뢰와 정직은 리더십의 핵심이요 인성교육의 근본이다. 인간에게 신뢰와 정직을 빼면 존립근거가 무너지기 때문이다.

인성교육의 근본은 정직한 인간, 도덕적 인간을 통해 신뢰를 강조하는 것이다. 인간 상호 간에 신뢰, 믿음이 없다면 지옥이다. 신뢰는 정직을 전제로 한다. 선진사회로 불리는 서구사회에도 거짓과 사기가 있기는 하지만 기본적으로 신용사회라고 부른다. 신용을 잃게 되면 경제활동의 토대가 무너지고 모든 은행의 대출이 차단된다. 그만큼 한 개인의 신뢰, 신용은 중요하게 보기 때문이다.

리더가 신뢰받지 못한다면 리더자격이 없다. 부하들은 따르지 않을 것이고 리더십은 발휘하지 못하게 될 것이다. 신뢰받는 리더, 존경받는 리더는 말 한마디 하지 않아도 참모 스스로 죽음의 위험을 무릅쓰고 적진으로 뛰어들기도 한다.

삼국지의 적벽대전을 보라. 제갈공명이 조조군과 대적하기 위해 손권과 주유를 찾아 적진에 과감히 뛰어든다. 자칫 공명은 주유군에 의해 목숨을 잃을 수도 있었다. 그러나 주군 유비에 대한 무한한 신뢰와 충성심에서 스스로 나서 주유를 설득시켜 보겠다는 위험한 제의를 했다. 마침내 주유를 설득하여 유비군과 함께 백만대군 조조군과 적벽에서 맞서게 된다. 적벽대전 승리로 유비군은 훗날 삼국을 삼분할하는 토대를 닦는다.

현대의 리더십은 솔선수범에 따른 신뢰감 형성이 기본이다. 공명 같은 특급참모가 없었다면 유비도 없었다. 유비의 무한한 신뢰와 인간적 배려가 공명으로 하여금 2대에 걸쳐 목숨 바쳐 충성하도록 했다. 삼국지가 단순한 전쟁이야기가 아닌 인간적 신뢰와 충성, 배신 등 인간사가 점철돼 있기 때문에 오늘날에도 교훈을 주는 것이다.

정직한 지도자가 정직한 참모를 얻는다. 신뢰받는 지도자는 참모를 아끼지만 참모 스스로 지도자를 위해 대의를 위해 사지(死地)에 뛰어들기도 한다.

셋째, 진실한 마음, 상대를 배려하는 마음은 어디서든 통하기 때문에 비즈니스에서도 성공할 수 있기 때문이다.

비즈니스맨이나 세일즈맨들에게도 인성교육은 필요하다. 화려한 말장난이나 잠깐의 눈속임은 인생의 성공을 가져올 수 없다. 반짝 한순간 빛을 볼 수 있을 수는 있지만 결국은 진실이 드러나게 돼 있다.

세일즈맨 신화로 자주 인용되는 조지라드 이야기를 인용해 보고자 한다. 그는 1965년 디트로이트 시보레 자동차 영업소에서 12년 동안 1만 3천 대의 자동차를 팔았다. 세계 기네스북에 개인 자동차 판매부문 12년 연속 최고 판매기록을 가지고 있으며 지금까지 깨지지 않고 있다고 한다. 그가 자동차 판매왕으로 선정된 뒤 첫 번째 연설 중 일부다.

"난 말도 못합니다. 더구나 심각한 말더듬이입니다. 난 차를 팔려고 하지 않았습니다. 다만 고객을 위해 무엇을 할 것인가를 생각했습니다. 그리고 한 고객이 생기고 나서도 새로운 고객을 찾지 않았습니다. 그 첫 번째 고객이 너무 고마워서 그에게 관심을 기울였을 뿐입니다. 고객에게 집중하십시오. 내게 자동차를 사 갔던 모든 분들에게 최선을 다하십시오.

그리고 그 성과에 대해 적절한 보상을 하십시오. 제가 판매왕이 된 것은 오로지 그것뿐이었습니다."

(출처-자동차 판매왕 조지라드)

고객에게 성심성의를 다했다는 그는 성과를 고객과 나누려 했다. 오늘날 세일즈맨들이 메일이나 문자로 끊임없이 관심을 보인다고 하지만 그것은 오히려 부담이 되고 있다. 감동 없는 관심은 고객에게 거부감을 줄 뿐이다.

넷째, 정직은 때로 사람을 감동시킨다. 정직하기가 쉽지 않지만 이것은 신뢰형성의 전제조건으로 인간관계 형성의 기초가 된다.

사람의 마음을 사로잡는 것이 리더십에서 매우 중요하다. 이를 위해 정직해야 한다는 것은 누구나 알지만 실행한다는 것은 어렵다. 인도의 국가 영웅 마하트마 간디의 일화다.

모한다스 간디
[출처]ⓒwiki

"한 여자가 아들을 데리고 간디를 찾아와 체중 조절과 치아보호를 위해 설탕을 먹지 말도록 충고해 달라고 했다. 간디는 지금은 해 줄 수 없고 한 달 뒤에 오라고 했다. 그 여자는 간디가 자신을 소홀히 대하는 것 같아 기분이 상했다. 위대한 지도자가 도움을 줄 것으로 기대하고 먼 길을 온 터였다. 그 여자는 간디의 말에 큰 기대를 걸지 않고 다시 길을 떠났다.

한 달 뒤 그녀가 다시 간디를 찾아왔다. 간디는 그때 아이 앞에 무릎을 꿇은 채 그 아이의 손을 잡고 '애야 설탕을 먹지 말아라. 그것은 너에게 좋지 않아.'라며 조심스럽게 타일렀다. 간디는 아이를 축복하고 엄마에게 돌려보냈다.

간디의 이런 모습을 본 그 여자는 감사하면서도 당혹해했다. 그 여자가 간디에게 '왜 한 달 전에는 그런 말씀을 하시지 않았나요?'라고 물었다. 간디는 '한 달 전에는 저도 설탕을 먹고 있었습니다.'라고 대답했다."

간디의 정직성은 실천의 위대함을 일깨워 주고 있다.

3. 인제대학교의 인성교육은 무엇인가

인제대학교는 인술제세(仁術濟世-인술로 세상을 구한다), 인덕제세(仁德濟世-어짊과 덕으로 세상을 구한다)가 건학이념이다. 이것을 바탕으로 교훈은 정직, 성실, 근면으로 만들었다. 교육이념은 자연보호, 생명존중, 인간사랑이다. 간디는 '인격 없는 교육'은 일곱 가지 사회악(원칙 없는 정치, 노동 없는 재산, 양심 없는 쾌락, 도덕 없는 상업, 인간성 없는 과학, 희생 없는 종교) 가운데 첫 번째로 꼽았다. 간디의 '인격 있는 교육'이란 바로 인성과 덕성, 예의가 어우러진 교육을 의미한다.

사실 학교 교훈으로 정직, 성실, 근면을 강조하는 곳은 너무 많다. 그러나 이것을 실천하며 윤리경영에 나서는 교육기관은 많지 않다. 교육이념인 자연보호, 생명존중, 인간사랑을 내세우는 인제대학교. 현실에서 어떻게 구체적으로 실천하고 있는가.

교훈과 교육이념을 실천하고 있는 몇 가지 사례를 살펴본다.

사례 1) 윤리경영 사례 – 교수임용과정의 투명성

한국에서는 대학에서 교수를 어떻게 뽑는지 교수 자신도 정확하게 알지 못한다. 학교마다 다르고 개인 교수마다 선택받은 곡절이 다르다. 한마디로 불투명하고 공정하지 못하다고 보면 틀리지 않는다.

나는 대학교 교수임용을 위해 7년 동안 31번을 도전하여 31번 실패했다. 참으로 이해할 수 없는 교수채용방식에 땅을 몇 번이나 쳤는지 모른다. 우여곡절 끝에 인제대학교에까지 도전하게 됐고 그것이 32번째 도전이었다. 32전 만에 값진 1승을 마침내 올렸고 그것으로 충분했다. 돈도 빽도 없는 필자 같은 후보자, 인제대학교에 아는 사람 한 명 없는데도 이렇게 선발됐다는 사실 자체가 믿기 힘들었다.

서울대학교, 연세대학교, 한양대학교 등 서울의 웬만한 대학들 모두 교수채용 문제로 언론의 가십거리에 오른 적이 한두 번이 아니다. 지방의 사립대학교인 인제대학교에서는 개교 이래 단 한 번도 교수채용문제로 논란이 된 적이 없었다는 사실을 뒤늦게 알게 됐다.

나는 이런 일이 대단한 것이라고 믿는다. 나 자신만 공정하고 투명하게 뽑힌 것이 아니다. 인제대학교 교수들은 모두 그런 투명한 과정을 거치고 당당하게 선발됐기 때문에 학교에 대한 자부심과 긍지가 높다. 물론 인제대학교가 완벽한 조직, 최고의 대학이라고 주장하는 것이 아니다. 주어진 여건하에서 정직과 성실을 투명경영, 윤리경영으로 실천하려는 백낙환 재단 이사장의 교육철학과 의지, 사회적 책무를 높이 평가해야 한다는 것이다.

2000년 9월호 월간조선은 이와 같은 내용을 중심으로 인제대 성공비결 특집보도를 냈을 정도다. 지방의 사립대학교치고 이렇게 주요시사월간지에 광고가 아닌 기사로 다루어진 경우는 드물다. 인제대학교는 정직을 바탕으로 투명경영, 윤리경영을 실천하고 있음을 이런 보도를 통해 확인할 수 있다.

사례 2) 인간사랑 사례-국제인력지원연구소

전국 대학교 가운데 인제대학교에 유일하게 존재하는 해외입양인들을 위한 교육 및 지원 프로그램을 운영하고 있는 국제인력지원연구소가 있다. 2009년 현재 세계 11개국으로부터 160여 명이 다녀갔다. 한국어, 역사, 문화 등을 한 학기 동안 체험하는 교육프로그램을 운영하는 이 연구소를 위해 인제대학교는 예산을 지원한다. 인간에 대한 깊은 사랑과 생명 존중에 대한 철학이 없다면 불가능한 프로그램이다.

인제대학교 국제인력지원연구소 체험 교육프로그램

2000년 말 당시 백낙환 총장의 결단과 지원으로 국제인력지원연구소는 문을 열게 됐다. 나는 현재 9년째 이 연구소 소장직을 맡고 있다. 학교의 지원에 감사하며 입양학생들이 자신의 정체성과 한국에 대한 올바른 정보를 배우고 나갈 때마다 큰 보람을 느낀다. 이들은 한국을 떠날 때 자신의 생각이 많이 바뀌어 있다고 고백한다. 이것이 어떻게 한 지방 사립대학교가 해야 할 일인가. 한때 가난하여 우리가 키울 수 없었던 사람들에 대해 국가가 나서서 해야 할 일이 아닌가. 나는 더 많은 대학교에서 이런 봉사에 나서기를 기대하며 궁극적으로 국가가 민간단체와 손을 잡고 이런 프로그램을 활성화해야 한다고 믿는다. 해외 유대인들을 위해 이스라엘 본국에서는 이런 프로그램을 키부츠를 중심으로 운영하고 있다. 유대인들은 해외유대인들과의 교류강화를 위해 다양한 프로그램을 개설해서 민족성과 정체성을 고취시키도록 노력하고 있고 이것은 국제적인 힘, 외교력, 국가경쟁력의 바탕이 되고 있다.

사례 3) 환경보호 사례-꾸준한 낙동강환경청소 캠페인

인제대학교 '낙동강 살리기 환경정화운동'

　　매달 한 차례 정기적으로 이사장, 총장, 교직원, 학생 등 혼연일체가 돼 환경보호에 나서고 있다. 환경보호는 미래 후손을 위한 현시대를 살아가는 우리들의 책무이기도 하다. 후손에 대한 배려와 성실성이 없다면 이런 캠페인은 일시적으로 그치고 만다. 인제대학교는 조선일보 선정 환경보호 대상을 받은 적도 있다. 2009년 낙동강 환경청소 1백 회를 돌파하기도 했다. 이런 환경보호 운동은 앞으로도 지속될 것이다. 환경보호가 단순히 구호가 아닌 생활 속의 체험으로 이어지는 것이다. 그래서 행동하는 지성인으로 만드는 것을 그 목표로 하고 있다.

자문자답코너

인제대학교를 평가하기 전에 나는 이에 대해 얼마나 알고 있는가.

인제대학교 출신임을 당당하게 밝히지 못하는가.

학교가 부끄러운가, 내가 부끄러운가.

학교가 나의 성공에 부담이 되는가, 내가 학교 명성에 누가 되는가.

학교의 성공과 나의 성공이 함께 가는가.

나는 인제대 성공에 작은 보탬이 되고 있는가.

내가 나를, 학교를 아끼지 않으면 그 누구도 존중해 주지 않을 것이다.

여섯

성공의 지혜, 인당리더십

1. 성공의 지혜, 인당리더십을 말하는 10가지 이유

인제대학교라는 조직에 소속된 내가 인당 백낙환 박사의 리더십을 높이 평가한다고 말하는 것은 매우 조심스럽다. 자칫 지나칠 경우, '아부한다'는 핀잔을 듣기 쉽다. 그것이 아니더라도 객관성이 없다고 부정당할 수도 있다. 사실을 사실대로 이야기해도 잘 믿지 않는 세상에서 '소신을 갖고 진실하게 이야기해도 색안경을 끼고 보는 사람들이 있기 때문'이다. 그러나 나는 인제대학교 최고경영자 인당 백낙환 박사를 가까이서 10여 년을 지켜보고 판단해 왔다. 나는 책갈피를 통해 존경하게 된 세종대왕, 이순신 장군, 에이브러함 링컨 미국 대통령보다 더 생생하게 목격하고 확인했기 때문에 확신을 가지고 기록할 수 있다고 믿는다. 내 개인적인 경험이 아니더라도 그가 갖고 있는 리더십은 어느 날 우연히 생긴 것도 아니고 나로부터만 인정을 받는 것도 아니다.

나는 내 주관적인 경험과 판단으로 왜 인당리더십을 연구하지 않을 수 없는지 정리하고자 한다. 나는 삶의 지혜를 주는 인당리더십을 통해 나를

재창조하고 있다. 나의 멘토로 생각하며 그의 성실과 겸손함 등을 배우고 따라 하기 위해 노력하고 있다. 우리는 외국인, 이미 역사의 인물이 된 죽은 자에 대해서는 쉽게 '존경한다'고 말하지만 살아 있는 자, 가까이 함께 지내는 사람에 대해서는 거의 존경이란 말조차 아끼는 편이다. 왜 꼭 죽은 사람, 멀리 있는 외국인만 존경해야 하는지 그것도 쉽게 이해가 안 된다. 물론 그만큼 오늘날 존경할 만한 사람을 찾기가 힘들다는 현실 적 측면도 있다. 또한 오늘의 믿음이 내일의 불신, 배신으로 바뀔 수 있 는 것이 인간사이기 때문이다.

그래서 더욱 나는 백낙환 박사 같은 사람은 매우 소중하고 우리 사회 가 그를 높이 평가하는 데 인색하지 말아야 한다고 생각한다. 특히 늘 말 썽거리가 되고 있는 사립학교의 불법적이고 편협한 운영방식으로 사회문 제를 일으키고 있는 데 비해 그런 잡음 없이 투명경영에 앞장서고 있는 점은 모든 공사립학교가 본받아야 할 귀감이 된다고 믿는다. 나는 그의 교육철학, 자기관리 등 모든 면에서 받들고 배우려고 노력하고 있다. 그 동안 눈여겨보아 온 부분들을 정리해 본다.

첫 번째 이유＝그는 스스로 건강관리에 성공한 철인이다.

백낙환 박사-조깅

2009년에도 매주 단위로 하루도 쉬지 않고 서울, 부산, 김해 등 전국 5
개의 백병원과 인제대학교를 돌며 성실경영, 투명경영에 앞장서고 있는
84세의 백낙환 박사는 철인 중의 철인이다. 단순히 몸만 와서 앉아 있는
것이 아니라 현재도 행정의 주요 맥을 짚으며 값진 조언을 아끼지 않는
다. 50대인 내가 벌써 기억력의 둔화를 걱정하고 있는 데 비하면 놀라운
정신력과 자기관리를 보여 주고 있다. 나는 정말 이런 점을 배우고 싶다.
부산에서 출발하여 서울 김포공항에 내려서 혼자 큰 가방을 들고 휘적휘
적 걸어가시는 고독한 발걸음을 보며 한없는 존경심과 경외감이 일어나
는 것은 나 혼자만의 감상이 아니다. 건강관리의 중요성을 몸으로 실천하
고 있다.

　두 번째 이유＝그는 윤리경영에 모범을 보이고 있기 때문이다.

인제대학교

　서울의 내로라하는 대학들조차 교수임용과 관련하여 '불법, 비리, 로비'
등 불투명하고 불공정한 임용방식으로 비판을 받고 있는 것이 한국대학
교수임용의 현실이다. 한국의 대학경쟁력이 떨어지는 이면에 불합리한 대
학교수 임용방식이 한몫한다고 본다. 그러나 인제대학교는 개교 이래 단

한 번도 교수임용을 둘러싼 지저분한 비리가 없는 대학을 만드는 데 앞장서 왔다. 윤리경영 구호는 누구나 외칠 수 있지만 실천하는 사람은 너무나 드물다. 가까이서 지켜본 나는 스스로 감동하지 않을 수 없었다. 이것은 소속 교수들에게 자부심과 긍지를 심어 준 데 큰 역할을 한다. 인제대학교 교수들의 충실도가 높은 이면에 바로 이런 투명경영, 윤리경영이 자리 잡고 있기 때문이다.

세 번째 이유＝대의(大義) 앞에 초심을 지키는 한결같은 마음 때문이다.

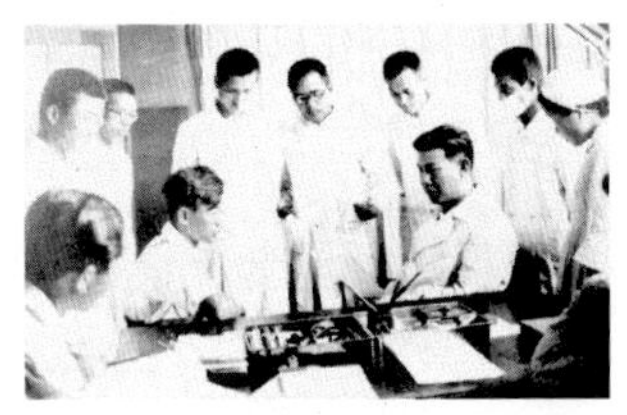

백인제 박사

백병원 창립자이자 큰아버지인 백인제 박사의 가르침과 믿음을 한결같이 구현해 오고자 혼신을 다했다. 백인제 박사가 우리나라 최초로 백병원을 민립공익재단으로 만든 후 오직 정직과 성실로 책임경영을 실천하며 초심을 지킨 뚝심과 의리의 경영자의 모습을 보였기 때문이다. 인당은 백인제 박사의 가르침과 은혜는 틈만 나면 주위 사람들에게 강조했다. 그는 한번 신세를 진 사람은 평생 기억하고 되갚기 위해 노력하는 모습을 주변사람들에게 가식 없이 실천하는 모습을 보였다. 스승 백인제 박사의 유지를 지키며 초심을 부여잡고 외길인생을 살아왔다. 이는 자리가 바뀌면 생각조차 바뀌는 것이 보편적 인간상에 비하면 너무나 대조되는 모습이

다. 요즘 같은 세상에 사리사욕을 초월하여 백인제 박사가 보여 준 대의
를 지키기 위해 초심을 유지하는 항심은 존중받아 마땅하다.

네 번째 이유＝무엇보다 사랑을 실천하기 위해 노력하기 때문이다.

인당장학회 장학금 수여식

그는 늘 인제대학교가 '사랑과 정이 넘치는' 그런 교육기관으로 성장하
기를 기대한다. 어짊과 덕에 바탕을 두고 사랑을 실천하도록 교수들에게
도 늘 강조한다. 팍팍하게 살아온 나는 늘 덕이 부족하다고 생각해 왔고
이를 고치기 위해 노력하지만 쉽지 않다. 타 대학교 학생들조차 가정형편
이 어려운 경우 기꺼이 사비를 털어 따로 장학금을 주는 경우도 목격했
다. 인당장학회를 따로 만들어 이런 학생들을 체계적이고 정기적으로 돕
고 있다. 이런 학생들의 수는 일일이 열거할 수 없을 정도로 많다. 특히
지방에는 가정 형편이 어려운 학생들이 많다. 학생들에 대한 사랑 없이는
이런 일이 불가능하다.

다섯 번째 이유＝그는 도전 또 도전하는 끈질긴 승부사이기 때문이다.

해운대 백병원

80대 모두가 은퇴 후 노년의 안식을 즐길 시기에 또다시 마지막 승부수를 띄워 부산 해운대에 동북아 의료허브를 꿈꾸는 백병원 6호 준공을 눈앞에 두고 세상을 놀라게 했다. 81세에 작심하여 85세에 6번째 종합병원 백병원 준공을 눈앞에 두고 있다. 작은 병원 하나 경영하기도 어려운데 백병원 같은 큰 대형 종합병원 5개를 성공적으로 경영하기란 얼마나 어렵겠는가. 사람은 자신의 성공에는 관대하고 남의 성공은 과소평가하는 경향이 있다. 80대에 해운대에 다시 백병원을 건립하겠다는 것은 욕심이 아니다. 동북아 의료허브건설이라는 시대적 과제와 지역사회의 열악한 의료환경을 개선하겠다는 지역사랑의 산물이다. 뜻은 숭고하더라도 실행하기 위해서는 고려하고 고민해야 할 사안이 한두 가지가 아니다. 그의 승부사 기질은 나이를 단순히 숫자로 만들어 버렸다. 그는 몸으로 보여 준다. '뜻이 있는 곳에 길이 있다'고.

여섯 번째 이유＝생활 속 솔선수범의 리더십을 실천하고 있기 때문이다.

낙동강 정화운동

　행동의 달인, 마음먹은 것은 실천한다. 인간사랑, 투명경영, 겸손, 신의 성실 등 리더가 갖춰야 할 기본 요소를 솔선수범하고 있다는 점이다. 이것을 실행하지 않으면서 구성원들에게만 강요할 땐 아무 의미가 없다. 일방적 명령, 지시와 따르는 체하는 소위 '면종복배'가 있는 곳은 조직이 발전할 수 없다. 누구나 구호는 외치기 쉽지만 실천하기란 너무 어렵다. 사심 없이 학교를 위하고 국가를 위하는 모습을 누구나 한다고 하지만 실제로 한마음으로 실천하는 사람을 찾기가 쉽지 않았다. 리더십은 실천에서 나온다. 내가 오해의 소지를 인정하면서도 이렇게 당당하게 주장할 수 있는 것은 수십 년을 언제나 그 모습 그대로 한결같이 믿음과 정직으로 자신의 모든 것을 투명하게 보여 주기 때문이다. 지방에서도 좋은 대학을 만들기 위해 혼신을 다해 노력하고 실천하는 한 리더의 모습, 노구를 이끌며 최선을 다하는 그런 모습은 주변 사람들의 자세를 다시 한 번 다잡게 만드는 법이다. 인제식구들이 그에게 머리를 숙이고 존경을 표하는 이면에는 바로 이런 점들이 마음속에 있기 때문이다.

　일곱 번째 이유＝역경을 돌파하고 5개의 대형종합병원, 1개의 종합대학교를 성공적으로 이끌어 온 뚜렷한 업적이 있기 때문이다.

1998년 1월 상계백병원개원

　전국 5개의 백병원, 해운대 백병원까지 포함하면 6개의 백병원 사단이 하루아침에 이루어진 것이 아니다. 일제시대 개원한 서울백병원(중구 저동소재)은 한국현대사의 산증인이다. 부통령 장면 박사 테러사건, 영화배우 김희갑 구타사건, 1960년 4·19의거 시 학생들 치료병원이었으나 세월과 함께 위기와 좌절, 시련 등을 거치며 여러 차례 위기에 처했으나 기적 같은 도전과 값진 성공을 이뤄 내 오늘에 이르렀다. 종합병원 하나 성공적으로 운영하기도 힘든 현실에서 5개를 운영하며 1천여 명의 교수들을 지원, 관리하기란 상상 이상으로 어렵다. 교수들은 한 사람 한 사람 다루기가 보통 까다롭지가 않다. 통합과 상생의 정신, 인성교육을 바탕으로 한 리더십이 위력을 발휘했기 때문에 오늘에 이르렀다고 믿는다.

　여덟 번째 이유＝의식이 열려 있는 긍정적인 최고경영자이기 때문이다.

국제인력지원연구소 수료식

나는 1999년 인제대학교에 들어온 후 해외입양인들을 위한 교육프로그램을 만들고자 했다. 이스라엘 유대인들은 해외유대인들을 위해 키부츠 등지에 이스라엘 역사와 히브리어를 가르치는 민족교육특별기관 울판(Ulpan)을 운영하고 있다. 한때 가난해서 눈물로 한국을 떠났던 20만여 명이 되는 해외입양인들을 위해 비록 예산이 소요되지만 대학교에서 후원하는 공익적 프로그램을 만들었으면 하는 바람을 나는 갖고 있었다. 기자 시절 해외를 다니며 이런 해외입양인들을 다수 만났는데 이들이 바로 이런 프로그램을 원했기 때문이다.

나의 전공과 무관한 이런 프로그램을 학교에 요청하기 위해 당시 총장으로 재직 중이던 백낙환 박사를 찾아갔다. 나는 처음부터 "이런 프로그램은 돈이 되지 않습니다. 그러나 인제대학교가 지니고 있는 좋은 이미지를 강화하는 데는 도움이 될 것 같습니다."라고 말씀드리고 허락 여부를 타진했다. 생소한 분야, 검증되지 않은 채 처음으로 시도하는 입양인 지원 프로그램에 대해 인당은 두말없이 지원을 약속했다. 그것은 감동이었다. 그래서 만들어진 것이 전국 대학교 가운데 유일한 '국제인력지원연구소'이다. 2009년 현재 11개국 160여 명의 해외입양인들이 참여했고 앞으로도 매학기 해외입양인들은 이 프로그램을 찾게 될 것이고 이와 함께 그토록 찾고 싶었던 친부모 등도 찾게 되는 기회를 갖게 될 것이다.

이 프로그램 운영을 위해 2001년 당시 시설개선에만 1억 2천만을 지원하여 기숙사 시설도 특별히 고쳤다. 연구소 운영인력도 새로 뽑는 등 인제대학교는 전폭적인 물적, 인적 자원을 투자하고 있다. 최고경영자 인당의 '인간사랑 생명존중'의 교육철학이 분명하기에 가능한 것이다.

아홉 번째 이유 ＝ 검소, 검약한 생활을 실천하고 있다.

인제대학교 금연실천

평소 생활 속에서도 사치나 허식이 없다. 이것은 인당이 실천하는 금주, 절주 등에서도 나타난다. 인당은 학처장들과 식사를 가더라도 거의 '일품(一品)요리'로 만족한다. 명품요리가 아닌 한 가지 요리를 의미한다. 건배도 맹물 건배를 한다. 최고경영자가 너무 검약하면 참모들이 배가 고플 수도 있다. 그러나 그 정도는 아니니 염려하지 않아도 된다. 물론 이런 검약정신 때문에 교수나 교직원들의 월급이 상대적으로 박하지 않느냐는 내부의 불만도 있다. 나는 그런 점을 부인하지 않는다. 앞으로 봉급에 관한 한 더 많이 받기를 나도 기대한다.

그러나 한편으로는 1997년 IMF구제금융시대 때나 2009년 경제가 어렵다는 경제위기상황에서도 인제대학교가 재정문제로 곤경에 처해 직원들 월급을 걱정해야 한다는 우려는 없다. 주변을 보면 많은 자영업자나 기업들조차 재정문제로 문을 닫고 정리해고를 실시하는 등 어수선하지만 인제대학교는 적어도 그런 염려 없이 자신의 일에 집중할 수 있어 든든하다. 큰 조직을 이끄는 지도자가 무너지면 그 구성원들은 하루아침에 초라한 신세로 전락할 수 있다. 평소에 검약한 정신과 대비책으로 어떤 상황에서도 흔들리지 않는 탄탄한 조직으로 키우는 데는 최고지도자의 절약 정신과 미래를 위한 식견은 반드시 필요하다. 10여 년 동안 단 한 번도 월급 걱정하도록 만들지 않고 오히려 자존심을 세워 준 최고경영자의 지도력을 그래서 나는 존경하고 감사히 생각한다.

열 번째 이유＝언제나 배우려 하는 겸손한 자세는 모든 지도자의 귀감이 된다고 믿는다.

항상 책을 가까이하고 신문, 잡지 등 온갖 저널을 읽고 때로는 지금도 교수들과 토론을 기꺼이 하고자 한다. 새로운 분야에 대해서는 자세히 묻고 알아보고자 하는 자세는 가까이서 지켜보는 사람들로 하여금 지도자상은 어떠해야 하는지 몸으로 보여 주는 듯하다. 80대의 몸으로 매주 월요일 독서회 등에 나가 정기적으로 새로운 분야를 섭렵하는 등 꾸준히 노력하는 모습을 보여 준다. '공부하지 않는 자는 지도자가 될 수 없다'란 단호한 메시지를 보내고 있는 셈이다. 지시나 명령보다는 의견을 묻고 토론을 통해 최선의 결과를 도출해 내는 방식에서 겸손함을 읽을 수 있다. 겸손이 부족한 사람은 리더가 될 수 없고 되더라도 오래가지 못한다는 말은 진리다. 그래서 인당이 이끄는 인제대학교 인성교육에는 겸손을 항상 강조한다.

나는 이런 훌륭한 분을 가까이서 모실 수 있다는 데 대해 자부심을 가진다. 다소 주변에서 재단이사장이라고 해서 너무 심한 것 아니냐며 오해하는 사람도 있을 수 있지만 나는 그렇지 않다는 점을 감히 말할 수 있다. 이제 인당을 오늘의 이런 탁월한 리더로 만든 근원을 찾아가 본다.

2. 성공의 지혜, 인당리더십의 근원을 찾아서

오늘날 교육, 의료계의 '태산 같은 거인' 백낙환 박사를 만든 사람은 다름 아닌 민족의 선각자이자 백병원 초대 원장인 백인제 박사였다. 일제시대 서울대학교 의과대학 전신인 경성의학전문학교 수석입학, 수석졸업, 경성의학전문학교 외과교수를 역임한 백인제 박사는 한국현대의학 외과 분야 새로운 경지를 연 선구자였다. 백인제 박사의 정신과 사랑이 오늘의 인당 백낙환 박사의 위업을 탄생시킨 힘이 됐다.

다시 한 번 강조하지만 백병원이나 인제대학교가 완벽한 조직, 최고라는 자랑을 하려는 것이 아니다. 한 개인이 눈부신 성과를 내고 업적을 만들어 가는 데 동기부여와 책임감, 신뢰가 얼마나 중요하며 그 밑바닥에 흐르는 인성교육의 중요성을 새삼 확인하는 데 인당의 케이스는 좋은 사례가 되고 있다.

백병원과 인제대학교를 말하면서 백인제 박사와 백낙환 박사를 얘기하지 않을 수 없다. 그들의 인간관계, 탄생과 성장배경, 신뢰형성 과정 그 후 등은 우리에게 많은 시사점을 교훈으로 선사하고 있다.

[인당의 탄생과 어린 시절]

백낙환 박사의 학창 시절

인당 백낙환 박사는 1926년 9월27일 평안북도 정주군에서 출생했다. 아버지 백붕제 어머니 안숙온 부부 장남으로 태어났다. 인당 출생 후 5개월 만에 어머니는 폐렴으로 돌아가셨다. 남긴 것은 유일한 선물, 백일옷. 백낙환 박사는 "아무리 나이가 들어도 어머니를 그리는 마음은 늙지 않는다."라고 회고록(영원한 청년 정신으로, 한길사)에 피력했다.

외할아버지와 외할머니의 상심 속에서도 이들의 외손자에 대한 깊은 사랑을 받으며 성장했다. 그러나 홍역으로 사망일보 직전까지 갔다가 다시 기사회생하기도 했다. 이때부터 각별한 외조부모의 사랑을 독차지하며 맛난 것은 독점하는 특혜를 누렸다.

그러나 아버지는 어머니 사망 후 일본으로 유학 갔다가 귀국 후 재혼하여 살림을 차렸다. 아버지는 일본에서 두 개의 고시에 합격해서 '조선의 수재'로 유명했다. 시골에 홀로 떨어져 살아야 했던 낙환 어린이에게는 늘 어렵고도 먼 아버지, 아버지 곁에 쉽게 다가가지 못하고 먼발치서 지켜보며 외롭고 답답한 어린 시절을 보내야 했던 유년기였다.

1939년 서울로 유학생활을 시작했다. 서울 가회동 큰아버지 백인제 박사와의 첫 만남이 이루어지는 계기가 됐다. 14살 촌 소년의 서울생활과 학교생활은 큰아버지 댁에서 사촌들과 함께 시작됐으나 가장 신뢰받는 후계자는 자식이 아닌 조카가 될 줄은 당시에는 누구도 상상하지 못했다.

[큰아버지 백인제 박사는 누구인가]

-1899년 평북 정주에서 출생.

-민족운동가 이승훈 선생의 오산학교를 졸업.

-서울대학교 의과대학 전신인 경성의학전문학교 수석입학, 수석졸업

백인제 박사

-재학 중 3·1운동에 가담하여 옥고를 치르고 퇴학당했다 복학한 경험.

-1928년 조선인 최초 경성의학전문학교 외과주임교수

-일본과 만주에까지 명의로 소문.

 "백인제 박사 앞에 백인제 없고 백인제 박사 뒤에 백인제 없다."소
  문……

-의술을 통해 나라와 민족에 대한 사랑을 실천한 애국자, 선각자

-의료계의 성인으로 꼽히는 故 장기려 박사의 책상에 마지막까지 유일
  하게 놓여 있던 인물사진이 바로 백인제 박사. 백 박사의 수제자였던
  장 박사 역시 스승에 대한 존경심과 사랑을 실천하여 인술로 우리 국
  민 가슴에 진한 감동을 선사한 인물.

-1946년 11월 우리나라 최초의 민립 공익법인인 재단법원 백병원을 설립.

-1950년 6·25 전쟁과 함께 납북 후 사망.

3. 백인제 박사의 가르침, 격려는 사람을 키우는 힘이다

소년 백낙환을 사랑으로 품은 백 박사는 "조카도 자식이다."라는 믿음
으로 낙환 소년에게 무한한 사랑과 신뢰를 보냈다. 성실하고 공부 잘하는
조카 낙환의 모습에 미래의 백병원 후계자로 본 것인지도 모른다.

당시 낙환 소년은 백 박사의 꿩 사냥에 동행한 추억을 잊지 못했다. 그
는 "사내아이로 대접하며 당당한 사회일원이 되도록 배려하는 데 깊은
정을 느꼈다."고 당시를 회고했다.

특히 식사자리에서 깊은 정을 느끼곤 했다고 했다. 낙환 소년은 "먹어도 먹어도 배가 고팠던 시절, 큰아버지는 항상 말없이 당신의 밥을 소년에게 퍼 주며 잘 먹어야 공부도 잘한다……."고 말했다고 한다.

물론 평소에도 큰아버지의 자상한 관심과 배려는 낙환 소년의 마음을 사로잡았다. 백 박사는 "불편한 것은 없나, 공부 열심히 해라, 필요한 것 언제든지 말해라."고 따스한 격려를 아끼지 않았다.

비록 큰아버지로부터 각별한 사랑을 받았지만 재혼하여 배다른 자식을 키우는 아버지 집에서나 큰아버지 집에서 언제나 외톨이 신세를 면하기 어려웠다.

이런 가운데 큰아버지의 따스한 배려와 사랑은 외로운 소년을 따스하게 감쌌다. 아버지의 역할을 큰아버지가 대신한 셈이다. 이때의 사랑과 가르침은 인당에게 깊은 감동과 교훈으로 평생 남게 된다.

*채근담-"천금을 들이고도 한때의 환심을 사기 어려울 때가 있는가 하면, 한 그릇의 밥으로도 평생의 감복을 이룰 수 있다."

[千金 難結一時之歡, 一飯 竟致終身之感]

: 물질로 베푸는 것은 받는 이의 처지에 따라 그 의미가 달라질 수 있다. 진정한 사랑은 마음에 있는 것이지 결코 물질에 있는 것은 아니다.

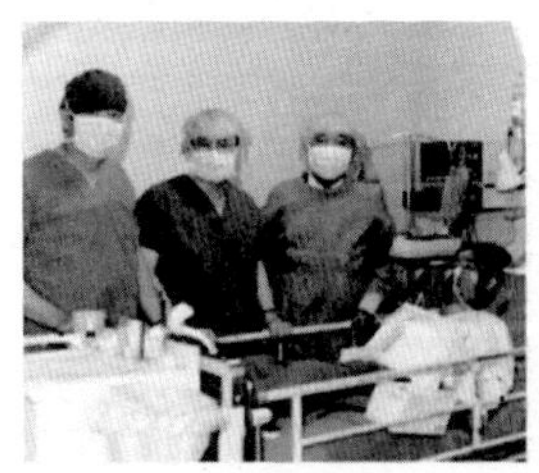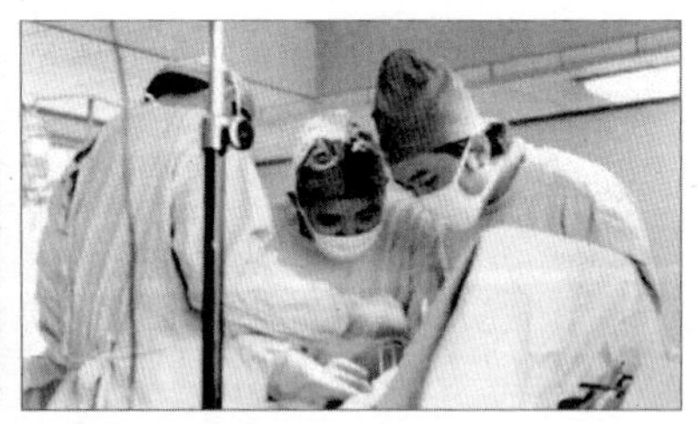

백낙환 박사 진료모습

232

1944년 휘문중학교 졸업 후 이공계 대학 진학할 생각한 고교생 백낙환.
큰아버지 백 박사는 고교졸업반 백낙환을 불러 장래희망에 대해 묻게 된다. 장래희망을 물은 후 '공과대학 진학'이란 말에 "집안에 병원이 있는데, 공대가 웬 말이냐? 의대 갈 준비해라."고 일갈했다. 백 박사의 이런 조언은 바로 낙환 학생의 진로로 결정됐다.

당시 휘문중학교에서 유일하게 백낙환 학생이 경성제국대학 의예과에 합격했다.

1945년 전쟁 말기, 학생들에게도 강제동원령이 내려지고 학교는 휴교 상태로 들어갔다. 고향 정주에서 해방소식을 듣고 다시 서울로 돌아왔다. 대학시절 결핵으로 다시 아버지 집으로 가서 새어머니 최귀란 여사의 극진한 보살핌을 경험했다.

4. 백병원 후계자로 성장

1950년, 백병원 원장 백인제 박사, 당시 의학박사들 중심으로 의학연구와 공부를 위해 운영하던 초독회(抄讀會), 역독회(譯讀會) 파격적으로 본과4학년 백낙환 학생에게 참여를 요청했다. 후계자 수업에 동참시켜 당당한 일원임을 주지시켰다.

한번은 반크로프트(Bancroft) 저서를 주시며, "낙환아, 수혈과 관련된 부분을 깔끔하게 번역해서 선배들 앞에서 발표해라."고 참여 기회를 줬다. 이것은 주인의식과 책임감을 더 높이는 계기가 됐다.

기대와 설렘으로 영광된 자리에 실수가 없도록 번역을 한 후 시간을 재 가며 프레젠테이션을 준비하여 발표한 뒤 백인제 박사는 이렇게 격려했다.

"낙환이가 제법 잘했군. 열심히 공부해라."

하늘 같은 스승으로부터 '격려와 칭찬'을 받고 벅찬 감동으로 더욱 학업에 매진했다. 이런 경험들은 훗날 "훌륭한 의사가 되어 나의 뒤를 따라야 한다."라는 백 박사의 당부가 환영처럼 들리도록 했다.

그러나 1950년 6·25 전쟁과 백인제 박사, 백붕제 변호사의 납북은 새로운 위기로 다가왔다.

5. 서울백병원의 위기와 시련

■ 1차 위기 = 전쟁 위기 속에 쌀장사를 하다 북한군의 포로로······ 낙동강 전선으로 배치받고 가던 중, 연합군의 반격으로 북으로 후퇴. 원주

를 지나 춘천으로 가는 도중 탈출시도. B-29소리에 흩어지는 틈을 타 산비탈을 구르고 달려 기적적으로 탈출성공.

"죽음을 무릅쓰고 달아나지 못했다면 나의 인생은 어떻게 됐을까.-p.85"

졸업 후 군의관으로 군입대……. 1952년에야 백병원으로 돌아왔다.

■ 2차 위기＝1950년대 초 백인제 박사의 제자, 백병원 부원장 김희규 박사의 폭탄선언 "퇴직금도 못 받고…… 내 명의의 땅을 찾겠다."며 백병원 분활을 요구했다. 백병원은 생존의 기로에 놓이게 됐다. 한국최초의 민립공익재단법인 백병원 "누구 개인의 것이 아니다."라며 인당은 재단해체 요구를 반대했다. "창립자 백인제 박사 외는 해체요구 권한 없다."고 대응한 것이다. 김 박사가 가톨릭 대학병원으로 옮겨 가는 것으로 일단락됐다.

■ 3차 위기＝1960년대 세브란스 병원, 가톨릭 병원 등 신축……. 1950년대 낡은 백병원건물로 경쟁력이 없었다. 1963년 3대 백병원장 취임(백낙환 박사) 후 1969년 서울백병원 기공식을 했다. 건설비 부족으로 부도위기를 맞았다. 건설회사는 건설을 중단했고 은행은 대출이 막혀 버렸다. 큰어머니인 백병원 재단이사장 최경진 여사는 경영난에 처한 백병원을 영락교회에 헌납할 것을 강권했다. 영락교회의 백병원 경영권 요구는 백병원 해체를 의미했다. 백 박사의 반대와 최 여사의 단호함이 맞섰다. 최 여사는 "조카님 갈 길로 가시오……."라며 단호한 태도를 보였다. 영락교회 한경직 목사의 철야기도는 다른 결과를 가져왔다. "병원은 전문가가 운영해야 하고, 사명감도 있고 책임감도 있는 사람이 해야 한다."며 영락교회 인수가 부적절함을 제기했다. 영락교회 스스로 물러난 셈이다.

■ 4차 위기 = '세상은 도움받을 자격이 있는 사람을 기꺼이 도우려 한다' 엔드류 카네기

1970년대 초 백병원 재건과정에 또다시 위기가 터졌다. 건설비 부족으로 건설회사와 갈등, 끝내 공사는 중단됐다. 자금결제문제로 건설회사 세 차례나 바뀌었다. 진료하면서 돈 꾸러 다니는 등 백방으로 노력했으나 좌절의 연속이었다. 백두진 전 국무총리(휘문중학교 선배)와의 도봉산 만남이 계기가 됐다. 당시 국무총리는 재무장관을 겸직하고 있었다. 은행장에게 전화 한 통 하여 5억 원의 대출을 받아냈다. 그 후 한 번 더 도움을 요청하여 다시 5억 대출에 성공했다. 백병원 건립에 숨은 은인으로 백두진 전 국무총리가 손에 꼽힌다.

■ 5차 위기 = 1975년 백병원 완공 직후 익명의 투서사건

백병원이 탈세를 했다며 세무서에 익명의 투서가. 근거 없는 모함이었지만 백병원 탈세사건으로 언론에 보도되고 수사만 시작해도 병원은 문을 닫아야 할 형편. 아우 백낙서의 장인이 당시 김치열 전 법무부 장관의 도움으로 고비를 넘겼다. 인맥의 중요성과 평소 자기 관리의 중요성을 확인.

1972년 백병원 부분준공, 1975년 현재의 모습으로. 백병원 구석구석 땀과 혼이 밴 애정의 결집체. 서울백병원의 성공은 훗날 부산백병원, 인제대학교 건립, 상계백뱅원, 일산백병원, 동래백병원으로 이어지는 초석이 됐다. 작은 성공이 큰 성공으로 이어지는 법.

거듭된 역경 속에서도 정신적 지주요 큰 스승인 백인제 박사에 대한 믿음과 사랑, 책무정신이 백낙환 박사에게 불굴의 신념과 용기를 준 것이다.

백병원이 오늘날 성공할 수 있었던 배경에는 백낙환 박사의 백인제 박

사에 대한 인간적 신뢰와 보은정신, 사회적 책무가 강했기 때문이다. 사사롭게는 큰아버지이기도 하지만 그전에 당대 최고의 외과의사이자 스승의 공익정신과 인술제세의 정신을 계승, 발전시켜야 한다는 의무감이 강력한 동기부여가 됐다. 일찍이 어머니를 여의고 큰아버지 밑에서 엄격하지만 자상한 배려와 정을 받았던 어린 시절의 깊은 감동은 큰아버지의 못다 한 꿈과 한을 반드시 '내 손으로 풀고 일궈 내고 말겠다'는 신념으로 똘똘 뭉쳐 있었기 때문이다.

*채근담-"역경과 곤궁은 사람을 단련시키는 용광로이다."

[橫逆困窮은 是煅煉豪傑的一副鑪錘]

: 그 단련을 제대로 받으면 몸과 마음이 함께 이로울 것이다. 그러나 그런 단련을 받지 못하면 몸과 마음이 함께 손해를 볼 것이다.

6. 名醫 백인제 박사가 인당에게 준 교훈

-자상한 배려와 따스한 사랑이다

: 객지생활, 남의 집 생활 속에 자칫 비뚤어질 수도 있었지만 큰아버지
는 친아버지와 같은 깊은 배려와 사랑으로 감싸 줬다. 밥 더 주기, 사
냥에 동행시키기……. 일상생활 속의 배려와 친절을 소중히 하라. 나
의 작은 친절한 행동이 상대를 크게 감동시킬 수 있다.

-인생의 항로에 대한 진지한 물음과 자상한 인도이다

: 공대로 가도 나름대로의 인생이 있었겠지만 의과대학으로 진로를 잡
아 주고 이끌어 줬다. 기초를 튼튼하게 다져 놓은 뒤 스승은 떠났지
만 제자는 자생력을 가지고 일어설 수 있었고 스승의 사랑과 기대를
생각하며 시련을 극복할 수 있었다. 자상한 조언과 지도는 한 인간의
인생항로를 바꾸기도 한다.

-인간관계에 있어 신뢰의 중요성을 강조하고 있다

: 작은 일을 하나씩 맡겨 보면 그가 어떻게 어떤 자세로 임하고 해결하
는지를 알 수 있다. 작은 신뢰가 쌓여서 큰 신뢰로 이어지는 것이다.
사사롭게는 조카이기도 했지만 그를 후계자로 볼 수 있는 안목과 판
단은 바로 신뢰감에서 나온 것이다.

-칭찬, 친절의 중요성이다

: 사춘기시절, 학창시절은 상처받기가 쉽다. 더구나 친부모의 사랑이 결
핍된 아이들에게는 흔히 저항심, 애정결핍증에 따른 이상행동 등이
나타날 수 있다. 그런 부정적 요소를 격려와 자상한 보살핌, 칭찬으로

감싸고 포용했다. 질책은 어쩌다 필요하지만 칭찬은 항상 필요하다.

-공익을 위하는 실천적 자세의 중요성이다

: 우리나라 최초의 민립 공익재단병원을 손수 만들어 사사로운 욕심을
보이지 않았다. 오늘날 백병원이 사익보다 공익, 사회적 책무 등을
중시여기는 이유는 바로 이런 백인제 박사의 의료철학을 실행한 백낙
환 박사의 의지에서 비롯된다. 현대사회에서 모두가 이익을 쫓는다고
탓할 수는 없다. 기업의 목적은 이윤을 추구하는 것이다. 다만 병원 등
은 이윤도 무시할 수 없지만 사회적 책무정신이 항상 강조돼야 한다.

-스승의 중요성이다

: 훌륭한 스승이 훌륭한 제자를 만드는 법이다. 선생의 입장에서 항상
자신의 모습과 강의방식을 되돌아보게 한다. 선생 역시 항상 공부하
는 자세, 책을 가까이하는 자세를 제자에게 보여 줄 수 있어야 한다.
행동만큼 중요한 가르침이 없다. 어느 시대 어느 사회에서나 훌륭한
제자는 훌륭한 스승의 자양분을 먹고 자라난다.

-역경과 시련을 통해서만 진정한 리더는 성장한다

: 좌초 위기에 몇 번이나 직면한 백병원을 붙잡고 견뎌 올 수 있었던
이면에는 백인제 박사에 대한 지극한 존경심과 신뢰가 있었다. 어딘
가에서 자신을 지켜보는 태산 같은 큰아버지의 가르침과 자상한 눈
길, 기대는 시련을 맞을 때마다 이를 돌파하는 추진력으로 작용했다.
시련마다 견디기 힘들었지만 이를 극복했을 때는 엄청난 에너지와

자신감이 생기는 법. 두 백 박사는 서로를 위해 신뢰와 사랑을 주고받으며 시너지 효과를 만들어 냈다. 역경을 피하지도 말고 주저앉아서도 안 된다. 세상은 '도움받을 자격이 있는 자를 향해 언제든지 손을 내미는 법'이다.

-집중력의 힘이다

: 소년 백낙환은 스승의 기대에 부응하기 위해 80평생을 오직 한길로 고독하게 걸어왔다. 우선은 서울백병원 유지와 재건에 힘을 쏟았다. 그 이후 병원경영과 교육에 평생 모든 것을 바쳤다. 재단에 전 재산을 털어 넣으며 투명경영에 앞장섰다. 사사로운 욕심이나 재산축적 같은 것은 찾을 수 없다. 이것은 백병원, 인제대학교의 정신적 힘이다. 한 개인의 힘을 집중할 때 스러져 가던 종합병원을 재건하고 그것을 전국 6개로 키워 낼 수 있는 것이다. 교육불모지 김해 같은 지방에서 이만한 사립대학 만들어 내기도 기적에 가까운 일이다.

*채근담-"마음이 곧고 진실하면 서리를 내리게 할 수 있다."
[人心一眞하면 便霜可飛하고 城可隕하며 金石可貫이라]
: 사람의 마음이 한결같이 진실하면 곧 서리를 내리게 할 수도 있고, 성을 무너뜨릴 수도 있으며 쇠와 돌도 뚫을 수 있다. 송나라 대유학자 주희는 '정신 일도 하사불성'이라는 표현으로 집중력의 중요성을 강조했다.

일곱

인당리더십과 CEO 칭기즈칸

1. 칭기즈칸에 대한 평가

칭기즈칸에 대해서는 극과 극으로 평가가 엇갈린다. '인류역사상 가장 위대했던 정복자는 칭기즈칸이었다'는 극찬이 있는가 하면 '문명의 파괴자', '대량 살육자', '신의 저주' 등과 같은 수식어도 함께 한다. 어느 쪽을 보느냐에 따라 이런 평가는 모두 일리가 있는 것이다.

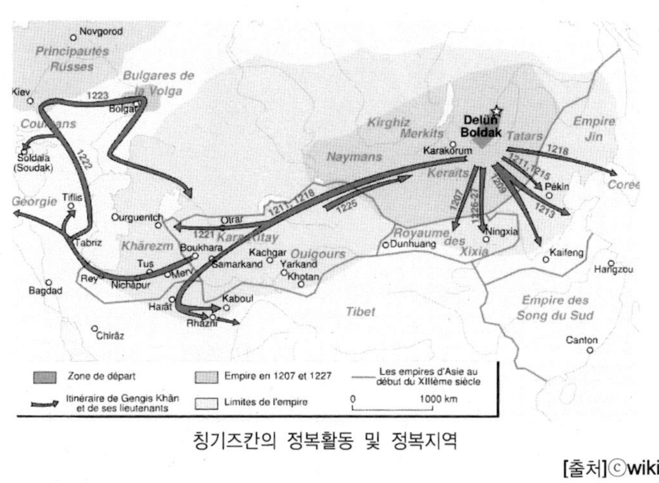

칭기즈칸의 정복활동 및 정복지역

[출처]ⓒwiki

그가 살아생전 정복했던 땅의 넓이는 알렉산더의 2.2배, 나폴레옹의 6.7배, 로마제국 영토의 4배에 해당하는 넓이였다고 한다(닥터 장샘, 칭기즈칸, 2000). 그의 후손들이 팽창시킨 몽고제국 땅의 넓이는 인류사상 가장 큰 것이라고 한다. 물론 땅 넓이가 반드시 위대함을 의미하는 것은 아니다. 그러나 그가 쟁취한 영토와 이룩한 제국에 대한 평가까지 부정할 필요는 없다.

동서문명의 교류를 가능케 했고, 종이와 화약, 나침반 등을 동에서 서로 전래하는 등 인류문명 발전에 기여했다는 점도 거론할 수 있다. 수리학과 유리의 제조법, 천문기상학의 개념은 서에서 동으로 전래됐다고 한다. 이런 인류문명사적 관점에서보다 칭기즈칸이라는 인물에 대한 인간적 접근이 더욱 매력적이었다.

칭기즈칸

[출처]ⓒwiki

특히 자기 이름도 쓸 수 없는 문맹의 환경에서조차 현자를 우대하며 지혜를 터득해 나간 삶의 방식, 수많은 정복자들이 측근이나 부하들의 배신 속에 사라져 갔으나 충직한 참모들의 마음을 얻었던 칭기즈칸의 리더십, 아버지 예수게이의 뜻하지 않은 사망 속에 일찍이 닥쳐온 위기와 시련을 극복해 나가는 불굴의 도전정신, 척박한 환경, 모래알처럼 흩어지기 쉬운 유목민을 통합, 단결시켜 끝내 몽골통일과 제국을 이룩해 내는 집념 등은 단순한 흥미의 차원을 넘어 경이에 가까웠다. 더구나 가혹한 환경을 극복하며 집념을 이뤄 나가는 과정 하나하나는 후세인들에게도 큰 교훈을 주고 있다.

그에 대한 역사의 평가가 어떻게 내려지던 그의 삶의 방식과 철학 등은 오늘날 현대를 살아가는 우리들에게도 많은 교훈을 주고 있다. 인당리더십의 관점에서 그가 어떻게 성공할 수 있었는지 살펴보고자 한다. 칭기즈칸에 대한 책은 많이 나와 있으며 관련 저널도 많다. 여러 서적을 읽은 후 주관적인 해석과 평가를 시도했다. 이제 그가 왜 성공할 수 있었던가에 대해 인당리더십과 비교하여 살펴본다.

칭기즈칸에 대해 후세에 전해 오는 말

—칭기즈칸이 직접 이렇게 말한 것인지는 알 수 없으나
오늘날 실패와 좌절 속에 남 탓, 부모 탓 하는 나약한 패자들에게 큰 교
훈을 주는 명언이 되고 있다. 칭기즈칸의 일생을 이렇게 간결하게 함축하
여 표현하기도 어렵다. 업적을 낸 영웅의 불굴의 투지가 느껴진다.

집안이 나쁘다고 탓하지 말라.
나는 들쥐를 잡아먹으며 연명했고
목숨을 건 전쟁이 내 직업이고 내 일이었다.

작은 나라에서 태어났다고 말하지 말라.
그림자 말고는 친구도 없고 병사로만 10만,
백성은 어린이, 노인까지 합쳐 2백만도 되지 않았다.

배운 게 없다고 힘이 없다고 탓하지 말라.
나는 내 이름도 쓸 줄 몰랐으나
남의 말에 귀 기울이면서 현명해지는 법을 배웠다.

너무 막막하다고 그래서 포기해야겠다고 말하지 말라.
나는 목에 칼을 쓰고도 탈출했고
볼에 화살을 맞고 죽었다 살아나기도 했다.

적은 밖에 있는 것이 아니라 내 안에 있었다.
나는 내게 거추장스러운 것은 깡그리 쓸어 버렸다.
나를 극복하는 그 순간 나는 칭기즈칸이 되었다.

2. 칭기즈칸에 주목한 이유

수많은 역사의 영웅들 가운데 유독 칭기즈칸에 주목하고 여기에 특별히 소개하는 이유는 단 두가지때문이다. 하나는 상생의 정신 혹은 나눔의 정신의 실천이다. 인당리더십의 관점에서 상생과 나눔은 주요한 가치며 겹치는 가치철학이다. 물론 정복자에게 무슨 상생의 마인드가 있느냐는 논란이 있을 수 있지만 칭기즈칸의 몽골통일과정과 세계정복사의 이면에 나름대로 그 당시의 상생과 나눔은 주요한 화두였고 가치철학이었다는 점을 읽을 수 있었다. 그 때문에 그는 수많은 영웅가운데 특이하게도 참모나 부하의 배신을 당하지 않은 매우 희귀한 지도자였다는 점은 오늘날 지도자들에게도 많은 것을 시사한다.

칭기즈칸은 상생과 나눔의 정신을 통해 민족을 통합했고 몽고를 통일하고 나아가 제국을 건설했다. 척박한 환경조건에서 불학무식한 몽골 산골짝 사나이가 이룩한 위업치고는 어떤 관점에서도 대단하다는 평가를 하지않을 수 없다. 그의 철학과 가치관, 리더십 등은 앞으로 다양하게 논의될 것이다.

비록 배우지 못했지만 현자를 존중했고 가까이 두며 배우려고 노력했다. 비록 적일지라도 인재를 귀하게 여기고 참모들의 조언을 소화해내는 포용력을 보였다. 현대적 관점에서도 칭기즈칸의 주요 철학은 인당리더십의 가치와 겹치는 부분이 많다는 점에 주목했다.

배신과 음모가 난무하는 정치판, 전쟁터에서 부하들의 절대적 신임을 받으며 리더십을 발휘할 수 있었던 원동력은 공정한 배분의 법칙을 실행했다는 점이다. 칭기즈칸은 전쟁이 끝난 뒤 노획물을 나누는데 있어 철저하게 공정의 법칙을 실행했다. 공정한 나눔의 법칙은 부하들이 그를 믿고 따르도록 했고 스스로 겸허하고 소탈한 모습에서 진한 동료애를 느낄 수 있도록 했다. 탐욕스럽거나 사사롭게 재산을 축척하거나 권력을 남용할 때 나타날 수 있는 배신과 권력쟁투를 사전에 차단할 수 있었다.

또 하나의 이유는 그가 수많은 불리한 역경을 뚫고 끝내 위업을 달성했다는 점 때문이다. 인당 역시 가정적으로 결코 유복하다고 할 수 없는 가운데 태어났다. 일찍이 어머니를 여의고 독서와 공부에 매진하며 자기 자신을 먼저 반듯하게 일으킨 후 백병원을 살려내고 6개의 백병원 사단을 키워냈다. 칭기즈칸 역시 어린 나이에 아버지를 잃고 곧바로 시련과 좌절의 시기를 맞게 된다. 수많은 죽음의 위기를 넘기며 전투에서 패배를 하고 포로가 되고서도 포기하지않고 끝내 최종 승리자가 됐다.

단순히 외형적인 승리자가 됐다는 점에서보다 승리로 가는 과정 과정에서 보여주는 공통점에 주목했다. 적이라도 상대가 우월한 무기, 뛰어난 장수는 반드시 높이 평가하고 배우려 한 점. 성공을 위해 다른 병원에서 유능한 의사의 경우 정년퇴임까지 기다려서라도 인재를 모셔오려는 인당의 정성과 집념. 이런 점들은 공통적으로 발견되는 하나의 사례에 불과하다.

칭기즈칸의 재조명을 통해 오늘날 참고하고 배워야 할 것이 매우 많다고 나는 믿는다. 또한 인당리더십에서 강조하는 상생과 나눔, 정직 등은 칭기즈칸의 제국 달성의 원천 리더십이 됐다. 리더십은 어느 누가 가져다 주지않는다. 칭기즈칸도 인당도 스스로 밑바닥부터 때로는 싸우며 때로는 좌절하며 때로는 고뇌하며 하나씩 조금씩 쌓아올린 자기통제, 자기관리의 성공적 결과물이다. 칭기즈칸은 제국을 이룩했고 인당은 종합병원 6 개와 종합대학교, 대학원 등을 성공적으로 이끌어 가고 있다. 칭기즈칸은 당시에는 장수했다고 할 수 있는 60 세의 나이로 전쟁터에서 사망했다. 그는 최후의 순간까지 쉴 줄 모르는 도전정신과 진취성으로 제국의 깃틀을 마련했다. 인당은 80대의 나이에도 현역 CEO로 뛰고 있다. 칭기즈칸이나

인당 모두 앞을 향해 일로매진했다. 최후의 땀방울을 과업성취에 쏟고 있는 모습, 주위에 훌륭한 참모진을 두며 진두지휘하는 모습, 그 분야와 시대는 다르지만 솔선수범 리더십의 본질은 다르지않다고 봤다.

3. CEO 칭기즈칸의 시련과 성공

[어린 시절 칭기즈칸–어머니의 교육]

-칭기즈칸의 성공 이면에 세 명의 여자가 있다. 그 첫 번째가 어머니 오울룬이다. 오울룬은 어린 테무친에게 동화를 통해 상상력과 생활의 지혜를 가르쳐 준 교육자였다. 당시 독서를 하거나 교육을 받을 수 없는 상황에서 오울룬은 어린이 테무친에게 재미있고 메시지가 분명한 이야기를 전했다.

예를 들면 유명한 화살 이야기를 통해 형제애와 단결의 중요성을 강조했다. 인당리더십에서 강조하는 겸손의 중요함을 이렇게 강조했다.

"작은 호수에 살고 있던 두 마리 거위와 한 마리 개구리가 가뭄으로 인해 이동하게 됐다. 함께 이동하기를 희망한 개구리가 거위에게 자신도 데려가 줄 것을 부탁했다. 개구리는 꾀를 내 작은 버드나무 가지를 가져와서 두 거위에게 양쪽에서 물고 날아가 줄 것을 부탁했다. 자신은 버드나무 중간 부분을 물고 있으면 된다고 했다. 이 희한한 광경을 지켜보던 사람들은 '영리하고 재주 좋은 거위'라고 칭찬했다. 이에 비위가 상한 개구리가 아래쪽 사람들을 향해 '이것은 내가 생각해 낸 꾀요.'라고 소리쳤다. 그 순간 개구리는 나뭇가지를 놓치고 떨어져 죽었다."

이런 내용을 테무친에게 전한 후 오울룬은 반드시 물었다. "이 이야기가 전하는 교훈은?"

그리고 메시지를 정리했다. "사람은 아무리 좋은 꾀를 가지고 있어도 누구의 도움이 없이는 그 목적을 이룰 수 없다는 것.", "더욱 중요한 것은 남이 평가해 줄 때까지는 이를 나타내려고 해서는 안 된다, 자만심을 버리라는 것." 등이다.

또 다른 오울룬의 대표적인 동화 이야기.

"옛날 한 사냥꾼이 그의 아내와 어린 아들과 함께 몽고의 광막한 숲에서 살았다. 어느 날 새끼 여우를 잡아 왔다. 어린 아기와 새끼 여우는 함께 자랐고 서로 좋은 친구가 됐다. 어느 날 사냥꾼은 숲으로 사냥을 나갔고 어머니는 여느 때처럼 아기와 새끼 여우를 막사에 남겨 놓은 채 들판으로 양을 먹이러 나갔다. 한나절이 지난 후 사냥꾼이 돌아왔을 때 발견한 것은 막사 앞에서 헐떡이고 있는 여우와 그 입에 묻은 피였다. -아뿔

싸 이 여우가 내 아들을 잡아먹었구나-. 사냥꾼은 불문곡직하고 칼을 빼 내 여우의 목을 잘랐다. 그가 막사의 출입문을 열고 들어섰을 때 발견한 것은 재롱을 떨며 혼자 놀고 있는 아들과 그 옆에 두 동강이 난 채 죽어 있는 큰 뱀이었다."

어머니 오울룬은 테무친에게 '인간의 경솔함에서 나오는 실수'를 경계 하도록 했다. 성급한 판단은 실패를 부른다. 실수하기 쉬운 인간에게 심 사숙고의 정신은 항상 강조된다.

오울룬은 남편을 잃은 후 아이들을 데리고 배고픔과 배신의 시간에도 아이들에 대한 가르침을 게을리하지 않았다.

"너희들은 꿈을 가져야 한다. 꿈을 가진 자는 살아 있는 자이다. 재산 을 잃은 것은 작은 것을 잃은 것이다. 사람을 잃은 것은 큰 것을 잃은 것 이다. 그러나 꿈을 잃은 자는 모든 것을 잃은 자이다."

인당은 이를 입지(立志)라고 말했다. 인당은 누구나 무슨 일을 하든 뜻 을 세워야 한다고 강조한다. 뜻부터 먼저 세우는 것이 꿈을 위한 급선무 라는 의미다.

-어린 테무친과 어머니의 갈등

덕과 형제애, 상생을 강조하는 어머니와 '정의와 단죄'를 내세우는 테 무친 사이에 큰 갈등이 빚어진다. 테무친이 두 살 위의 배다른 형 벡터를 화살로 쏘아 죽인 일이 벌어졌다. 테무친은 "어머니 썩은 손가락은 잘라 내야 합니다. 그렇지 않으면 손목 전체를 잘라 내게 됩니다."라고 주장했 다. 눈물을 흘리며 어머니는 이렇게 꾸짖었다.

"더러운 개만이 자기의 몸에서 나온 태를 뜯어먹으며, 이기적인 낙타만

이 자신의 먹이를 위해 새끼의 발목을 물어뜯는다. 허둥대는 물오리는 위험에 처한 새끼를 오히려 자기가 삼키며, 판단력이 없는 송골매는 자기의 그림자에 놀라 이를 공격하는구나. 어리석은 흑곰은 절벽을 향해 돌진하며, 광폭한 사자는 자기의 분함을 참지 못한다. 사나운 호랑이는 자기의 먹이를 구분치 않으며 잔인한 구렁이는 살아 있는 먹이를 삼키는구나. 너의 행위가 어찌 이와 다를 바 있느냐.”

테무친은 어머니에게 사죄하며 벡터의 친동생 벨구테이에게 단검을 주고 “나를 정죄하라, 이를 달갑게 받아들이겠다.”며 처분을 요청했다. 벨구테이는 “벡터는 옳지 않았다. 나는 너를 아버지의 공식 후계자임을 인정한다. 너의 입장을 이해한다.”라고 말했다. 둘은 화해하고 포옹했다.

-어머니의 마지막 교육

칭기즈칸이 된 테무친이 동생 카사르를 반역혐의로 체포했을 때였다.

탭탱그리의 모함에 빠져 퍼뜨린 소문 때문이었다. 어머니 오울룬은 눈물을 흘리며 한걸음에 달려왔다.

“나는 아직도 이 집의 가장이다. 그가 도대체 무슨 잘못을 했는가. 하늘이 너에게 천재성을 주었다면, 카사르는 남이 따라올 수 없는 활 재주를 주었다. 너의 적이 너를 취하기 위해 달려들 때 그의 화살이 그들을 쓰러뜨렸고, 너의 적들이 반란을 일으킬 때 그의 화살이 그들을 잠잠케 했느니라. 너는 이 땅을 통일했고 이제 더 이상 대항할 적이 없어졌으니 그도 필요 없게 되었다는 뜻이구나. 너는 그럴 수 없다.”

오울룬은 젖가슴을 풀어헤치며 “너는 이 오른쪽 젖을 먹고 자랐고 카사르는 왼쪽 젖을 먹고 자랐다. 너가 이제 와서 카사르를 제거하려 한다면, 이 왼쪽 젖은 처음부터 없느니만 못한 것이었다.”며 단검으로 왼쪽 가슴을 자해, 붉은 피가 융단을 적셨다. 놀란 테무친은 즉각 어머니를 고 정시키려 했다. 이 사건 후 6개월 만에 어머니는 숨을 거둔다.

[아내 뵈르테와의 결혼]

-테무친의 아내 뵈르테는 칭기즈칸을 만든 주역 중의 한 사람이다. 자 기희생과 용기, 인내 등 최상의 내조로 최고의 사나이를 만들어 냈다. 테 무친과 결혼 3일 만에 뵈르테는 메르키드인들에게 납치된다. 이들이 자신 을 납치하기 위해 온다는 것을 알고 테무친에게 도피를 당부한다.

“여자는 태어나는 것이지만 남자는 만들어지는 것이에요. 한 남자가 만 들어지기에는 정말 오랜 세월이 걸려요. 허무하게 목숨을 버리지 마세요.”

뵈르테는 훗날 테무친을 내조하며 제1부인의 역할을 훌륭하게 해낸다.

[아버지의 죽음과 위기의 테무친]

-아버지 예수게이가 타타르족이 준 독배를 마시고 죽었을 때 테무친은 열 살의 나이에 불과했다. 열 살의 공식적 후계자 테무친을 믿을 수 없었 던 일만 오천 가구의 사람들은 흩어지기 시작했다. 테무친 가족의 시련도 함께 시작됐다.

-예수게이의 핵심참모였던 탈구타이와 토도겐 등이 반란의 핵심인물이었다. 탈구타이는 타이추트족들을 이끌고 말과 소를 비롯한 가축의 무리와 기타 재산을 이끌고 떠나고 테무친 가족만 남겨졌다. 이것이 첫 번째 위기였다. 극한의 가난 속에 들쥐를 잡아먹어야 했던 시절이 바로 이 무렵이다.

4. 테무친의 위기와 극복기

위기는 꿈을 꾸는 자에게는 누구에게나 다가온다. 이를 극복하면 성공하는 밑거름이 된다. 테무친에게 위기는 생존의 문제, 생사의 문제로 절체절명의 것이었다.

전쟁을 일상생활처럼 해 온 테무친에게 위기는 헤아릴 수 없이 많았다. 몇 가지만 정리해도 이렇게 대별할 수 있지만 이보다 훨씬 더 많았다는 것은 짐작하고도 남는다. 그래서 테무친은 '첩보'의 중요성을 강조했다. 적의 움직임을 미리 알기 위해서는 첩보역할을 할 사람들을 요소요소에 배치하고 수시로 정보를 분석했다. 실제로 이 덕분에 몇 차례 위기에서 살아남았고 전쟁을 승리로 이끌 수도 있었다. 첩보총사령관으로는 자신의 동생이자 심복인 카사르가 전담했다. 지금의 국정원장을 측근에게 맡긴 것은 예나 지금이나 다를 바 없다.

1차 위기＝예수게이의 죽음으로 리더십 공백이 왔을 때. 모두가 떠나고 가족들만 남아 들쥐를 잡아먹으며 목숨을 연명해 나갔을 때. 처절한 가난과 인간적 배신을 경험했다.

2차 위기＝탈구타이가 부하들을 이끌고 15세 테무친을 찾아왔을 때 밀림지역 '타이가'라는 곳에서 9일간 버티기를 했을 때. 낙엽을 담요 삼아 몸을 덮거나 말 등에 엎드려 자고 나뭇잎에 고인 아침이슬을 모아 마셨다. 위기 상황에서 생존법을 체득했다. 도피 9일째 기진맥진한 채 거의 무의식상태에서 죽은 아버지에게 도움을 요청하다. 아버지는 "안에서 못 찾았으면 밖에서 찾아라."는 계시를 하는 듯했다. 이를 실행하기 위해서는 용기가 필요했다. 그를 죽이기 위해 기다리고 있는 자들에게 스스로 몸을 던져 살길을 찾아내기 위해 항복했다. 필요하면 항복이라도 해야 한다.

3차 위기＝생포된 뒤 통나무 칼로 경비병을 내려치고 도피에 나섰을 때. 기회는 누구에게나 오는 법이다. 그러나 기회를 포착하기 위해서는 예리한 판단력과 이를 실천에 옮길 수 있는 용기가 필요한 법. 성공과 실패를 가르는 기준이 된다. 도주를 시작하면서 오논강의 한 지유의 수초가 우거진 개울물 속에 수면위로 머리만 내어놓은 채 몸을 숨기고 수색대를 피할 때였다. 한때 아버지의 충신이었던 소칸 시라가 발견했지만 못 본 척 지나쳤을 때 그는 또 한 번 기회를 잡았다. 예수게이의 은덕을 입었던 소칸시라는 테무친을 수색과정에서 발견했지만 고발하지 않았다. 탈출에 결정적 도움을 줬다.

4차 위기＝오논강물의 얼음처럼 차가운 물속에서 위기를 넘긴 후 다시 소칸시라를 찾아 나섰을 때. 소칸시라의 두 아들 침바이, 칠라운이 통나무 칼을 벗겨 주고 막내딸 카다안이 감시역으로 도와줬다. 절체절명의 위기에 혼자서 모든 어려움을 극복할 수는 없다. 도움이 필요할 때는 도와 달라고 요청해야 한다. 소칸시라 가족들은 배신자로 낙인찍혀 처형당할 수도 있는 위험을 무릅쓰고 3일 동안 숨겨 줬다.

5차 위기＝타이추트족과의 전쟁에서 추격하던 중 독화살을 맞고 사경을 헤매다 젤매의 도움으로 극적으로 살아나다. 참모의 헌신적인 충성은 죽어 가던 리더를 살려 냈다. 인당도 수많은 일급 참모들의 도움으로 지금의 백병원을 이룩해 냈다. 그런 참모들의 마음을 얻는 것이 바로 리더십의 핵심이다.

6차 위기＝토그룰 왕칸과의 혼인문제로 사이가 뒤틀리다. 왕칸의 아들 셍굼은 자무카와 함께 테무친을 주살하기 위해 혼인성사를 내세우며 거짓으로 초대를 했다. 아들 주치와 함께 10여 명을 이끌고 셍굼진영으로 가던 테무친. 뭉글릭과 코코추를 만나 "참석하지 않는 것이 좋겠다."는 조언을 듣고 중간에 길머리를 돌린다. 이미 검토된 것이고 결정 난 사안이었지만 의심하면서도 자기 진영을 떠났던 것이다. 그러나 '아니다'라는 판단이 들면 즉각 되돌리는 유연성이 있었다. 이것이 그를 위기에서 다시 구해 냈다. 이 때문에 셍굼, 왕칸과의 전쟁이 시작되고 거꾸로 이들을 물리쳐 몽고통일의 꿈을 이루는 계기가 된다. 위기가 기회가 되고 이 기회를 살린 테무친은 몽고 통일의 꿈을 실현해 나간다.

그 후로도 그의 위기는 전쟁을 치를 때마다 반복된다. 그러나 그는 부상을 당하면서도 끈질기게 자신의 야망을 위해 전진 또 전진했다. 1227년 8월 18일. 그의 나이 60에 마지막 숨을 거두며 그가 전쟁터에서 자신의 곁을 지키던 두 번째 부인 예수이에게 남긴 말이다.

"한 사나이의 꿈을 이루기에는 인생은 너무 짧다. 나는 오로지 한 가지만을 생각했다. 그것은 바로 몽고인의 영광이었다. 전 세계를 정복하라. 그리고 다시는 전쟁이 없는 1천년의 제국을 건설하라."

5. 테무친의 위기돌파 리더십

테무친은 위기 속에서 어떻게 돌파했을까. 생사를 넘나드는 상황에서 때로는 동물적 본능으로 때로는 초인적인 힘으로 때로는 타인의 도움으로 위기를 극복했다. 누구나 닥치게 될지도 모르는 인생의 위기에서 칭기즈칸의 용기와 지혜를 원용하여 이를 헤쳐 나가 보자.

1차 극복기＝실패를 거듭할 때는 전환의 계기를 찾아라.

테무친은 약혼 후 8년 만에 극적으로 뵈르테와 결혼에 성공했다. 뵈르테의 아버지 데이 세첸은 당시 일만여 가구를 거느린 리더였다. 예수게이와의 의리를 저버리지 않고 뵈르테와의 결혼을 허락했다. 테무친 일가의 어려움을 알고 많은 혼수품과 2백여 마리의 양과 두 마리의 황소 등을 보냈다. 빈집에 소 들어오는 격으로 빈털터리 테무친에게는 큰 행운을 잡은 셈이다. 혼수품 중 담비털가죽으로 된 망토는 최고의 선물로 훗날 케레이트 족장 토크룰칸에게 선물하여 마음을 얻는 데 큰 도움이 된다. 예나 지금이나 물질이 가는 곳에 마음이 가듯 값진 선물은 사람의 마음을 사로잡는 데 유용하다.

2차 극복기＝보다 큰 뜻을 세워라.

흩어진 부족민과 동지를 찾으며 뜻을 세웠다. 이때 테무친이 보골추에게 전한 말이다.

"뜻이 있는 자 앞에는 길이 있고, 하늘은 스스로 찾는 자를 사랑하는도다. 보이지 않는 것을 보는 자는 현명한 자이며, 변화를 두려워하지 않는 자는 용감한 자로다. 도전하는 자만이 얻을 수 있고, 알을 깨고 나오는 자만이 하늘을 날 수 있도다.”

자기 스스로를 먼저 세우고 동지를 찾아야 한다. 뜻이 있는 곳에 길이 있듯이 ‘입지(立志)’가 얼마나 중요한가를 실감하게 된다. 인당이 강조하는 입지를 기억하자.

3차 극복기 = 약할 때는 강자에게 의지하라.

조직이 무너진 테무친은 당시 몽골리아 고원에서 가장 막강한 세력 중 하나인 케레이트족의 족장인 토그룰을 찾기로 작정했다. 테무친은 “높은 곳에 오르려면 사다리가 필요한 법. 우리가 그에게 매우 유용한 존재가 될 것이라는 느낌을 주는 이상, 그는 우리를 받아들일 것이야.”라고 말했다. 강자를 찾아가지만 무작정 가서는 안 된다. 강자는 더 강한 자가 되고자 한다. 강자의 테스트가 어떤 형태로 이루어질지 알 수 없지만 준비해야 한다. 비록 토그룰이 예수게이와 안다관계(형제관계)를 맺고 있었지만 테무친 일행에 대해 실망했다면 결과는 달라질 수 있었다.

4차 극복기 = 강자의 테스트에 합격하기 위해 지식과 정보로 항상 준비돼 있어야 한다.

리더는 똑똑해야 한다. 리더가 되고자 하는 자는 현명한 판단과 정보를 확보하고 있어야 한다는 점을 잘 보여 준다. 토그룰을 찾은 테무친은 입체적인 면접고사를 치르게 된다. 여기서 토그룰 칸의 입을 벌리게 만든다. 토그룰 칸은 실질적 고민이자 해결책을 은근슬쩍 테무친에게 묻는다. 구두문제인 셈이다. “내 주수입원은 남쪽의 사막을 지나치는 대상들로부터 세금을 거둬들이는 것이다. 탕구트족들이 종종 내 영역을 침범한다. 어떻게 하면 좋을까?”

테무친은 탕구트족의 시샤왕국을 치려면 먼저 당시 여진족이 세운 금제국과 동맹부터 맺으라고 조언했다. 그런 후 남북에서 협공하면 쉽게 목적을 이룰 수 있다는 것이다. 문제는 금과 어떻게 동맹을 맺을 수 있을 것인가 여부. 여기서 테무친은 금과 적대관계인 타타르족을 친다면 금의 황제는 동맹에 응하게 될 것이라고 말했다. "기다리셔야 합니다. 금의 여진인들은 오래지 않아 반드시 칸의 도움을 요청하러 올 것입니다. 그전에는 절대로 타타르인들을 치시면 안 됩니다." 테무친은 정확하게 부족 간 역학관계, 우호관계를 꿰뚫고 명답을 올린 것이다.

토그룰은 "몽골리아 고원의 산골짜기에서 들쥐와도 같이 숨어 지내던 한 촌부에게 어떻게 이런 국제적 식견이 있단 말인가"라며 경탄했다. 토그룰은 "나는 그대에게 흩어진 부족원들을 다시 모아 줄 것이다."라고 말했다. 리더로 인정하며 지원을 약속했다. 테무친은 불확실했던 외교전을 대승리로 이끈 셈이다. 몽골리아 고원의 최강자 토크룰 칸의 신임을 얻었고 그와 부자의 인연까지 맺은 것은 대성공의 교두보를 확보한 것이다.

5차 극복기＝기회를 찾아 몸으로 부딪혀라.

첫 전투에서 나타난 테무친의 군사조직술과 병법은 천부적이었다.

메르키드족을 공격하기 위해 최선두에서 특공작전을 펼친 테무친은 2천 명의 자기 군대로 기습에 성공, 적의 심장부에 직격탄을 가했다. 전위대와 중앙본대, 좌익대와 우익대, 후위대 다섯 편대로 편성. 전위대는 카사르가 맡은 활쏘기의 명수 궁수들로 구성했다. 중앙본대는 경기병대와 중기병대로 나눴고 파괴의 주력부대인 중기병대에 8백 명의 인원을 배치했다. 부대 간 연락이 가능하도록 깃발과 연기, 횃불과 소리 나는 화살(고도리) 등을 활용했다. 첫 전투에서 용맹성과 전략의 치밀함으로 자타가 공인하는 리더로 부상했다. 인당 역시 서울 백병원을 세우는 과정에서 좌절과 실패를 거치며 이를 하나씩 극복해 나가는 과정에서 자연스럽게 리더십이 생겨났다.

6차 극복기 = 덕장이 명장을 능가한다. 인성을 갖춰라.

권위적인 자무카의 상당수 군사들이 그들의 주군을 버리고 인간적이고 신뢰할 만한 테무친을 따라온 것은 필연이다. 자무카와의 결별을 예고하지만 승부는 여기서 사실 갈려 버렸다.

테무친이 메르키드족과의 전쟁에서 보여 준 탁월한 전쟁수행능력과 용감성, 행정가로서의 우수성, 공정한 전리품의 분배와 모든 이를 공평히 대해 주며 출신성분이 아닌 능력에 따라 대우를 해 주는 정책이 큰 호응을 얻었다. 이들은 테무친이 다시 일어서는 데 큰 힘이 됐다. 그들은 테무친을 이렇게 평가했다.

"그는 양치기와 동일한 음식을 먹으며 의복도 그들과 다를 바 없다. 그의 말을 타 보고 싶은 사람은 누구나 탈 수 있다. 이 자야말로 고원을 통일해서 나라를 세울 수 있는 자이다."

7차 극복기 = 적으로 변한 자무카와 달란 발주트의 전투에서 참패했다. 섣불리 만용을 부리지 말고 때를 기다려라.

테무친을 따르던 무리들은 다시 흩어졌다. 전쟁에 패한 한 집단의 우두머리는 자신의 부하의 손에 죽임을 당하는 것이 당시 몽골리아 고원의 상황이었다. 그러나 테무친은 초원에 조용히 묻혀 때를 기다렸다. 자기 자신을 잘 다스렸다. 인간의 위대성은 그가 어떻게 승리했느냐에 달려 있지 않고 어떻게 패배를 극복했느냐에 달려 있다. 테무친은 다시 고난의 험로를 걸어야 했다. 한 줌의 참모들과 함께 주린 배를 움켜쥐고 오지로 오지로 도망 다녀야 했다. 그러나 때를 기다리며 준비했다.

8차 극복기＝왕칸과의 전투에서 다시 패했다. 그러나 포기하지 않고 끝내 다시 기회를 노리며 재도전했다.

한 줌의 참모들과 함께 오지 발주나 호수까지 퇴진했다. 당시 19명의 부족장과 장군들이 곁에 남아 함께 '충성'을 다짐했다. 발주나의 선약자 혹은 '흙탕물의 동음자(Muddy water drinkers)라는 호칭으로 불렸다. 포기하지 않으며 때를 기다리며 재정비했다. 이슬람교도 자파를 만나 다시 재기에 성공하는 발판을 마련한다. 기다리고 준비하는 자에게 기회는 반드시 다시 오는 법이다.

6. 테무친의 철학—상생과 나눔, 통합의 정신

-가난했던 시절, 친구 보골추의 도움으로 잃어버린 말 8필을 찾은 후 이렇게 말한다.

"친구여, 자네가 없었다면 내가 어떻게 이 여덟 마리의 말을 되찾을 수 있었겠나. 나는 이 말을 자네와 나누기를 원하네. 몇 마리를 원하는지 말해 보게."

보골추 "나는 대가를 바라고 도운 게 아닐세. 나의 아버지는 부자일세."

대가를 바란다면 그것은 거래일 뿐이다. 이기심은 인간관계에 있어서 가장 무서운 적이다. 인간의 이기심은 너무나 강해 그것은 종종 자기 자신뿐만 아니라 주위 사람들마저 파멸에 몰아넣는 수가 있다. 테무친은 보골추의 의협심과 자기를 잊고 남을 돕는 헌신적인 마음에 매료됐다. 보골추는 테무친의 사나이다움과 불굴의 정신에 마음이 끌렸다. 뛰어난 인물은 뛰어난 인물을 알아보게 마련이다. 그것은 그들이 사물과 사람을 정확히 꿰뚫어 볼 수 있는 제3의 눈을 가지고 있기 때문이다.

 -테무친은 아내를 강탈당하고 그의 하인의 죽음을 목격한 후 이렇게 말했다.

 "…… 이 땅 위의 끝없는 반목과 갈등을 종식시키시고 분열과 무질서를 더 이상 방치하지 마소서. 위선과 배신이 득세치 못하게 하시고, 자기만의 집을 짓는 자를 인정하지 마소서.

 모든 이들이 서로 나누며 화합하고, 불의보다는 정의가 앞서가는, 새로운 질서의 창조를 이 땅 위에 허락하소서……."

 "…… 섬길 수 있는 주인을 가진 자와 지조를 잃지 않은 자는 죽어서도 아름답도다."

 -테무친은 전투의 승리과정에서 뵈르테를 찾은 후 이렇게 말했다. 목적을 달성하면 불필요한 살육은 하지 않도록 했다.

 "나는 이미 내가 찾던 목적을 달성했소이다. 더 이상의 살육과 추적은 불필요합니다. 이 시점에서 전투를 중지시키고 싶소이다."

 토크룰과 자무카는 테무친의 의견을 받아들였다. 전쟁은 바로 중단됐다.

 -뵈르테의 출산에 따른 장남 주치의 진짜 아버지 논란이 됐을 때 이렇게 말했다.

 "뵈르테, 나는 그대를 사랑하오. 그대가 납치된 것은 나의 책임이요. 이 아이의 근본이 누구이든 간에 나는 이 아이를 내 첫 번째 아이로 인정할 것이요."

 "주치는 나의 공식 첫째 아들임을 선포한다. 앞으로 아기의 적자 여부를 논하는 자가 있으면 가차없이 목을 벨 것이다."

-포로에 대한 자무카와 테무친의 상반된 태도는 대비된다.

테무친은 메르키드족과의 전투 후 7백여 명의 전사 중 절반 이상을 그의 정규군으로 편입시켰다. 자무카는 1천여 명 포로 중 대장공이나 가죽공, 목자, 노예 등으로 삼거나 처단했다. 테무친의 생각.

"나는 그들이 원하는 것을 제공해 줄 생각이야. 그들이 원하는 것을 얻으면 다른 생각을 하지 않을 걸세."

테무친은 메르키드 전향자들을 향해 이렇게 말했다.

"한마음을 가지시오. 한 개의 신앙만 가지시오. 이 길만이 적을 무찌르고 생존경쟁에서 남을 수 있을 것이오. 나는 여러분들을 모두 공평하게 대우할 것이오. 여러분 중에는 나 자신도 포함하오. 여러분들의 공과와 능력에 따라 정확한 대가를 받게 될 것이오. 나는 나의 언약을 지킬 것이오."

실제로 테무친은 능력에 따라 인재를 등용했고 공과에 따라 공평한 재산분배의 원칙을 지켰다. 그의 날카로운 지혜로 상과 벌은 철저하게 반드시 지켜졌다. 살인자, 배신자, 명령거부자 등에 대해서는 죽음이라는 중벌이 내려졌다.

-서민의 마음을 잡기 위해 노력했다. 권력의 힘은 서민들의 지지와 협력을 통해서 나온다고 믿었다. 따라서 통일을 이루기 위해서는 서민들의 마음을 얻는 리더십이 필요하다고 판단했다. 자무카가 "통일을 이룰 수 있는 힘은 어디서 얻을 수 있는가"라고 물었을 때 이렇게 답변했다.

"아래에서 위로 올라가는 방법, 즉 먼저 아랫사람을 정복해서 힘을 얻은 후 윗사람을 정복하는 것이야. 아랫사람을 정복하는 방법은 자유를 제공하는 것이네."

테무친의 생각은 혁명적인 것이었다. 자유는 승리자, 귀족, 지도자의 특권으로 생각하던 때였다. 당시 몽골리아 고원의 사회체계는 계급사회였다. 각 부족의 우두머리와 그 혈연자는 귀족의 신분이었다. 그 밑에 자유인이기는 하지만 그들의 명령을 들어야 하는 녹호드가 있었다. 그 아래는 자유가 없는 노예 신분인 오토구스보올이 있었다. 또한 부족 간 적대관계가 통일의 큰 걸림돌이었다. 이런 계급사회를 귀족과 천민의 신분을 없애고 능력위주의 사회를 만들겠다는 것은 귀족계급의 자무카에게는 받아들여질 수 없었다.

-참모를 귀하게 여겨라.

"한 사람의 친구나 동지를 얻는 것은 한 장롱에 가득 든 금을 얻는 것보다 더 값지다."

-아내, 참모의 진언을 잘 받아들이라.

"간음자는 사형에 처한다."는 당시의 율법이 있었다. 언제부턴가 뭉글릭이 어머니 오울룬의 처소를 드나든다는 것을 알게 됐다. 뵈르테에게 진위를 확인했다. 뵈르테는 "모르는 척하라. 그 길만이 상책이다. 남녀 간의 문제는 당사자 간에 맡겨 두라." 뵈르테의 간언을 받아들이다.

-은혜는 반드시 갚는다.

침바이, 칠라운이 그를 찾아왔을 때 3일간 잔치를 열고 성대한 환영식을 열어 줬다. 한때 목숨을 구해 준 은인이었던 이들은 훗날 몽고통일에 큰 공을 세우는 핵심참모가 된다.

-어린 생명을 소중히 여겼다.

전쟁으로 몽고를 통일한 칭기즈칸이 어린 생명을 소중히 여겼다는 것은 아이러니다. 그러나 전쟁고아가 된 아이들 중 4~5세 된 아이들을 어머니에게 맡기고 기르게 했다. 이 중 큰 공로를 세운 자가 많았다고 한다.

-아버지 예수게이의 철학 "찾아오는 사람 막지 않고 떠나는 사람 붙잡지 않는다."를 실천했다.

당시 힘이 강할 때는 모여들고 약하면 떠나는 철새무리들의 존재를 좋아하지 않았다. 그래서 더욱 사람들이 모여들게 하기 위해 강자가 되기 위해 노력했다.

-어린 테무친에게 영향을 끼친 아버지의 교육철학

"자기가 하고 싶은 일을 남들로 하여금 대신하게 하는 것이 바로 지도력이다."

"그들에게 공평하라. 사람이 배고픔보다도 더 참지 못하는 것이 불공평이다."

"그들이 너와 함께할 때, 그들이 승자가 될 것이라는 확신을 심어 주라. 그들은 너와 일체가 되리라."

"사람의 마음을 밀고 끄는 두 가지 심성이 있다. 그것은 바로 공포와 탐욕이다."

"사람은 두 가지를 끊임없이 추구하고 있다. 그것은 육신의 안녕과 영혼의 만족이다."

-승리는 그것이 완벽하지 않을 때 결코 승리가 아니다.

철저하고도 완벽한 승리를 원했다. 끝까지 추적하여 후환을 남기지 않도록 했다.

-용감한 자는 적일지라도 높게 평가하고 포용하려고 했다.

질코다이라는 15세 소년의 저격화살에 상처를 입고도 그 소년의 충성심과 용기에 감복. 3일 치 식량을 주며 풀어 주다. 다시 돌아온 질코다이를 제베(화살촉)라는 이름을 붙여 주고 부하로 삼다. 훗날 제베는 만인장의 위치에 오르며 러시아 정벌에 큰 공을 세웠다.

-철저한 실력위주의 승급제도를 도입했다.

종족이나 신분을 따지지 않았고 전쟁에서 공훈을 세운 정도에 따라 승급제를 실시했다.

-철저한 신상필벌을 강조했다.

특히 전몰자 가족에게는 3배의 전리품을 챙겨 줬다.

-아내의 역할을 강조했다.

테무친이 결혼을 앞둔 장남 주치에게 한 말.

"훌륭한 남자 뒤에는 반드시 훌륭한 여자가 있는 법이다. 나는 훌륭한 어머니를 두었고 또한 너의 어머니와 같은 훌륭한 여인을 아내로 얻을 수 있었다. 나는 그 점에 대해 항상 하늘에 감사했느니라……."

-겸손하고 소박한 평등주의자였다.

"테무친은 노예제도를 인정하지 않는다. 그가 먹는 음식과 입는 옷은 우리 양치기와 별반 다르지 않다."라는 인식을 심어 주는 데 성공했다.

-충성심과 정직성을 높이 여겼다. 사랑하는 법을 알아야 사랑받을 수 있다.

5인의 부하에게 잡혀 온 자무카에게 최후까지 설득하다. 그러나 5인의 부하는 처형했다.

자무카가 테무친에게 마지막으로 남긴 말.

"나의 아버지는 일찍 돌아가셨고 어머니는 한동안 나와 함께 했지만 재가하는 바람에 나는 떠돌이가 됐네. 나는 자네와 같이 뛰어난 동생들을 갖지도 못했고 자네와 같이 훌륭한 아내나 동지들을 얻을 수도 없었네.

나는 주위로부터 사랑을 받는 데 실패했네. 그것은 아마도 내가 남들을 사랑하는 법을 배우지 못했기 때문일지도 모르네. 이것이 실패의 근본 원인일세.”

-좋은 것은 적으로부터도 배우지만 주체성은 분명히 하도록 했다.

옐루 추채의 뛰어난 학식과 지식을 높이 평가해 가까이 뒀지만 장, 단점을 분명히 파악하고 있었다. 이를 보는 혜안과 주체성을 가지고 있었다는 사실을 알 수 있다. 4명의 아들을 불러서 이렇게 말했다.

“옐루 추체는 뛰어난 인물이다. 그의 의견을 많이 참작도록 하라. 그러나 그의 영향은 받지 마라. 그는 중국에서 태어나서 자라 중국의 영향을 받은 자다. 중국인들은 진취성이 부족하다. 진취성이 부족한 민족이 세계를 휘어잡은 적은 없었고 앞으로도 없을 것이다.”

몽고군 왜 강했나. 강한 조직은 탁월한 리더십을 요구한다. 1211년 금제국을 칠 당시 칭기즈칸이 동원한 병력은 총 6만 5천여 명. 금제국은 기병 12만 명, 보병 50만 등 도합 62만 명의 대군이었다고 한다. 이를 어떻게 감당할 수 있었던가.

1. 테무친 자신이 전투에 관한 한 천부적인 전략가, 전술가였다. 수많은 실패와 실전을 통한 전투력은 그 누구도 따라올 수 없었다.
2. 기동력이 강했다. 기마병으로 구성된 몽고군은 예상을 뛰어넘는 기동력으로 상대의 허를 찔렀다.
3. 첩보전을 중시했다. 요소요소에 세작을 배치, 주요한 정보를 먼저 파악했다.
4. 장기전에는 가족을 동반할 수 있었다. 심리적 안정을 취할 수 있었다.
5. 끊임없는 새로운 장비를 개발해 냈다. 고도리 활, 깃발을 이용한 정보체계……
6. 독단을 배제하고 참모들의 열린 토론을 보장했다. 특히 뛰어난 자는 적이라 할지라도 아군에 합류시키는 통합의 정치력을 과시했다. 금의 포로 '천재' 야율초재를 얻다. 평생 일급참모로 활용하다.
7. 군율(야싸)을 엄격히 하고 전리품 분배를 공평하게 해서 불평분자가 없도록 했다.
8. 정보전, 연락체계에 능했다. 군단 간 커뮤니케이션이 원활하고 이것은 협동작전을 수월케 했다.
9. 군사령관이나 참모 등은 종족보다 철저하게 능력에 따라 승진시켰다.
10. 철저한 정신무장이 돼 있었다. 칭기즈칸은 "적을 이기기 위해서는 적보다 더 많은 위험을 감수해야 한다."고 주장하며 부하들을 독려했다.

칭기즈칸은 후계자를 어떤 기준으로 누구를 정했을까.

첫째 아들, 주치(33살)
아버지를 따라 수많은 전투에 참가해 몽고제국을 세우는 데 공을 세웠다.
칭기즈칸은 그를 뛰어난 사냥꾼으로 평가했다. 뛰어난 사냥꾼이란 단순히
사냥의 명수가 아닌 그 이상의 의미를 지니고 있었다. 그러나 주치는 그
동안 칭기즈칸의 진짜 아들이냐 여부를 두고 구설수에 오르곤 했다.

둘째 아들, 차가타이(31살)
매우 섬세하고 날카로운 성격의 소유자였고 스스로에게조차 엄격한 규율
을 가하는 칼날 같은 사나이였다. 잘못을 저지른 부하들에게는 가혹한 처벌
을 내리는 것으로 유명했다. 그는 칭기즈칸에 의해 칭기즈칸의 법령인 야
싸의 수호자로 평가받았다. 그러나 칭기즈칸은 그가 속이 좁은 사내라고
생각했다.

셋째 아들, 오고데이(30살)
오고데이는 두뇌가 명석했다. 매우 관대한 성격과 원만한 대인관계를 가
졌다. 뛰어난 판단력과 결단력이 다른 장점이었다. 성채공격용 우수 장비
를 개조하는가 하면 새로운 무기인 나프타의 화염을 멀리 쏘아 댈 수 있
는 기구를 고안해 내기도 했다. 그러나 그는 환락을 즐겨했고 술을 좋아
했다.

넷째 아들, 톨루이(26살)
네 형제 중 전사의 기질을 가장 많이 타고난 자였다. 뛰어난 군인이자 전
략가였고 또한 용감했다. 형제 중 다양한 무기를 다루는 데 가장 능했다.
그러나 너무 잔인한 것이 흠이었다.

전쟁에 관한 이야기

여러 사료에 따르면, 칭기즈칸 부대는 실제로 수많은 사람들의 목숨을 앗아 갔다. 그의 성공과는 별개로 전쟁의 참혹함과 비극은 미화될 수 없다. 톨루이 부대는 저항한다는 이유로 현재의 이란 부근인 머브시를 공략했다. 항복에 협상하는 것처럼 무장해제시킨 후 모조리 몰살했다. 어느 페르시아인은 당시의 참상을 이렇게 슬퍼한 것으로 전한다.

"아, 얼마나 요정 같은 여인들이 그녀들의
남편의 가슴으로부터 떨어지지 않으려 몸부림쳤던가.
아, 얼마나 많은 어린 자매들이 그들의 형제들과
헤어지지 않으려 발버둥쳤던가.
아, 얼마나 많은 부모들이 그들의 꽃봉오리 같은
딸들이 당하는 능욕에 가슴이 심란했을까……"

톨루이는 4천 명의 특별처형대를 편성하여 일인당 3~4백 명씩 할당했다. 이즈 아딘이란 사람은 머브이 참변이 있은 후 이 지역에 당도해서 3개의 거대한 피라밋을 이룬 인간의 머리통과 들판에 끊 없이 널려 있는 시신을 보고 이렇게 말한 것으로 전한다.
"아, 나는 정말 못 볼 것을 보았다. 이 처절한 모습은 내 꿈속에 나타나며, 나의 남은 여생을 내내 괴롭혀 댈 것이다. 이것은 인간의 역사에 기록되어야 한다."
14일에 걸쳐 그가 산출해 낸 희생자의 수는 130만 구였다고 한다. 과거나 현재나 전쟁은 인간의 목숨을 파리목숨보다 가볍게 여긴다. 어떤 형태로든 전쟁은 미화될 수 없다.
인류평화와 민주주의 수호라는 미명하에 2000년대에도 이라크, 아프가니스탄, 팔레스타인 등지에서 부분적인 전투가 지속되고 있으며 수많은 무고한 사람들이 다치고 있다. 이런 비극적 상황은 인류 공동의 노력으로 중단시켜야 하며 전쟁은 규탄돼야 한다.

참고문헌: 칭기즈칸 천년의 제국(배석규). 2004. 굿모닝미디어

여덟

인당리더십 키워드 25:
인당이 말하는 인당리더십 특강

"전기작가 김두남 – '인당리더십에서 전재'"

　이 장은 인당리더십에 대해 인당이 직접 전하는 목소리를 특강형식으로 마련했다. 인당은 개개인의 성공은 물론 이 사회와 국가가 바른길, 성공의 길로 나아가기를 염원하여 평소의 교육철학과 신념 등을 정리했다. 외길 인생을 살아온 자신의 삶을 반추하며 위기 때나 좌절의 상황에서 어떻게 이를 극복해 나왔는지 그 삶의 지혜와 성공의 비결을 들려주고자 한다.

　본 내용에 들어가기 전에 이해를 돕고자 인당의 리더십 키워드 25개를 뽑아 봤다. 인당의 리더십과 철학을 관통하는 공통어라고 판단하여 두 글자로 된 단어 13개와 4자어 12개 도합 25개를 키워드로 선정했다. 80년 외길 인생을 살아온 인당의 리더십을 몇 개의 단어로 요약한다는 것은 무모한 일이지만 보다 분명한 성공의 메시지를 전하기 위해 시도를 해 봤다. 이것은 하나의 참고 정도만 하고 본 내용을 보고 직접 판단, 해석하기를 기대한다.

　두 글자 13개 = 정직(正直), 성실(誠實), 근면(勤勉), 소식(少食), 다동(多動), 절주(節酒), 금연(禁煙), 도전(挑戰), 집념(執念), 겸손(謙遜), 통일(統一), 평화(平和), 상생(相生)

　네 글자 12개 = 인술제세(仁術濟世), 인덕제세(仁德濟世), 여당기질(與黨氣質), 솔선수범(率先垂範), 윤리경영(倫理經營), 파벌극복(派閥克服), 포용정책(包容政策), 한자상용(漢字常用), 환경보호(環境保護), 생명존중(生命尊重), 심신불이(心身不二), 인간(人間)사랑

인당의 핵심어는 새로운 것도 아니고 특별한 것도 아닐 수 있다. 그러나 이를 어떻게 생활과 경영 속에 실천할 수 있느냐는 전혀 다른 문제다. 이런 점을 염두에 두고 이제부터 인당이 직접 여러분들에게 펼치는 인당 리더십의 특강 속으로 들어가 보자.

인당특강————————————————————————————————

1. 들어가는 말

도산 안창호 선생은 청소년에게 무실역행을 역설했었다.

이는 자신의 참가치를 이해하고 그 가치에 맞게 행동하며 열과 성을 다하여 노력하여 실력을 쌓아 자신의 참 주인이 되라는 의미로 받아들여진다.

자신을 알고 자신의 행동에 책임을 질 뿐 아니라 나아가 인과 덕을 실천하는 삶이 완성된 자아가 아닌가. 나는 나의 전 생애를 통해 내가 익히고 실천해 온 나의 철학과 행동 실천, 그리고 비전을 향한 일로 매진(곧은 길)한 키워드, 그리고 건강관리까지의 방법을 공유하여 나의 베풂의 철학을 한 걸음 더 나아가기를 고대하며 이 글을 연다.

2. 성공의-3C(기회, 도전, 변화)

우리들은 미래에 대해 모두들 불안해한다. 그것은 비단 청소년들뿐만이 아니라 나이가 든 사람들도 마찬가지이다. 미래의 불확실성은 그러나 우리에게 부정적 의미로 다가오지는 않는다. 어쩌면 미래가 불확실해서 우리는 미래에 희망을 걸어 볼 수 있다.

완전하지 않다는 점 또한 우리에게 희망적이다. 우리가 할 일이 있고, 그 일을 통해서 우리는 세상에 태어난 이유를 한 가지 더 찾을 수 있다. 이 세상에 태어났을 때는 다 이유가 있다. 저 들에 작은 제비꽃 한 송이도 작은 돌멩이 하나도 다 제자리에 있다고 생각되지 않는가. 이 세상은 먼지 한 톨도 그냥 있는 것은 아니다. 다 그 쓰일 곳이 있는 것이다.

그래서 만남 또한 소중하다. 만남을 통해 우리는 내가 아닌 우리로 거듭날 수 있다. 나 또한 소중한 인연으로 많은 사람을 곁에 두었으며 그들에게 직간접적으로 영향을 받았다.

우리는 그 영향을 어떻게 관리하느냐에 따라 자신의 꿈을 키울 수도 또는 좌절할 수도 있다.

첫 번째 C-chance

기회는 언제나 동전의 양면과 같아서 반전의 묘미를 갖고 있다. 내가 살면서 처음으로 접한 기회는 공과대생이 될 길을 포기하고 의과를 지원한 일이다. 나는 백부 백인제 박사 슬하에서 공부하던 휘문중학교 시절, 백부의 권면으로 의대를 지원했다. 역사에 만약은 존재하지 않지만 공대생이 되었다면 지금의 종합병원 백병원과 인제대학의 탄생이 현실이 되었을지 자못 의심스럽다. 혹자는 기회는 '준비된 자'에게 온다고들 말을 하지만 나는 그 의견에 하나 더 첨가하고 싶다. 자기 자신에 대한 믿음이 우선이다. 기회는 결코 순탄한 길이 아니다. 그 길을 가다 보면 많은 함정과 장애물이 나타난다. 그러나 그 길을 선택했을 때 우리는 자신을 믿고 일로매진 앞만 보고 달려야 한다.

나에게 기회는 언제나 어려움을 동반했다. 첫 번째 기회인 의예과 지망 후 대한민국이 독립이 되었고, 미군정치하(美軍政治下)에서 학업 도중 폐결핵에 걸려 위기에 빠진 적도 있었다. 그리고 1950년 6월 25일에 발발한 한국전쟁으로 전쟁의 소용돌이 안에서 죽음의 경계도 넘어 들었지만 나는 다행히 살 수가 있었다.

백부는 나의 아버지와 함께 북한 공산주의 정부에 의해 납북당하여 생사를 모를 때, 병원은 풍전등화 같은 운명에 처해 있었다. 많은 이들이 병원의 재건을 위해 힘을 썼지만 그러나 그들의 노력은 물거품이 되고 영락교회에 기부될 절체절명의 순간 나는 분연히 일어나 백부를 대신하여 병원의 운명을 내 손안에 쥐었다.

이것이 나의 두 번째 C –challenge 도전으로 운명을 개척한 순간이다. 병원은 회생불능의 중환자 같은 모습이었다. 병원시설은 낡았으며 의료기구는 낙후되어 적자가 누적되어 의사들에게 월급조차 지불하지 못할 지경이었다. 전쟁이 끝난 직후였기에 이곳저곳에서 재건의 망치 소리가 서울의 아침잠을 깨우고는 했지만 우리를 위해 도움의 손길을 내미는 곳은 없었다. 은행 문턱도 다락처럼 높아 백병원이 그동안 쌓아 온 명성의 진가를 보지 못하고 있었다.

내가 할 수 있는 일은 오로지 환자를 돌보고 명의로서 환자를 유치하는 일뿐. 일인 3/4역을 하며 바쁘게 보내자 병원재건이 눈앞에 보였다. 은행에서 융자를 받아 병원을 최신식으로 재건했다. 많은 이들의 도움이 없었다면 결코 이룰 수 없는 일이었다. 이 세상은 결코 혼자서 살아지지 않는다. 사람 인(人) 자가 말해 주듯이 지탱해 줄 누군가가 필요하다.

3인의 은인이 없었다면 백병원 재건은 생각보다 더디게 이루어졌겠지만 하늘은 내게 3인의 귀인을 보내 주었다. 첫 번째는 나의 장인이며, 두 번째는 백두진 전 국무총리 세 번째는 나의 사돈이다. 이들은 백병원 재건 초기에 바람막이가 돼 주었으며 물심양면으로 도움을 주었다. 이들의 도움이 나의 도전 정신과 맞물려 백병원은 기사회생이 되어 지금의 6개의 백병원으로 늘어나게 되었다.

기회는 준비된 이들에게만 오는 것일까? 맞다. 성경에서는 항상 깨어 있으라고 말하는데, 깨어 있는 자와 잠들고 있는 자의 차이에 대해서는 누구나 안다.

한밤중에 집에 불이 났다고 해 보자 깨어 있는 사람은 그 불을 진화할 수 있지만 잠들어 있는 자는 그 불에 화를 입을 수도 있다. 그러나 이 면에서 내가 이야기하고 싶은 일은 깨어 있다는 일은 이런 생리학적인 상태를 이야기하고자 하는 것은 아니다. 의식의 깨어 있음을 논한다. 자각(自覺)이란 언제나 새로운 일을 받아들일 준비가 되어 있으며 앞으로 나아갈 자세를 갖추었음을 의미함이 아닐까 싶다.

찬스는 누구에게나 오지만 찬스를 포착하는 이는 많지 않다. 찬스를 알아보는 혜안을 가진 자만이 자신의 것으로 만들 수 있다. 나는 기회를 잡으면 그것을 내 것으로만 만들지 않고 타인과 공유하려고 하는 마음을 가졌다. 개인의 몫으로 기회를 활용하면 그 생명은 짧지만 집단을 위해, 즉 국가나 민족을 위해, 즉 인덕 제세의 뜻을 펼치려고 한다면 그 생명은 길 수밖에 없다는 믿음이 있다. 성공 비밀의 3C 중에 하나인 chance를 만났을 때 깨어 있을 것인가, 잠들어 있을 것인가, 스스로에게 되물어보아야 한다. 매 순간.

두 번째 C-challenge

현재 3억 이상의 인구가 살고 있는 북미 아메리카 대륙은 단 한 사람의 도전자 때문에 유럽 사람에게 발견되었다. 콜럼버스가 200여 년 전에 유럽대륙을 떠나는 배에 몸을 싣지 않았다면 지금의 미국 역사는 어떻게 시작되었을까. 역사에는 '만약'이라는 말이 불필요하지만 콜럼버스가 아니었다고 해도 또 다른 도전자가 신대륙을 발견했을 것이다.

인간의 발달은 끝없는 도전 정신의 결과물이지 않은가. 그리스 신화에 나오는 시시포스처럼 자신의 돌을 끊임없이 언덕 위로 끌어올리는 도전 정신이나 우리나라를 반도체국가로 만든 삼성의 이건희 회장 같은 도전 정신을 가진 자가 세상을 이끌어 간다.

선두에 선자는 언제나 외롭다. 외롭지 않으면 선두에 선자가 아니다. 그러나 앞선 자의 외로움을 상쇄할 만큼 그 결과는 언제나 기대 이상이 된다.

도전하라.

1963년 5월 내가 제3대 백병원 원장으로 취임했을 때 나를 서른다섯 살의 무모한 꿈을 가진 젊은 외과의사로만 보았다. 그들의 백안시하는 눈길을 뒤로하고 호프리스의 병원 재건을 모색하는 나의 행동이 그들에게는 젊은이의 혈기로만 보였을 수도 있다.

그러나 '나는 할 수 있다.'는 믿음이 있었다. 1950년대 낡아서 허물어져 가는 백병원의 건물을 현대화해야 한다는 과제가 있었다. 내 손에 쥔 것은 외과용 수술도구와 청진기뿐 그러나 내 마음에는 원대한 꿈이 자리 잡고 있었다. 그것은 백인제 박사의 유지(遺持) - 인덕제세, 인술제세의 실천의 장을 마련하는 시작의 걸음이 되어야 한다는 의무였다. 백병원장으로 취임하면서 나는 내 개인의 삶을 버렸다. 백병원을 위해 일에 매진하는 것만이 내 삶의 목표가 되었다. 사람이 뜻을 세움에 있어 그 뜻이 여러 개가 될 수는 없다. 일편단심이라는 말이 요즘 사람들에게는 촌스럽게 들리겠지만 이런 순수한 정열 없이 뜻을 세울 수는 없다.

이때부터 나는 오로지 백병원과 미래의 인제대학교를 위한 나의 꿈을 실현시키기 위해 앞만 보고 묵묵히 걸었다.

꿈을 가진 사람과 꿈을 가지지 않은 사람은 많은 차이가 날 수밖에 없다. 젊음이 꿈이 없다면 생물학적 나이와 상관없이 노인이라고 해도 무방할 것이다. 꿈이란 고난을 이겨 나갈 수 있는 힘이며 자신의 존재 이유이며 미래이기 때문이다. 앞서 인용한 콜럼버스에게 신세계를 향한 꿈이 없었다면 그가 풍랑을 이겨 내고 신대륙을 발견했을 때 결코 기쁨으로 대지에 입맞춤하지 않았을 것이다.

1969년 내 나이 마흔을 넘긴다. 사람의 나이 마흔을 공자는 논어 위정

편에서 불혹(不惑)이라 칭하기도 했다. 공자 선생이 말씀하시기를 "나는 열다섯에 학문에 뜻을 두어 삼십에 입(立)했으며 마흔에 미혹되지 않았고 쉰에는 천명을 알았으며 예순에는 귀가 순했고 일흔에는 마음이 하고자 하는 대로 하되 법도에 넘지 않았다." (子曰: 吾, 十有五, 而志于學, 三十而立, 四十而不惑, 五十而知天命, 六十而耳順, 七十而從心所欲, 不逾矩.)고 했는데, 나의 삶도 그의 길을 따르고 있었다.

백병원 3대 병원장이 되어 1인 3·4역을 하며 고난을 헤쳐 나아가기 6년 뒤, 나는 '새로운 백병원 건설'을 내걸고 1969년 3월 드디어 서울백병원의 기공식을 가졌다. 내 나이 마흔두 살 때 일이다. 불혹을 넘긴 나이로 중년으로 접어들고 있었지만 나의 각오는 청춘이었다.

청년정신으로 백병원 재건 사업에 도전의 첫 삽을 뜬 것이다. 자금도 부족하고 지지기반도 약했지만 나를 이끈 원동력은 도전정신이었다. 종합병원 6개를 대한민국에 건설하면서 나는 크고 작은 도전에 직면했지만 그럴 때마다 단 반걸음도 뒤로 물러나 본 적이 없다. 오직 내가 할 수 일이라고는 앞으로 나아가는 일이었다.

지천명의 나이에 나는 다시 한 번 내 뜻을 펼칠 기회를 마련한다. 공자는 50세에 지천명한다고 했는데 지천명이란 무엇인가? 하늘의 뜻을 알고 곧 그곳에 나의 길이 있음을 아는 일이 아닐까, 바로 하늘의 명(命)을 받아 내가 가야 할 길은 오로지 인덕제세, 인술제세였다. 그 길을 완성시키기 위해서는 병원을 더 세우고 학교를 세워야 했다.

1979년 3월 인제대학교 의과 대학생 1회생이 입학을 하고, 그해 6월 1일 부산백병원이 300병상으로 개원을 한다. 나의 도전 정신으로 부산 백병원 시대가 열린 것이다.

1979년 서울 백병원 재건 10년. 나는 또 도전을 했다. 내 나이 쉰두 살, 나의 청년정신은 소나무보다 더 청청하여 내게 백부 백인제 박사의 꿈이었으며 나의 꿈이었던 인제 의과대학을 부산에 개교한다. 그동안 나는 외과의사로서 명성도 쌓았으며 백병원을 명실공히 백인제 박사님 시절의 명성의 반열로 올려놓은 후였다.

명의로서 의사 역할도 충실히 했지만 나의 도전 정신은 미국의 메이요 클리닉을 모델로 한 의과대학이었다. 부산의 백병원을 건립하면서도 건설 자금이 부족했지만 내가 믿는 것은 실력이 있으며 충분한 임상경험을 쌓은 훌륭한 의료진들이었다.

재단 이사회에서는 반대 의견이 높았지만 그들을 설득하는 일 또한 작은 도전에 대한 나의 응전이었다.

인재 양성의 장인 학교설립과 부산 백병원은 다행히 서울 백병원이 흑자 상승기류를 타고 있었기 때문에 터를 닦는 데 오랜 시간이 걸리지는 않았다. 인제대학교 의과대학 1회 졸업생은 모두 알고 있는 일로 충분하지 못한 강의실과 부족한 교수진들, 부족한 것 투성이였지만 그들 또한 첼린저들이었다. 지금은 학교를 사랑하고 학교의 설립 이념인 인덕제세, 인술제세의 뜻을 따르는 이들이 되었다. 도전자는 외롭다. 그러나 세상의 모든 도전자들은 안다. 그들의 발걸음이 많은 이들의 사표가 된다는 일을 그래서 역설적으로 그들은 외롭지 않다.

육십이이순(六十而耳順) 귀가 순해진다는 60세가 되었을 때, 나는 그동안 내 삶의 결정체인 의과대학설립을 계획한다. 이제 내면을 들여다볼 수 있는 심안도 생겼고, 남의 말을 들을 수 있는 귀도 순해졌다. 공자님이 60세를 이순이라 이름 지은 것은 안팎에 흔들림이 없이 하늘의 뜻을 따를 수 있다는 의미가 아닐까 싶다. 내 나이 예순 두 살, 다른 이들은 은퇴 후에 삶을 구상할 나이에 나는 세 번째의 백병원을 개원했다.

1989년 8월15일 서울 상계백병원이 개원되었다. 대지 2,300평, 연건평 1만 17평, 지상 11층, 지하 4층 규모로 20개 진료과목을 갖추어 착공 1년 7개월 만에 인제대학교 부설 상계백병원으로 개설 허가증을 받고 이날부터 본격 진료에 들어갔다.

상계 백병원의 탄생 모티브는 1986년 아시안 게임과의 인연에 있다. 나는 1986년은 내가 대한병원장협회 23대 회장으로 봉직하던 시기였다. 이해에 우리나라는 아시아 경기를 개최하게 되었다. 1986년이면 정치적으로 민주화지지가 확대되던 때였다. 독재정권을 이겨 낸 국민들은 어느 때보다 강한 민족적 자부심으로 충만해 있었다. 아시아경기대회는 선진화의 입구에 선 우리의 모습을 외국에 보여 줄 수 있는 기회였다. 이런 국제적인 대회 운영을 위해 정부는 의료기관에 협조를 요청했다.

다른 병원에서는 장비를 새롭게 구입해야 한다든가 인력 유출로 병원이 타격을 받는다든가 하는 이유를 들어 호응하지 않았다. 그러나 나는 이 일을 도전이며 기회로 받아들였다.

아시안 게임에 협력 병원이 된다는 일은 병원 이미지를 혁신시킬 뿐만 아니라 의료장비도 현대화시켜 준다는 장점도 있었다. 물론 많은 이들의 반대가 있었지만 나는 이 일을 관철했다. 당시 정부는 대회를 지원하는 민간병원에게 각종 장비에 대한 무상임차를 전제로 내걸었으며 인력, 시설, 규모 등 지원병원의 자체 선정기준을 마련했다. 다른 병원들이 과다한 경비나 인력공백을 이유로 거부했지만 난 잃는 것이 있으면 얻는 게 있다는 자연의 법칙을 따르기로 했다. 순리대로 하여 안 되는 일은 없다.

그러나 난관은 나를 기다리고 있었다. 국제적인 대회가 끝난 후 대회기간 중 사용했던 의료장비와 인력이 남게 되었다. 기존장비를 사용할 수 있는 병원을 세울 수 있도록 정부에게 도움의 손길을 내밀었지만 일은 순조롭게 풀리지 않았다. 물론 정부에서도 우리 사정을 이해하고 마땅한 부지를 찾았으나 쉽게 나오지 않았다. 그러다가 상계지역에 대단위 아파트 부지가 조성 중인 것을 알게 되었다. 우리는 공개입찰을 통해 병원 부지를 불하받고 그리고 이미 준비된 장비와 의료진 등을 투입할 수 있었다.

상계 지역은 작은 평수의 아파트가 많아 신혼부부의 입주가 증가를 했다. 나의 예상은 적중을 했고 산부인과 수요는 예측 이상이었다. 상계 백병원은 개원 첫해에 3만 명을 진료하였고 현재에도 6만 명을 넘는다. 상계 백병원의 경영실적은 폭발적이라 백병원의 효자 병원으로 자리하고 있다.

도전은 또 다른 창조를 낳는 법이다. 씨알 하나가 땅에 떨어져 많은 이삭을 맺을 때까지 얼마나 많은 도전에 직면하는지는 우리 모두 알고 있다. 두려워 말라, 하늘은 다행히 당신들이 이룰 수 있는 도전만 준다. 나는 이 말을 나의 경험을 통해 내 뒤를 따르는 이들에게 전하고 싶다.

내 나이 일흔, 공자님 말씀에 의하면 일흔이면 마음이 하는 대로 해도 법도를 넘지 않는 나이라고 했다. 나는 상계 백병원을 세운 지 10년 뒤, 네 번째의 백병원을 세운다.

1999년 12월 일산 백병원의 탄생은 우리나라가 국가 부도 직전까지 몰렸던 1997년 IMF 시기에 건축을 하게 된다. 자금 유통이 쉽지 않았으며, 대출 이자도 천정부지였으며 병원 경영은 최악의 상태였다. 그 시절에는 목숨이 경각에 달리지 않은 사람들은 병원 오기를 꺼릴 정도로 우리나라는 전체적으로 패닉상태에 직면해 있었다. 하룻밤 자고 일어나면 무너지는 중소기업들의 기사가 신문을 채웠고, 생활고에 직면한 서민들은 공포로 떨고 있었다. 귀에 들려오는 이야기는 암울한 상황이었지만 전쟁 중에 폐허가 된 백병원 시절도 겪고 백병원 재건 시절 힘들 때도 견디어 온 나는 어떻게 보면 위기에 내성이 걸린 것 같았다.

남들이 힘들다고 할 때, 남들이 안 된다고 할 때, 나는 한 발자국 더 내딛어 왔었다. 모든 이에게 불운으로 다가온 IMF였지만 나는 두렵지 않았다. 나의 도전 정신은 한 번 더 불꽃처럼 타올랐다. 도전을 두려워하는 자는 꿈을 실현시킬 수 없다.

일산 백병원은 역설적으로 IMF라는 외부적 환경 때문에 짓게 되었다. 외환위기로 많은 이들이 실업상태여서 일감이 있다는 사실만으로도 숨통이 트이던 시절이었다. 이 결과 공사비 원가의 30퍼센트 이상 절감하는 효과가 발생했다. 워낙 국가적으로 절박한 상황이었기 때문에 서로 허리띠를 졸라매고 난국을 타개하기 위해 노력했다.

나는 확신이 있었다. 일산도 상계동처럼 대단위 아파트가 들어설 예정이었으므로 이 시기만 지나면 의료수요가 넘칠 것이라는 믿음이었다.

언젠가 책에서 읽은 글로 기억된다. 미국 개척 시대 때 남부 버지니아 지역의 한 우편집배원이 있었다. 그가 맡은 지역은 사방 70리 길이었다고 한다. 자전거에 우편물을 싣고 그늘 하나 변변치 않은 길을 달려 황무지 위에 세운 집에 편지 한 통씩을 배달하며 그는 불평을 했다. 그가 달리는 길이 너무 메말라 풍경이 아름답지도 않았으며 그를 비추는 뜨거운 태양이나 거친 모랫바람이 그의 발길을 더욱 힘들게 했다. 그는 자신의 일에 자부심도 재미도 느낄 수 없었다. 직업이니까 매일 힘들게 자전거를 몰고 황무지를 달리던 어느 날, 그는 덤불 사이에 핀 작은 꽃 하나를 발견한다. 그날부터 그는 자전거 앞에 씨앗 주머니를 달고 다니며 그가 가는 길마다 씨앗을 한 줌씩 던졌다. 하루가 지나고 일주일이 지나고 한 달, 일년이 지난 후, 우편집배원이 다니는 길은 아름다운 꽃밭이 되어 꽃길로 변한다. 그는 어려울 때 씨를 뿌릴 줄 아는 지혜 있는 사람이었다. 우리들은 자신의 길이 가시밭길로 점철을 하는지 아니면 꽃길이 되는지 뒤돌아봐야 한다. 내 길은 어떤 모양으로 나를 기다릴지는 그래서 내게 달린 일이다.

이렇게 일산 백병원은 IMF를 슬기롭게 극복한 병원으로 나에게 도전을 향한 끊임없는 자세를 회상시키는 병원이다. 나는 언제나 도전을 기꺼이 받았으며 물러선 적이 없다.

세 번째 C-Change

변화-노인과 젊은이의 가장 큰 차이는 변화를 받아들이는 자세이다. 노인들은 변화를 두려워한다. 익숙한 것과의 별리는 불편함으로 먼저 떠오른다. 전통을 고수하며 정통성을 지지하는 것과는 달리 변화는 여러 해 살아온 노인에게는 적응해야 한다는 능동적 상태를 요구하기 때문이다. 그러나 젊은이는 어떤가, 도전이 없는 젊음은 젊음이라고 할 수 없다. 젊음은 과거에 살지 않으며 지향점을 미래로 둔 이들이다. 이들은 변화를 두려워하지 않는다. 청년의 정신의 소유자들도 변화를 두려워하지 않는다, 나는 언제나 청년의 마음으로 문제를 해결해 왔다. 변화는 또 다른 허물벗기가 아닌가, 나비가 유충상태에서 머문다면 그 아름다움을 보여 줄 수가 없다. 변화는 새로운 시작이다.

인제대학교는 백병원의 나비다. 백병원의 허물벗기이며 아름다움의 절정이다. 인덕제세와 인술제세의 결정체가 인제대학교이다. 나는 1989년 2월 인제대학교가 종합대학교로 승격되면서 1대 인제대학교 총장으로 취임한다. 그 후 인제대학교의 뿌리가 든든히 내릴 때까지 기다리며 12년 동안 총장으로 재직한다. 의사가 학자로 변하는 나의 시기이다. 물론 1984년 8월 인제의과대학 일반외과 주임교수로 후학을 가르치고는 있었지만 본격적으로 교육자로서의 발을 내딛는 계기가 되었다. 결과적으로 유충이 변하여 나비가 된 것은 인제대학교뿐만이 아니었다.

서울 백병원의 시작이 지금은 부산 백병원, 상계 백병원, 일산 백병원, 동래 백병원, 그리고 해운대 백병원까지 6개의 백병원이 되었다. 고인 물은 썩기 마련이다. 변화하지 않고 어떻게 발전을 도모할 수 없다. 학교생활은 내게 도전과 변화를 요구하는 나날이었다.

나는 교육자이며, 의사이며 경영자이다. 이 일은 내게 삼위일체로 하나이며 셋이다. 이렇게 셋으로 분류하지 않으면 나의 정체성을 이야기하기가 쉽지 않다.

젊은이들이여, 3 C(Three C)는 내 경험에 비추어 볼 때, 언제나 깨어 있는 자로 만든다. 깨어 있는 자만이 앞서 갈 수 있다. 깨어 있는 자만이 아침을 먼저 맞을 수 있다.

가까운 야산에서 도토리 줍는 이들도 앞선 이들의 주머니는 불룩하다. 그러나 그 길을 뒤쫓는 자의 주머니는 가벼운 것을 보게 되었다. 남들이 가고 난 길을 가며 얻을 수 있는 수확이란 그들이 버린 쭉정이나 눈에 뜨이지 않은 도토리였다. 성공 지상주의를 이야기하고 싶지 않다. 수신제가의 길을 보여 주며 그 실천 방법을 알려 주려는 노심일 뿐이다.

3. 성공의-3 WAY

　정직, 성실, 근면-인제대학교의 교훈이다. 초등학교 급훈도 아니고 너무 구태의연하며 세련되지 못했다고 말들 하지만 정직, 성실, 근면이 갖고 있는 뜻을 그대로 표현할 수 있는 가장 알맞은 단어라고 생각한다.

　정직 - 누구나 알고 있듯이 이 세상 만물의 조화는 정직하기 때문에 봄이면 꽃이 피고 겨울이면 눈이 온다. 이 세상 천지 만물 중 자연만큼 정직한 것이 어디 있는가. 그들은 자기가 있을 곳에 있으며, 자기가 해야 할 일을 정직하게 한다. 그렇다면 사람도 자연의 일부분이지만 어떻게 보면 자연의 이치를 거슬리는 일을 많이 한다. 정직한 학생은 학생으로서 공부를 열심히 할 것이며 정직한 노동자는 노동자로서 열심히 일을 할 것이다.

　사람이 가장 힘든 일은 어찌 보면 자기 자신에게 정직한 일이다. 자신을 속이는 일은 아무도 모를 것 같지만 자기 자신은 안다. 정직하라. 그것은 쉬운 일인 것 같으면서도 어려운 일이다. 그러나 나는 언제나 매 순간 내게 가장 정직하려고 노력을 했다. 간혹 그런 행동이 타인을 불편하게 할 때도 있다. 간혹 융통성 없음과 정직함을 혼동하는 경우도 있다. 예를 들어 희망이 없는 환자에게 "당신은 희망이 없군요."라고 정직하게 말하는 의사는 없다. 그것은 정직한 게 아니라 융통성이 없음이다.

내가 학교와 병원을 경영하면서 우선순위에 올린 일은 투명경영이다. 우리 학교와 병원이 날로 발전하는 기반은 바로 이 투명경영에 있다. 정직함이 어떤 결과를 낳는지를 나는 6개의 백병원과 종합대학 인제대학의 변모로 이 세상에 보여 주었다.

투명경영─이게 나의 경영 철학 1호이다. 누구든 필요하면 언제든지 경리 장부를 공개할 수 있을 만큼 정직하게 일하고 있다. 1989년 전국의 대학교가 학내 소요로 소란스러울 때 우리 학교에도 이와 유사한 일이 발생했었다. 학생들은 총장실을 점거하고 재단을 성토했다. 나는 교수들을 불러 학생들과 면담할 용의가 있으며 그들이 원하면 장부를 공개하라고 지시했다. 모두들 놀라며 반대를 했지만 나는 그들의 오해를 풀기 위해 장부를 공개했다. 학생들은 수긍했으며 학내분규는 조용히 막을 내렸다.

정직한 사람에게는 적이 없다. 도산 안창호 선생께서는 생전에 이렇게 말씀하시기도 했다. "진리는 반드시 따르는 자가 있고, 정의는 반드시 이루는 날이 있다. 죽더라도 거짓이 없으리라."

성실─물방울 하나가 바위를 뚫는다는 말은 참이다. 성실한 자를 이길 자는 아무도 없다. 모두들 알고 있는 옛날이야기 하나 해 볼까 한다.

어느 산골에 가난한 농부가 살고 있었다. 집 앞에 커다란 산이 버티고 있어 이 농부가 장에 가려면 사흘 밤낮을 산을 돌아가야 했다고 한다. 농부는 어느 날 결심을 하고는 그 산을 파서 옮길 것을 결심하고는 매일 삽을 들어 흙을 파서는 삼태기로 나르기 시작했다. 산신령이 그가 하는 모습을 보고는 대수롭게 생각하지 않았는데 어느 날 그가 아들들을 앞에 앉혀 놓고 하는 말을 듣고는 크게 놀랐다.

"얘야, 내가 죽더라도 너희들은 대를 이어 이 산을 파서 다른 곳으로 옮겨라."

그다음 날, 크게 놀란 산신령이 산을 양주 어디로 옮겼다는 옛날이야 기. — 성실함은 산도 옮기고 바위도 뚫는 힘이 있다.

한마음으로 한길을 묵묵히 걷다 보면 반드시 보답이 있다. 나는 나의 삶을 통해 증언할 수 있다.

근면 — 나는 지금도 새벽 4시 반이면 일어나서 아침 운동을 한다. 가볍 게 몸을 풀고는 집 근처의 삼청공원을 걷는 일이 나의 하루의 일과 시작 이다.

부자든 가난한 사람이든 노인이든 젊은이든 누구에게나 하루는 24시간 이다. 그러나 어떤 사람은 24시간을 30시간 40시간처럼 쓰고 어느 사람 은 24시간을 물처럼 쓴다.

시(時)테크라는 말도 있듯이 시간은 금이 아니라 그 이상이다. 시간은 그 무엇과도 바꿀 수 없는 유일한 가치다. 마치 공기처럼.

나는 시간을 쪼개어 쓰는 사람으로 유명하다. 나 혼자 1인 3역 4역을 할 수 있는 비결 중에 하나도 바로 이 시간을 적절히 활용하여 극대화하 기 때문이다. 나는 지금도 일주일에 3일은 부산에 간다. 농담처럼 사람들 은 간혹 말한다. "하늘에 길 났겠어요." 그래도 지금은 비행기를 이용하 지만 부산 백병원 개원 직전과 그 후 몇 년 동안은 기차를 타고 다녔다. 지금처럼 KTX가 운행하던 시기도 아니었지만 기차 여행도 만족스러웠 다. 기차를 타고 다니며 많은 구상도 했었다.

어떤 분야에서든지 성공한 사람들은 그들만의 노하우가 있다. 그중 하 나가 근면함인데 게으른 자는 결코 성공의 문을 들어가지 못한다.

4. 인과 덕(仁德)의 힘

나는 학생들에게 지(知)와 덕(德)과 체(體)를 함양하고 연마하기를 늘 바란다. 그러나 지보다 덕이 앞서야 하며 덕을 앞세우기 위해서는 건강한 육체를 지켜야 한다고 강조를 한다. 이 세 가지는 셋이며 하나이기 때문이다. 그러나 여기서는 먼저 인(仁)과 덕(德)을 말하고 싶다. 인덕제세-仁德濟世 인과 덕은 베풂이며 어짊이다.

공자 말씀 중에 덕불고 필유린 – 德不孤 必有隣

덕은 외롭지 않다. 반드시 이웃이 있다고 했다.

덕은 어진 마음이며 곧은 마음이다. 덕은 프랑스어로 표현하자면 톨로랑스(tolerance)로 관용을 뜻하기도 한다. 덕은 외국어로 정확하게 번역되지 않는 우리들만의 뉘앙스가 있는 단어이다.

덕 있는 사람은 마음의 여유가 있다. 고난을 견디어 자신의 꿈이 이루어질 날을 기다릴 줄 안다. 덕 있는 사람은 베풂을 즐거워한다. 그 베풂이 다시 자신에게 돌아온다는 하늘의 이치를 알기 때문이다.

공자는 고독한 인생을 살았다. 세 살 때 아버지를 잃고 어머니 손에 자랐으며 제자들을 벼슬길에 오르도록 추천을 하면서도 정작 자신은 벼슬길에 오르지도 못했던 인물이다. 그러나 공자는 그가 배우고 깨친 지혜를 제자들에게 나누어 주며 그의 덕을 실천했다.

공자의 고독한 인생 여정과 나의 삶은 닮았다. 나 또한 어머니를 젖먹이 때 잃었으며, 조부모 밑에서 성장을 하다가 청년기는 백부 백인제 박사 슬하에서 자랐었다. 공자의 삶을 좇을 마음으로 살지는 않았지만 성현의 가르침이 내 몸 안에 숨어 있어 지금은 학생을 길러 내고 환자를 치유하는 일에 앞장을 서게 되었다.

인과 덕은 베풂이며 나눔이다. 2009년 2월 명동의 기적을 일으켰던 천주교의 김수환 추기경은 많은 사람들에게 어떻게 살다 어떤 모습으로 가는 길이 가장 사람답게 사는 길인지를 보여 주었다. 물론 김 추기경님은 종교인이었으므로 우리 눈에 나눔과 베풂을 실천한 어른으로 그리고 이 땅에 민주화를 위해 순교자의 모습으로 비치기 때문에 40여만 명이라는 조문 행렬이 이어지는 기적을 일으켰었다. 더 낮은 곳에 있지 못했다고 후회하는 겸손함에 옷깃을 여미는 것은 비단 나뿐만이 아닐 것이다.

우리 학교는 인덕제세/인술제세의 실천으로 개교 20주년을 기념하며 1999년 '인제인성대상'을 제정했다. 매년 두 분의 수상자를 결정하는데 제1회는 김형석 교수와 한승헌 변호사 그리고 단체상으로 가나안 농군학교가 수상하였다. 그리고 2회 때는 김수환 추기경과 강지원 변호사였다. 인과 덕을 베푸는 사람을 찾아 인제인성대상을 시행해 온 지 벌써 10년째이다.

인덕제세/인술제세의 건학이념 그 기저에는 바로 이 베풂의 행동철학이 담겨 있다. 베푼다는 것은 혼자 사는 게 아니라 더불어 산다는 의미이다. 나는 학생을 배출하고 환자를 치유하며 후학을 양성하는 일이 나눔의 실천이 아닐까.

지식인으로 성공 지상주의에만 빠지는 현대인들에게 브레이크를 걸 수 있는 지혜가 바로 이 인과 덕이다. 자만에 빠지지 않게 하고 목표를 위해서는 수단과 방법의 도덕성을 묻지 않는 사회에서의 인과 덕이란 자신을 보는 거울이며 잣대일 수 있다.

5. 역—力

사람만이 희망이다

사람, 얼마나 좋은 울림인가, 살아 있는 자를 일컬어 하는 순수한 우리 말로 그래서 사람은 진정으로 꽃보다 아름답다. 사람을 위한 일을 하는 일이 곧 하늘의 뜻을 따르는 일이다.

인제대학교는 바로 이 뜻을 널리 펼쳐 세상을 이롭게 하는데 그 중심에 있게 되기를 바라는 게 우리 학교의 건학 목표이다.

나는 사람 복이 많은 사람으로 알려져 있다. 내 주변에는 훌륭한 분들이 많이 계시고 그분들을 통해 인덕제세와 인술제세를 이 땅에 펼치는데 도움을 받고 있다. 사람들은 내게 인재등용의 비밀을 알려 달라고들 한다.

자산은 세 가지로 나눌 수 있다. 물질적 자산과 재정적 자산과 인적자산이다. 내가 이 중에 으뜸으로 여기는 것이 인적 자산이다. 사람은 물질적 자산과 재정적 자산을 통제할 수 있는 힘이 있을 뿐 아니라 사람이 갖고 있는 고유성은 다른 두 가지가 따라올 수 없다.

사람은 자신만의 우주가 있다. 친한 사람을 잃는 일은 그 사람이 가지고 있는 우주를 전부 잃는 일이다. 가까이 있는 사람을 잃는 일보다 더 큰 손실은 없다. 사람들은 눈에 보이지 않는 신의에 대해서 소홀하고 물질적인 것에만 마음을 두는데 그 일은 모래 위에 누각을 짓는 일만큼 어리석다. 사람을 얻는 일이 곧 천하를 얻는 일이라고 했다.

인제대학교와 백병원의 발전은 인재들의 집합체이기 때문에 가능하다.

나는 사람을 구하는 데 아래 열거하는 몇 가지 사례에 나만의 노하우가
있다.

─장점은 크게 단점은 작게

사람은 완벽할 수가 없다. 완벽하기를 바라고 모든 사람들에게 사랑받
으려 하는 일 자체가 교만이다. 어쩌면 사람은 완벽하지 않아서 사랑받을
수 있으며 사랑을 나누어 줄 수도 있다.

단점 없는 사람은 없다. 물론 장점 없는 사람도 없다. 나는 사람을 볼
때 단점을 찾기보다는 장점을 먼저 보려고 노력한다. 어쩌면 의사로서 생
명을 다루어 오면서 몸에 밴 태도인지 모른다. 의사는 환자를 대할 때 회
복될 수 있는 면부터 찾는다. 그 긍정적인 마인드가 오랜 외과의사 과정
을 거쳐 오면서 생긴 습관이다.

그래서 나는 인재를 등용할 때 그 사람의 장점을 더욱 크게 보고 단점
을 작게 보려고 노력한다. 참다운 경영자는 장점을 활용할 줄 아는 눈을
가졌다고 본다. 친구를 그리고 동료를 마주할 때 그의 장점을 먼저 보면
그는 참다운 나의 동료로 내게 먼저 손을 내밂을 볼 수 있다.

─길을 보여라

세 사람이 길을 가고 있었다. 안개 같은 장막이 그들의 눈을 가려 방향

을 잃고 있었다. 그럴 때 누가 그들의 길잡이가 되어 그들을 안전하게 목적지까지 이끌 것인가. 그들에게 길을 보여 줄 수 있는 사람이 되어야 한다.

나는 병원 6개를 지으면서 사람들에게 길을 보여 주었다. 무너져 가는 병원 한 채로 종합병원 6개의 건립은 기적이 아니라 노력의 결과이다.

건물을 짓기 전 청사진을 벽에 걸어 놓는 일은 우리가 바로 그런 병원을 짓겠다는 우리의 결의이기도 하다. 사람들은 처음에는 믿지 않았다. 청진기 하나로 병원을 짓는다는 일이 무모한 일로 보였었다. 나는 그들에게 길을 보여 주었고 그들은 나를 믿고 따랐다. 젊음 하나로 나를 따랐던 많은 의료진들, 낯선 지방으로의 전근도 마다하지 않았던 그 시절 젊은 의사들도 이제는 장년이 되었지만 그들에게 내가 보여 준 길은 의과대학과 종합병원 건립이었다. 충분한 임상경험을 쌓을 수 있는 의과대학을 약속대로 설립했다.

그들은 나를 믿었고 나는 그들의 믿음대로 했다.

-능력에 맞게 써라

나를 20여 년 동안 실어 나르는 일을 하는 운전기사 강 기사는 운전에 있어서는 베테랑이다. 차 운전을 얼마나 잘하는지, 차 안에서 흔들림을 못 느낄 정도이다. 이분은 자동차라면 모르는 게 없는 분이다. 자신의 일에 전문가인 사람은 본인이 그 일을 하면서도 즐겁지만 그 사람에게 도움을 받는 사람도 불편하지 않아서 좋다.

이렇듯이 사람은 각자 자신이 할 수 있는 일이 있다.

인제대학교 설립을 구상하면서 내가 제일 먼저 준비한 것은 사람이다. 적재적소에 필요한 우리 사람, 백병원과 인제대학이 꼭 필요한 인재를 준비했다. 물질적인 것이나 재정적인 것은 어느 정도의 시간이 흘러가면 해결되지만 인재등용은 그렇지 않다.

이 세상 모든 만물의 조화가 적재적소에 있지 아니한가. 바다에 사자가 있고, 육지에 고래가 있지 않듯이 인물도 마찬가지이다. 인재등용으로 인자(仁者)를 찾았다. 인자는 실력도 뛰어나지만 태도도 좋은 사람을 일컫는다.

– 원칙을 지켜라

처음 학교를 부산에 세우자, 지역 유지와 정치인들이 서로 자신의 힘을 과시하려고 했다.

국회의원이라는 자는 의과대학생이던 자신의 조카가 점수 미달로 제적을 당하게 되자 직접 찾아와 실력행사를 하려고 한 일도 있다. 지금 같은 세상에서는 웃을 일이지만 정치적으로 암흑기에 있던 예전에는 얼마든지 있을 수 있는 일이었다. 그러나 우리 학교는 모든 일에 공명정대하였기 때문에 그의 말을 거절했을 뿐만 아니라 그 학생을 제적하기도 했다.

이 일로 학생들은 학교를 믿었으며, 또한 교직원들도 학교를 믿었다. 권력에 흔들리지 않는 깨끗한 학교 이미지를 세울 수 있다는 자부심을 주는 계기가 되기도 했다. 그뿐 아니라 지역 유지, 즉 지역의 오피니언 리더라 할 수 있는 이들의 인사 청탁은 목불인견이었지만 나는 그 일도 깨끗하게 정리를 했다. 인사뿐만이 아니라 학사 문제까지 정의롭게 해결하는 원칙을 지키는 일은 지금도 흔들리지 않고 있다. 인재를 곁에 두는 일은 원칙이 있어 흔들리지 않을 때 가능하다. 원칙이 있는 사람 곁에는 당연히 좋은 사람이 모인다.

좋은 사람이란 무엇인가? 선한 사람이 좋아하고 선하지 않은 사람이 미워하는 사람이라고 한다.

나는 학교를 경영하면서 파벌과 학벌 그리고 지역 연고 등의 악습과 절연하고 실력과 인품을 보고 인재를 등용했다. 원칙 있는 인사행정은 사람들에게 믿음을 주었다. 길이 아니면 가지 않는 것이 군자의 도리라고 본다.

원칙과 정의를 위해서는 한 치의 양보도 없이 소신을 갖고 매사에 임했다. 정의에 대해서 나는 이렇게 정리를 해 본다. '정의는 약자든 강자든 옳은 곳에 있어야 한다.'

─ 섬겨라, 섬김을 받는다

인류의 스승이라고 일컫는 공자나 예수 등은 입을 모아 이 말을 되뇌었다.

한 가정을 이루기 위해서 제일 먼저 구할 일은 배우자의 마음을 얻는 일이다. 재산도 아니며, 사회적 지위도 아니며 외모도 아니다. 이런 일은 단지 배경일 뿐이지 그 핵심은 아니다. 공자는 '삼군을 통솔하는 장수는 빼앗을 수 있어도, 한 사나이의 굳은 의지는 빼앗을 수 없다'는 교훈으로 평범한 사람의 마음을 얻기가 어려움을 전했다.

　사람의 마음을 얻기 위해서 우리는 어떻게 해야 할까. 나는 그 키워드를 진정성으로 본다. 인재를 등용하기 위해 먼 길을 마다하지 않고 그를 방문했으며 그들과 지속적인 연대를 모색했다. 그리고 그들이 나를 찾도록 나의 그늘을 넓혀 갔다.

　맑은 물에 모이는 사람들도 그 물만큼 맑고 신선했다. 마음을 주면 마음을 받는다. 나는 사람을 평가할 때 성격을 우선으로 본다. 소질과 환경 그리고 노력, 이 세 가지가 조화를 이루어 한 사람의 성격을 좌우하는데 소질은 유전적 기질이 도움이 되고 환경은 운명적인 요소가 강하지만 노력은 자기의 의지와 결단력 그리고 실천력과 교육의 결과이다. 인성이 갖추어진 사람은 창조적인 생산성으로 완성된다. 이 말의 의미는 더불어 사는 사람, 즉 베풂을 실천할 수 있는 사람이라고 설명된다.

　이 세상에는 겸손할 자를 당할 사람은 없다. 익은 벼가 고개를 숙인다는 말이 있지만 벼가 고개를 숙이기 직전까지의 꼿꼿함에 시선을 꽂는 이는 흔하지 않다. 나는 겸손한 자를 좋아하는데 바로 그의 꼿꼿함을 알기 때문이다. 그래서 겸손한 사람에게 마음을 준다. 그러면 그도 마음을 준다. 남의 마음을 여는 일은 먼저 '내 마음이 열려야 한다.'는 게 전제된다는 것은 누구나 안다. 내가 먼저 손을 내밀면 된다.

　외국인들이 볼 때 우리나라 사람들은 표정이 없다고들 한다. 웃음기 없는 얼굴이 마치 진시황제의 왕릉 터에서 발굴된 테라코타의 병사들 같다. 먼저 인사를 하면 상대방이 당연히 받는다. 마음을 얻으려고 하는 자 마음을 먼저 열면 된다. 그러면 상대방이 마음에 빗장을 걸지 않는다.

6. 행(行)

　이 세상에서 가장 게으른 자는 생각만 하는 자라고 한다. 실천하지 않으면 아무 의미가 없다. 우리 속담에 '구슬이 서 말이라도 꿰어야 보배'라는 말이 있지 않은가. 고매한 진리도 실천할 때 그 효과가 있다. 한 알의 밀알이 썩어야 많은 수확을 하듯이 말이다.

　그러나 이 모든 일을 실천하려면 건강한 몸과 정신이 동반되어야 한다. 건강이 언제나 최우선이다. 뜻을 이루려 해도 건강이 허락되지 않으면 모든 일은 사상누각이다.

　이렇게 건강을 지키며 옳은 일을 행하려면 자기긍정이 우선되어야 한다. 자기를 사랑하지 않는 자는 타인을 사랑할 수 없다. 나를 바르게 세워야 공명정대하게 일을 할 수 있다.

−심신불이(心身不二)

　'마음과 몸은 둘이 아닌 하나'이다. 마음의 병이 육체의 병이 되는 일은 의료현장에서 흔하게 볼 수 있는 현상이다. 단지 의사이기 때문에 이 사상을 주장하는 것은 아니다. 사람이 어떻게 마음이 없이 몸이 움직이겠는가. 마음 가는 곳에 몸이 가는 일은 당연하다. 내 몸이 어디 있는가를 보면 내 마음이 어디 있는지 알 수 있다. 마음은 눈으로는 보이지 않지만 이렇게 자신의 실체를 드러낸다. 마음자리를 바르게 해야 함은 이래서 중요하다.

미국의 실업가요 사상가인 벤저민 프랭클린도 말하기를 '건강을 유지하는 것은 자기에 대한 의무인 동시에 사회에 대한 의무'라고 했다. 건강은 재산이나 명성과는 비교할 수도 없을 만큼 중요하다. 건강하다는 것은 힘이 있다는 것이며, 자유가 있다는 것이며, 힘차게 일할 수 있다는 강한 표현이다.

건강이 경쟁력이며, 행복의 우선순위이다. 건강을 잃으면 모든 것을 잃는다.

건강을 지키기 위한 네 가지 비밀을 공개한다.

첫째 소식(少食), 둘째 다동(多動), 셋째 금연(禁煙), 넷째 절주(節酒).

소식(少食)

소식이라 함은 자기 양의 70%만 섭취하라는 뜻이다. 물론 젊은이에게는 소식보다는 다동을 권한다. 필요 이상으로 많이 먹게 되면 잉여 칼로리가 지방으로 축적되어 모든 성인병의 원인을 제공한다. 너무 배부르게 먹으면 맑은 정신을 유지하는 데 방해가 된다.

장수하는 사람일수록 소식을 즐겨한다. 소식하되 속식(速食)이나 미식(美食)도 몸에 좋지 않다.

다동(多動)

운동의 효능은 우리가 일반적으로 생각하는 것보다 크다. 우선 생명력의 근원인 근력을 키울 수 있으며, 심폐기능 향상을 기할 수 있다. 또한 신진대사를 원활하게 하여 정신건강을 향상시키고 의욕과 자신감을 심어준다.

열심히 공부하고 운동으로 땀을 쏟아 내면 스트레스도 사라짐은 물론이다. 운동은 지구력을 키워 줄 뿐 아니라 인내심도 키워 주며 더불어 협동심도 일깨워 준다. 몸을 던져 운동할 때 창조적 아이디어도 샘솟는다. 마음의 이완 작용을 하는 것은 명상 외에 운동이다.

몸을 많이 움직이는 어린아이는 숙면을 한다. 그러나 커피와 같은 카페인이나 니코틴에 노출 빈도가 잦은 사람들은 운동도 하지 않아 겉모습은 청년이지만 신체적 나이는 그보다 더 노화되었음을 우리는 쉽게 볼 수 있다. 컴퓨터 앞에서 일어나 맨손 체조라도 규칙적으로 해야만 젊게 건강하게 살 수 있다.

금연(禁煙)

라틴 아메리카 인디언들에게 침략자들이 준 것은 감기 바이러스이고 얻은 것은 담배다. 감기 바이러스가 인디언들의 멸망에 일조했다면 아이러니하게 담배는 현대인에게 심각한 폐해를 주고 있기 때문이다. 담뱃갑에 적혀 있는 문구는 겁주기 위한 것이 아니라 사실이다. 폐암을 유발하며 여성이 흡연 시에는 아이에게 영향을 줄 수 있다. 담배는 절연이 아니라 반드시 금연을 해야 한다.

요즈음은 금연빌딩이 많아서 담배 피우는 사람들이 건물 앞에 나와서 추위와 비바람을 피하며 흡연하는 모습을 쉽게 볼 수 있다. 그들의 모습을 보면서 측은지심이 발동하는데, 그들은 니코틴의 노예들이다. 나도 30여 년 피우던 담배를 한 번에 끊었다. 금연할 수 있는 의지의 소유자라면 그 무엇이라도 뜻한 대로 할 수 있다. 건강해야 뜻을 이룰 수 있다. 건강하지 못하면 원대한 꿈이 한낮 백일몽으로 사라질 수도 있다.

인제대학은 1998년부터 금연 홍보를 펼치고 있다. 건강도 보호하고 친환경적 캠퍼스를 조성하기 위해서이다. 그 후 2000년부터는 전 캠퍼스를 금연구역으로 지정을 했다. 그뿐 아니라 장학금 수혜 시 금연서약서를 함께 작성하도록 하였으며, 지속적으로 금연 캠퍼스 운동을 추진하기 위해 교수, 학생, 교직원 등 금연 캠퍼스추진위원회가 구성되어 활동 중이다.

절주(節酒)

적당한 음주는 혈액순환도 촉진시키고 긴장감을 덜어 주며, 스트레스를 줄이기도 한다. 그러나 폭주나 중독까지 가면 술은 재앙으로 다가온다. 술을 많이 마시는 사람은 다섯 가지를 잃는다고 한다. 첫째는 재물이요, 둘째는 건강이요, 셋째는 평상심을 잃어 공격적으로 변하여 이웃을 잃고, 넷째는 날마다 지혜를 잃으며 다섯째는 생명을 잃는다고 한다. 술을 즐기려면 절주하는 마음으로 대하는 것이 옳다.

－ 나를 사랑하라

이 세상에서 자기애가 가장 뛰어난 이들은 성인이나 성현들이라고 본다. 예를 들어 예수나 부처, 공자 그리고 간디 등 인류의 족적을 남긴 이들은 자기애가 남달랐다.

사람들은 자기애와 이기심을 혼동하는데, 둘은 전혀 다른 의미이다. 영국 출신의 오스카 와일드는 자기애(自己愛)를 가리켜 '평생의 로맨스'라고 했다. 현대인들이 가장 결여된 것은 자기애이다. 자기를 사랑하는 사람은 자긍심과 자존심이 바탕이 된 긍정적인 마인드로 세상의 어려움을 만나거나 기뻐서 환호할 일이 있을 때 거만하지 않고 겸손되게 세상에 자신을 드러낸다. 자기애가 있는 사람은 자신의 신념을 타인과 공유하려고 자기를 버린다. 부활을 믿는 자들이다. 기독교적인 부활이 아니라 자신의 신념이 불씨처럼 번질 것을 알고 있기 때문이다. 자기애를 키워야 한다.

피아니스트 서혜경 경희대 교수는 유방암으로 5시간의 대수술과 33차례의 방사선치료로 머리카락은 다 빠지고, 오른쪽 유방을 절제하여 오른쪽 팔을 쓸 수가 없었다고 한다. 유방암 수술은 임파선까지 절제술을 하는 게 일반적이기 때문에 피아니스트인 그녀에게는 오른팔을 원활히 쓸 수 없다는 결론이 의사에 의해서 내려졌다. 그녀는 절망했고, 우울증에 빠져 라벨의 '왼손을 위한 협주곡'만 연습했다고 한다.

그러나 그는 사이클 선수 랜 암스트롱의 투병생활과 그 자신이 이룬 올림픽 메달 소식을 접하고는 용기를 얻어 양손을 사용하여 라흐마니노프의 피아노 선율을 열정적으로 보여 주었다. 사람들은 그녀에게 응원의 박수를 보냈으며 그녀는 기꺼이 그들의 갈채를 받아들였다.

그녀가 고통을 통해 이루어 낸 값진 연주는 사람들에게 감동으로 다가왔었다.

그녀가 다시 무대에 설 수 있었던 일은 자신에 대한 믿음이었으며 자기애의 발로였다.

긍정적 자아와 부정적 자아의 충돌은 누구에게나 있다. 성공하는 자는 긍정적 자아의 소유자임을 누구나 안다. 성공이란 출세가 아니라 자신의 꿈을 이루는 자를 뜻함이다.

- 좋은 습관

나는 믿는다. 좋은 습관은 운명을 바꾼다고.

누구에게나 공평하게 주어진 시간을 어떻게 활용하느냐에 따라 삶의 질은 완전히 달라진다.

시간은 공기만큼이나 공평해서 늙었거나 젊었거나, 부자이거나 가난하거나 누구에게나 하루에 24시간이다. 하지만 그 시간은 쓰는 사람에 따라 많은 차이가 난다. 시간을 활용하는 방법은 습관을 들이면 된다. 습관이란 몸에 배게 하는 것이다. 그것은 자전거 타기나 수영과 같다. 한번 몸에 배면 결코 잊히지 않는다. 머리가 명령하기 전에 몸은 먼저 반응을 보인다. 그래서 좋은 습관을 어려서부터 익히게 하기 위해 어른들은 잔소리하기 마련이다.

나는 하루 24시간을 30여 시간처럼 사용한다. 그것은 습관대로 하루를 살기 때문이다. 오전 4시 기상을 80여 년 해 왔으며 반드시 아침운동을 하고 항상 같은 시간에 항상 같은 곳에 있다.

영국의 엘리자베스 여왕이 방한했을 때 그를 취재하던 기자들은 여왕이 노구에도 불구하고 모든 의전행사를 한 치의 오차도 없이 진행하여 놀랐다고 한다. 시간별로 움직이는 여왕을 보며 새삼 '귀족은 태어나는 게 아니라 만들어진다.'는 말을 실감했다고 한다.

나는 그 기사를 읽고 공감을 했었다. 습관은 몸에만 익으면 편안함을 준다.

좋은 습관 중에 하나 더 꼽는다면 검소함이다. 검약 또한 몸에 배어야 불편하지 않고 편리해진다. 인간 개혁의 시발점은 먼저 인간의 의식과 사고를 개혁하는 일이다. 사고가 바뀌면 당연히 행동이 바뀐다. 즉 생각이 행동을 지배하게 된다.

특히 지도자는 더욱더 검약한 생활을 해야 한다. 솔선수범하지 않으면서 아랫사람에게 따르라고 한다면 효과가 있을 리 없다. 나의 부산의 낡은 아파트에 낡은 TV나 가구 등은 나의 손때가 묻어 정겹다. 서울 백병원의 이사장실의 낡은 의자도 내게는 아직 쓸 만하다.

나는 나에게는 인색한 사람이며 타인에게는 자선가이기를 원한다. 절약은 바로 나를 위한 일이다. 소비품을 줄이므로 쓰레기가 줄게 되어 우리 학교의 교육이념인 자연보호, 생명존중, 인간 사랑과도 맥을 같이한다. 특히 절약은 우리가 후손들에게 건강한 지구를 물려 줄 수 있는 유일한 방법이기도 하다.

7. 나오는 말—인생은 아름답다

'세상이 너를 기다린다. 가서 네 것으로 만들어라.'

젊은이들에게 큰 소리로 일러 주고 싶은 말이다. 인과 덕으로 세상을 만나면 풀리지 않을 일이 없다. 인이란 어짊을 말하고 덕이란 사전적 의미로 '고매하고 너그러운 도덕적 품성이나 윤리적 의지대로 행동할 수 있는 인격적 능력'이라고 한다.

어질며 도덕적 품성을 몸에 익히고, 협동적인 사람은 선량한 이웃을 얻게 된다. 이런 사람만이 이상을 몸소 실천함으로써 삶을 값있고 의미 있게 만들며, 더불어 다른 이들을 통해 자신의 이상을 지상에 구현할 수 있다.

피겨 여왕 김연아 선수가 세계 정상에 우뚝 선 것은 과학적인 훈련이나 훌륭한 코치 그리고 그녀 자신의 노력이 아니라 바로 그녀가 꾸었던 꿈(바람)이 그녀를 세계 정상에 올려놓은 것이다.

인생은 그래서 아름답다. 자신의 꿈이 이루어지는 장이 바로 인생이기 때문이다. 자신의 삶을 사랑하는 자만이 꿈을 이룬다.

아홉

나를 변화시킨 인당리더십

1. 인당리더십과 나

　나는 1999년 인제대학교에 들어오기 전에는 길들지 않은 야생마 같았다. 보다 정확하게 말하자면 내가 인당 백낙환 박사를 만나기 전에는 '거칠었고', '날카로웠고', '공격적'이었다. 기자직이 준 이미지도 있었겠지만 '인성'에 대해 깊이 생각해 볼 겨를도 계기도 없었다. 내가 실패했다고 느껴 왔던 많은 것들이 인성교육의 부족에서 기인한 것이었다고 뒤늦게 반성해 본다. 물론 아직도 부족한 것이 많지만 인성교육의 중요성을 깨닫고 이것을 배우고 가르치게 되면서 소위 '철든다'는 말을 절감하게 된다. 언제나 가르치는 것이 배우는 것이라는 옛말을 새삼스레 실감하게 된다.

　인당은 틈만 나면 '겸손해야 한다', '덕을 쌓아야 한다', '바르게 살아야 한다'는 평범한 말과 솔선수범으로 주변을 '어질다'라는 '인(仁)의 바이러스'를 퍼뜨려 나갔다. 나는 나도 모르게 점점 '인의 바이러스'에 감염되고 물들여져 가고 있음을 깨닫게 됐다. 이것은 내 생활 속에 많은 변화를 가져왔다. 타인을 존중하는 법을 배웠고 말하는 법을 다시 공부하게 됐다. 성공의 주요한 변수가 되는 원만한 대인관계에 대한 공부를 다시 하게 했다. 과거 타인의 잘못과 실수에 대해 공식적인 자리든 사적인 자리든 불문하고 칼날 같은 '날카로운 지적'보다는 이제 보다 '순화되고 배려하는 지적'을 하게 됐다. 적어도 그렇게 하기 위해 노력한다.

　물론 여전히 '예리하다'는 평가를 받고 있지만 나름대로는 많이 노력한 것이라고 믿는다. 입이 부드러워지고 태도가 바뀌니 얼굴표정도 달라지게 됐다. 이것이 나이를 먹게 되면 그렇게 되는 자연스런 과정이라고만은 생각하지 않는다. 나이 들면서 마음은 더욱 닫히고 표정은 더욱 굳어지는 사람들도 많기 때문이다.

나는 인당리더십에 매료된 사람이다. 그의 '인의 교육철학'을 실천하려는 의지와 솔선수범하는 모습에 반했기 때문이다. 말 다르고 행동 다른 인간상이 얼마나 많은가. 내가 경험했던 한 조직에서도 '사회정의'를 내세우며 '나는 예외'라는 식으로 최고경영자가 표리부동한 행동을 하는 것을 목격한 적이 한두 번이 아니다. 누구나 아름다운 구호는 외칠 수 있으나 이를 실행하기는 힘들다. 설득의 힘은 실천에서 나온다. 인당리더십의 요체는 '인의 실천'이라고 나는 해석한다.

그래서 나는 인제대학교에서 흔히 보는 팻말의 '바르게 삽시다', '웃으며 인사합시다' 등 평범하지만 생활 속 지혜와 철학을 담고 있는 것을 좋아한다. 구호가 단순히 구호로 끝나면 의미가 없다. 이런 것을 스스로 체화하기 위해 노력할 때 의미가 있는 것이다.

인당리더십을 실천하기 위해서는 '정직, 성실, 근면'해야 한다. 학교의 교훈이자 인당의 생활철학이다. 여기에 '인간사랑'이라는 휴머니티가 함께해서 더욱 빛난다. 한 개개인의 인간을 사랑하고 생명을 존중하는 정신은 인당의 근본 사상이다. 이것을 상생과 나눔, 상호 존중 등의 다른 표현으로 나타낼 수도 있다. 자연보호는 후손을 위한 배려에서 나온다. 오늘날처럼 개발지상주의가 판치는 곳에서 자연보호는 쉽게 무시될 수도 있다. 그러나 인간이 자연과 함께 공생하려고 할 때 자연의 소중함은 더욱 빛난다. 인당의 자연보호 정신은 후손을 위한 사랑과 배려의 또 다른 표현이다.

나는 가까이서 인당을 10여 년째 지켜보며 함께 생활해 왔다. 원래 인간이란 멀리서 보면 좋아 보이지만 가까이서 함께 지내면 장점보다 단점이 더 두드러지는 법이다. 그래서 가까이 지내는 사람을 존경하기란 어렵다. 예수조차 자기 동네 나사렛에서 쫓겨나지 않았던가. 친인척, 가족 등 친한 사람들로부터 존경받기란 매우 어렵다는 점을 인정해야 한다. 물론 존경하기도 힘들다.

최고의 직업으로 생각한 기자직을 그만두고 신문사를 떠날 때 나는 하염없이 마음속 눈물을 흘렸다. 나는 단 한 번도 기자직에 대해 회의를 한 적은 없다. 다만 존경할 수 없는 사람을 모시고 일한다는 것은 괴로운 일이었다는 점을 고백한다. 특히 불법과 탈법을 요구하는 CEO와 함께 일하며 기자직을 유지한다는 것은 죄악이라고 판단했다. 그래서 존경하는 사람을 만나 함께 일한다는 것이 큰 축복이라는 것을 나는 더욱 굳게 믿는다. 내 인생에 두 명의 은인이 있다. 한 사람은 편협하고 날카로운 내 성정을 개선하는 데 묵묵히 인내하며 자기희생을 아끼지 않은 사람. 또 한 사람은 '사랑과 덕, 정직'을 몸으로 실천하며 그 중요성을 일깨워 주고 가르쳐 준 사람.

불민한 나는 이 지면을 통해 내 개인적인 무수한 실패의 경험담을 이야기하고자 한다. 특히 실패와 시련의 순간을 어떻게 벗어 나왔는지 그 순간을 되돌아보고 교훈을 공유하고자 한다. 31번 실패 후 32번째 시도 끝에 기적적으로 인제대 교수가 된 이야기는 이미 앞에서 밝혔다. 이보다 훨씬 더 많은 좌절은 어린 시절부터 이미 내 가까이서 함께했다. 처음으로 부끄럽고 어두웠던 과거 실패 이야기를 하며 어떻게 헤쳐 나왔는지, 누가 어떻게 도움을 줬는지 등을 정리한다. 세상은 도전하는 자에게 처음에는 냉정하게 부딪혀오는 듯하지만 끝내 손길을 내미는 법이라고 믿는

다. 인당도 '도움을 받을 자격이 있는 사람에게는 도움의 손길이 다가오
는 법'이라고 가르친다. 타임머신을 타고 오래전으로 시간여행을 떠난다.

2. 울릉도에서 탈출기, 3년간 도전과 실패의 과정을 거치다

경험법칙 1＝무언가 얻기 위해서는 온몸을 던져라

　나는 울릉도에서도 천부라는 시골에서 태어났다. 창문을 열면 온통 푸
른 동해바다와 갈매기만 보이는 듯했다. 외로운 섬 소년에게 바다는 놀이
터였고 친구였고 전부였다. 초등학교에서 육지, 자동차 등을 배우기 시작
하면서 육지에 대한 동경심은 날로 커져 갔다. 육지를 가로막고 있는 바
다가 미워졌다. 물장난과 고기잡이 등 어린 나의 투정과 재롱을 말없이
품어 주던 바다가 싫어서 바다를 향해 돌팔매질도 하고 욕도 했다. 육남
매 중 넷째인 나는 초등학교 3학년 때부터 육지로 보내 달라고 떼를 썼
다. 부모님은 한결같이 '너무 어리다'고 반대하셨다.
　초등학교 5학년 여름방학 때 기회는 왔다. 대구에 사는 친척이 울릉도
로 휴가차 우리 집에 잠깐 들렀던 것이다. 나는 이 찬스를 살려야 한다고
생각했다. 마침내 대구 이모님 댁으로 난생처음으로 육지구경이 허락됐다.
섬 소년에게 육지는 엄청난 별천지 경험이었다. 포항이라는 육지에 도착하
기 전 책에서나 봤던 택시가 움직이며 부둣가로 오는 모습은 신기한 별
세계였다. 촌소년은 한마디로 '뻑'갔다. 완전히 딴 세계를 보고 돌아온 나
는 더욱 울릉도가 미워졌다. 이제 나는 육지로 가야 한다는 확신에 찼다.

평소와 같은 방법으로 육지로 전학 보내 달라는 방법은 통하지 않을 것이라는 것을 알았다. 눈물과 단식투쟁이라는 방법을 동원했다. 당시 '먹보'가 밥을 먹지 않고 생떼를 부린다는 것은 엄청난 모험이었다. 투쟁 3일째 되던 날, 아버지께서 결단을 내려 주셨다. "저러다 얘 병난다. 당신이 대구로 전학할 수 있는지 한번 가 보라"고 어머니께 말씀하셨다.

전학 가능성을 확인하기 위해 어머니가 육지로 급파되는 것이었지만 나는 이미 전학이 결정 난 것처럼 기뻤다. 우여곡절 끝에 이모님의 도움으로 대구전학은 성공했다. 육남매 형제 중 넷째인 내가 제일 먼저 울릉도 탈출에 성공한 것은 순전히 눈물 덕분이었다. 작은 것 하나라도 쟁취하기 위해서는 전력질주, 일로매진하지 않으면 안 된다는 어릴 때의 교훈은 내 인생의 큰 교훈을 남겼다. 인당리더십에서 무언가를 쟁취하기 위해서 '전력투구'하라는 주문을 하고 있다.

3. 대구 정착기, 싸워라 울면 지는 것이다

경험법칙 2 = 어떤 상황에서도 처음부터 미리 겁먹지 말고 포기하지 마라

대구로 전학 온 나를 육지 아이들은 '오징어, 수루메달구지, 울릉도' 등으로 불렀다. 울릉도 천부초등학교에서 반장하던 나를 이름조차 부르지 않으며 무시하고 얕봤다. 나의 이름은 대구에 도착하는 순간 사라지는 굴욕을 당했다. 방과 후가 되면 나는 반 아이들을 상대로 '맞짱'을 붙었다. 싸움의 첫 상대는 반에서 15위권(한 반 정원이 당시는 80여 명이었다)의

'동권'이. 내 편은 단 한 명도 없었고 모두들 동권이 편을 들었다. 그러나 동권이는 처음부터 내 상대가 아니었다. 눈이 큰 동권이는 간단히 제압됐다.

다음 상대는 바로 10위권으로 뛰었다. 반 주먹서열 10위권을 물리치고 5위권까지 올라오는 데 수개월이 걸렸다. 승리해도 상처는 남는 법. 전학 학교에서 쉽게 정착하지 못하고 옷이 찢어지고 입술이 터지는 괴로운 나날 속에 육지생활의 고달픔과 외로움은 어린 나를 흔들었다. 다시 고향으로 돌아가고 싶었다. 그러나 의기양양하게 떠나온 내 모습이 부끄러워 다시 돌아가겠다는 말도 할 수 없었다.

주먹서열 3위까지는 덩치 면에서나 주먹 세기에서 도전하지 않는 것이 현명할 것 같았다. 4, 5위 다툼이 치열했다. 이름도 잊을 수 없는 이대순. 그는 발은 잘 못 쓰는 편이었지만 접근전에서 주먹이 빨랐다. 그와 이기고 지고를 거듭하는 사이에 나는 더 이상 놀림감이 아니었다. 부당하게 놀리고 무시하는 데 대해서는 이를 악물고 대들었다. 내 권리는 내가 지키고 챙겨야 한다는 것을 몸으로 배우고 느꼈다.

인당리더십은 '포기하지 말라'고 가르치고 있다. 나는 그 당시 포기가 뭔지도 몰랐지만 울릉도를 떠나올 때의 자존심만큼은 지키고 싶었다.

4. 대학 삼수생, 너 자신을 알라

경험법칙 3 = 패자는 서럽다. 인생의 승리자가 되도록 이를 악물어라

나는 소위 일류대학에 가지 못했다. 그것도 내가 우겨서 재수하고 부모

님이 반대한 삼수까지 했지만 끝내 일류대는 나를 거부했다. 재수, 삼수 때 비참한 생각이 더욱 나를 초라하게 만들었다. 한국사회에서 대학 낙방자는 인생의 실패자쯤으로 취급받는 것은 예나 지금이나 다르지 않다.

재수 2년간 해가 뜨기 전에 학원을 가려고 했고 밤이 늦어서야 집으로 돌아왔다. 세상 모두가 나에게 손가락질하는 듯했다. 군신체검사까지 받은 뒤, 막판에 몰려 할 수 없이 건국대학교 축산대학을 진학하게 됐다. 나의 적성과는 아무 상관없이 장학금 많이 주는 '촌놈우대학교'로 알려진 건국대학교에 진학했지만 행복할 수 없었다. 행복한 대학생활을 할 수 없었기에 더욱 인생의 승리자를 꿈꿨다. 그러나 길은 보이지 않았고 돈 없고 빽 없는 신세타령만 했다. 삼류 인생, 패자는 비참하다는 것을 체험하며 인생역전을 위해 묘수를 찾아 헤맸다.

인당리더십은 시련과 실패를 두려워하지 말라고 한다. 그리고 실패의 원인을 항상 내부에서 찾으라고 가르친다. 그러나 나는 실패를 내 안에서 찾기보다는 부모 탓, 가정환경 탓 등 외부로 돌렸다.

5. 축산대생의 기자도전과 실패, 한국을 떠나다

경험법칙 4 = 무엇이든 성실하게 노력하라. 바람은 다른 곳에서 분다

나는 군을 제대한 후 비로소 미래에 무엇을 해야 할지 자신에 대해 분석하기 시작했다. 조금이라도 남보다 잘할 수 있는 것이 무엇인지를 찾으려 노력했다. 도서관에서 우연히 본 직업소개책자에서 기자직에 대해 알

아봤다. 기자직의 세 가지 특징이 눈에 띄었다. 우선 기자직은 머리가 좋을 필요가 없다는 것이 나의 눈을 사로잡았다. 대신 국어는 잘해야 한다는 것이 마음에 들었다. 또한 전공도 묻지 않고 다만 성실해야 한다고 적혀 있었던 것으로 기억한다.

그 무렵, 전두환 군사정권 시절 대학 중간고사가 임박한 시점에 청와대가 건국대학교 운동장을 빌려 '아아 대한민국' 노래를 틀어 놓고 운동회를 벌였다. 나는 당시 도서관에서 공부하고 있었지만 '면학분위기' 운운하던 자들의 이중적 행태가 믿어지지 않아 분연히 일어났다. 모두들 도서관을 뛰쳐나가 항의를 벌여 운동회는 중단됐다. 그러나 다음날 신문에 난 기사들은 한마디로 엉터리, 왜곡 보도였다. 학생들은 분개하며 언론을 규탄했다. 나도 돌을 던지고 싶었지만 '지금은 참겠다. 그러나 내가 기자가 되면 그때 지금의 울분을 잊지 않고 정확하고 공정하게 작성하겠다.'고 다짐했다.

그러나 3년을 하루같이 도서관에서 새벽 5시에 일어나 밤 11시 30분 통금 전까지 공부했건만 증명사진 50장(이력서용)을 모두 소비해도 합격 소식은 없었다. 그때도 언론고시의 어려움은 대단했다. 연령제한에 걸린 나는 더 이상 시험을 볼 수 없게 되자 한국에서의 도전을 포기했다. 돈 없는 내가 유학은 상상도 해 본 적이 없지만 한국에서는 갈 곳도 할 것도 없었다. 한국을 떠나기로 했다. 재정보증 없이 갈 수 있는 곳이 이스라엘이었다. 이스라엘 키부츠를 향해 정처 없는 패자의 발걸음을 옮겼다. 오스카 와일드가 남긴 명언 "불만은 개인과 국가가 진보하기 위한 첫걸음이다.(Discontent is the first step in the progress of a man, of a nation.)"을 가슴속 깊이 새기면서……

비록 3년 기자공부를 열심히 했지만 남은 것은 없고 성과도 없었다. 그러나 인당이 강조하는 성실 하나는 배우고 실천한 셈이다. 무엇을 하든 성실하면 길이 열린다는 인당의 가르침을 당시는 몰랐을 뿐이다.

6. 별을 봐야 별을 딴다. 이스라엘에서 영국으로의 첫 여행

경험법칙 5 = 뜻이 있는 곳에 길은 있다

이스라엘 키부츠에서 히브리어를 배우다 영국에 잠깐 다녀가기로 결심했다. 그때 한국에서 우연히 만났던 영국인 크리스 교수가 영국을 한번 다녀갈 것을 제의했기 때문이다. 그는 연세대학교 언어학당 초청으로 한국을 왔다가 명동 길거리에서 우연히 나와 만나 알게 된 사람이다.

영국을 찾아간 나에게 크리스는 노팅햄 대학을 구경시켜 주고 나의 진로에 대해 상의했다. 저널리스트가 꿈이라는 나의 말에 그는 저널리즘 스쿨로 유명한 런던시티대학교와 카디프대학교를 동시에 추천했다. 현실적으로 합격할 확률이 50%가 되지 않는다면서 그는 나에게 큰 기대는 하지 말라고 말했다. 당시 이스라엘 키부츠에서 태권도 사범 일을 하고 있던 나에게 열심히 태권도나 하라고 조언했다.

이듬해 다른 사람들보다 두 달 늦게 런던시티대학교는 저널리즘 스쿨 대학원 과정 합격통지서를 보냈다. 객관적 조건에서 합격수준에 미달됐지만 영국교수의 추천서(REFERENCE)가 재심사를 하도록 했다는 말을 뒤늦게 리처드라는 교수로부터 들었다. 크리스 교수의 추천서 한 장이 나의 불합격 결과를 바꾼 셈이다. '우연한 인연'을 가볍게 여기지 말라. 합격은

했지만 돈 한 푼 없는 내가 비싼 등록금 준비는 또 다른 절망적인 과제였다. 인당은 항상 '뜻이 있는 곳에 길이 있다'라는 말을 강조한다. 모든 준비를 완벽하게 한 후 길을 떠나기란 쉽지 않다.

인당은 '세상에 도움을 받을 만한 자격이 있는 자에게 손을 내미는 법'이라고 말한다. 우여곡절 끝에 겨우 런던시티대학교 저널리즘 스쿨에 들어갔지만 준비 안 된 나에게 기다리는 것은 시련과 실패뿐이었다.

'우연한 인연-영국 크리스 교수와의 만남

인생은 때로 우연한 인연 때문에 바뀌는 경우도 종종 있다. 나는 연세대학교에서 초청한 크리스 교수와의 우연한 만남으로 내 인생의 항로가 바뀔 줄은 상상도 하지 못했다. 당시의 인연이 맺어졌던 상황을 재구성해 본다.

———

'값싼 미소'의 대가.

때는 1980년대 초. 장소는 서울 롯데백화점과 롯데호텔 사이 통로. 건대 축산대학교에 재학 중이던 나는 영어회화 공부를 위해 외국인을 물색하고 있었다. 촌놈인 나는 늘 돈이 부족해서 사설 외국어 학원에 다닐 형편이 못 됐다. 대신 길거리에서 만나는 외국인은 대부분 말을 걸어서 잠깐씩 회화를 공부하는 식이었다. '운명의 그날'은 나에게 매우 '운수 좋은 날'이었다.

외국인을 물색하던 중 '무난해 보이는' 한 외국인이 푸른 눈을 반짝이며 킴 쪽으로 향해 걸어오고 있었다. 나는 그를 유심히 쳐다봤다. 그러자 그 외국인은 살짝 미소를 보이는 듯했다. 나도 자신을 향해 우호적인 자세를 보인다고 판단하고 활짝 웃음과 함께 일어나서 접근했다.

"Hello, can I speak to you?"

나의 어설픈 영어실력은 그래도 간단한 의사소통 정도는 가능했다.

"yes, yes……"

그 외국인은 생각보다 친절했고 따뜻하게 맞아 주는 듯했다. 그는 어디서 대화를 하면 좋은지 나에게 되물어봤다. 나는 대답했다.

"Anywhere"

어디든 좋다고 말했지만 사실은 커피나 차 사 줄 돈 없으니 알아서 해라. 만약 커피숍에 가자고 하면 '너가 돈 내야 한다'는 의미를 모두 함축하고 있었다. 적어도 나는 그렇게 생각하고 한 답변이었다. 그는 잠시 생각하더니 자신이 묵고 있던 호텔로 가자고 했다.

나는 속으로 '오늘은 운수 좋은 날'이라고 생각했다. 그때가 한창 여름 더운 때였고 난생처음 고급 호텔도 구경할 수 있다고 생각했기 때문이다. 호텔 안은 에어컨 때문에 너무나 시원했다. 엘리베이터를 타고 올라가는 동안 나는 짧은 내 영어실력 때문에 말 준비를 하느라고 긴장했다. 이미 몸의 땀은 말라 버렸다. 역시 고급호텔이라고 생각했다. 이 외국인은 자신을 '크리스'로 소개했고 연세대학교 초청으로 한국에 오게 됐다고 말했다. 방에 들어오자마자 그는 나에게 대뜸 이렇게 말했다.

"Kim, you can take shower before me."

남의 호텔까지 와서 '웬 샤워.' 나는 대답했다.

"It's okay. No thank you."

그러자 그는 자신이 옷을 벗고 샤워하러 들어갔다.

나는 그가 샤워할 동안 어떤 말을 할 것인지 영작은 어떻게 할 것인지 갖은 궁리와 준비를 했다. 이윽고 그는 샤워를 마치고 나를 정면으로 바라보며 침대에 걸터앉았다. 그런데 문제가 생겼다. 바로 보기 민망할 정도로 그는 실오라기 하나 걸치지 않고 앉아서 나를 쳐다보는 것이었다. 나는 당황하기 시작했다.

"이게 무슨 일이야…… 왜 옷을 하나도 걸치지 않았지. 영국은 손님 접대를 이렇게 하나. 같은 남자라고 너무 심한 것 아닌가. 뭘 하나 걸치라고 영어로 어떻게 하지……"

짧은 시간에 별의별 생각이 다 들었다. 입은 오그라 붙었고 얼굴은 벌겋게 달아올랐다. 고개는 숙이고 있었지만 머릿속은 하얗게 아무 생각도 나지 않았다. 크리스는 다시 나에게 말을 걸었다.

"Kim, what happened to you. You look tense……."

대충 이렇게 말한 것 같은데, 나는 당황하여 정신이 없었다. 다시 말은 나오지 않고 마음속은 이렇게 외쳤다.

"당신 보면 모르겠소. 같은 남자끼리 너무 심한 것 아니오. 뭘 하나라도 걸쳐야 할 것 아니오……."

말없이 당황하는 사이에 그는 벌떡 일어나 나에게로 다가왔다. 상황은 점점 이상하게 흘렀다. 내 오른쪽 옆으로 다가온 그는 나의 오른쪽 어깨를 부드럽게 잡으며 그의 손을 이동해 갔다.

당시 반팔 티셔츠 차림이었던 나는 그의 손이 옷 위에 머무는 짧은 시간 동안 다시 곤경에 빠졌다.

"이게 무슨 해괴한 행동인가. 내 어깨는 옷으로 덮고 있지만 곧 이 손이 내 맨살인 팔로 옮겨 가면 나는 어떻게 해야 하나. 어떻게 이런 일이 나에게……."

그의 손은 뱀이 미끄러지듯 조심스럽게 그러나 매우 부드럽게 내 어깨를 타고 하강하고 있었다. 그는 무슨 야릇한 신음까지 내고 있었다. 도저히 더 이상 앉아 있을 수 없는 한계상황에 도달했다고 나는 판단했다. 펄떡 일어나며 말했다. 영어 끝 한국어 시작이었다.

"야 임마, 니 지금 뭐 하노. 나는 남자다……."

이 말과 함께 '영국은 젠틀맨의 나라, 당신은 교수' 운운했지만 그가 알아들었을지는 자신이 없다. 놀란 쪽은 내가 아니라 그였다. 그는 매우 놀란 표정을 지으며 이해할 수 없다는 태도를 보였다. 뒤 늦게서야 그는 자신이 호모라는 사실을 고백했다. 그리고 남자와 함께 있으면 가슴이 뛴다고도 했다. 나는 호모가 아니라고 답변하자 그는 정중히 사과했다. 나는 길거리에서 모르는 남자끼리 미소를 주고받으면 그것이 '사인'이라는 사실을 뒤늦게 알게 됐다.

그는 나의 의사를 존중하며 진심으로 사과하는 듯했다. 나는 간다며 호텔을 나오려 하자 그는 종이를 내밀며 영어와 한글로 '건국대학교 정문에 내려주세요'라는 글을 써 달라고 부탁했다. 그리고 연세대학교에서 특강이 끝나면 나를 만나러 건대 도서관으로 오곤 했다.

손도 한번 잡지 않았지만 그는 나와 함께 있는 것을 좋아했다. 당시 나의 여자 친구도 만나고 함께 식사도 했다. 그가 한국을 떠나면서 영어공부 열심히 하라며 영영사전도 사 주고 갔다. 그러나 나는 그를 간단히 잊었다. 기자시험에 매달리며 수도 없이 낙방하고 있었기 때문이다.

끝내 언론고시에 실패하고 이스라엘로 탈출하게 된 것도 그가 보내온 영국대학교 팸플릿 때문이었다. 그는 자신의 학교로 돌아간 후 나에게 장학금을 지불하고 데려올 방도를 찾아봤지만 불가능했다는 글을 보냈다. 다만 참고로 자기의 학교 팸플릿을 보낸다고 했다. 외국은 상상도 못해 본 내가 외국으로 눈을 돌리게 된 것도 바로 크리스 교수 덕분이었다.

영국으로 바로 가고 싶었지만 재정보증이 안 되는 내가 갈 수 있었던 곳이 이스라엘이었다. 그곳에서 영국으로 다시 가게 된 것도 크리스 교수 덕분이었다. 새로운 세상에 눈을 돌리는 데는 항상 계기가 있게 마련이다. 저널리즘 스쿨 지원과 합격 모두 그의 도움 때문에 가능했다. 호모 크리스는 내 인생의 항로를 바꾸고 불가능해 보였던 내 꿈을 이루는 데 일등공신이 된 셈이다. 초라한 몰골로 영국을 찾아갔던 나를 인디언 레스토랑에 데려가 '카레'를 사 주며 격려했던 고마움을 지금도 잊지 못한다. 끝내 기자가 된 후 91년 걸프전쟁 취재를 위해 이스라엘로 가는 길에 영국에 들러 다시 크리스를 만나 이번에는 내가 그 인디언 레스토랑에 그를 초청하여 대접했다. 그는 '당신은 기자가 될 줄 알았다'며 마치 자기 일처럼 기뻐해 줬다. 지금도 영국에서 살고 있는 크리스 교수에 대한 고마움은 내 인생과 함께할 것이다. 나는 호모를 특별하게 부정적으로 생각하지 않는다. 그들도 자신의 의지와 무관하게 그렇게 태어난 것으로 이해하기 때문이다. 다르다는 이유로 손가락질한다는 것은 당사자에게 너무 큰 상처가 된다. 인생은 우연 속에 인연이 맺어지고 그 결과는 또한 뜻하지 않은 성과물을 가져오기도 한다는 진리를 터득했다. 이와 또 다른 희한한 인연 이야기는 다음 기회를 봐서 공개할까 한다.

7. 무일푼으로 영국유학행에 오르다

경험법칙 6 = 모든 준비를 완벽하게 해야 되는 것은 아니다. 부족한 대로 부딪혀라. 성공은 실패와 좌절 뒤에 오는 법이다

이스라엘에서 태권도를 배웠던 유대인 제자와 그 부모들이 거짓말처럼 적지 않은 돈을 후원금으로 가져왔다. 그들은 진정으로 한국의 태권도를 사랑했고 동양인의 열정을 높이 평가했다. 인색하기로 소문난 유대인들도 자신들이 믿는 사람에게는 후하게 금전적 지원까지 해 줬다. 전혀 예상하지 못했던 도움이었다. 한국에서 빈털터리로 이스라엘로 와서 태권도 사범하고 있던 한심한 처지에서 갑자기 영국행 비행기 표를 끊을 수 있게 됐고 수중에 돈도 기적처럼 생겼다. 나에게는 믿기 힘든 기적이었다.

그러나 비행기 삯을 제하고 학교에 등록금 3분의 1 정도를 낸 뒤에 남은 것은 한 달 치 월세가 전부였다. 영국의 런던은 월세가 아닌 주 단위로 집세를 냈다. 등록금 완납을 못 한 나는 학교에서 쫓겨날 위기에서 또다시 기적 같은 도움을 받는다. 만난 지 한 달밖에 되지 않는 영국 런던 대학교 학부 1년생 로스 케빌이 자신이 모아 둔 소중한 돈 당시 1백만 원을 등록금의 일부로 빌려 줬다. 그것이라도 추가로 지불하니 학교 측 빚 독촉이 좀 줄어들었다. 대학후배 가익현이가 다시 도움을 줬다. 등록금과는 별개로 런던에서의 궁핍한 생활은 정말 견디기 힘들었다.

더구나 비와 안개가 잦은 우울한 날씨는 나의 잿빛 미래를 보는 듯했다. 하루의 의식주 해결조차 되지 않는 상황에서 공부는 무의미해 보였다. 관자가 말한 '곳간이 차야 예절을 알고 의식이 족해야 영욕을 안다'고 한 말이 너무나 실감 났다. 모든 것을 던지고 포기하고 싶은 생각이 자주 나를 흔들었다. 어떻게 버텨 냈는지 지금 생각해도 아득하다. 무모한 도전이었다. 그러나 가진 것도 배운 것도 부족한 내가 할 수 있는 것은 강렬하게 도전 또 도전하는 것뿐이었다. 성적 미달로 재시험을 치는 등 우여곡절을 거쳤으나 마침내 석사과정을 성공적으로 마쳤다.

인당은 스승의 가르침과 못다 한 사명을 다하기 위한 의무감 같은 것이 있었다. 나는 그런 것 없이 그냥 생존에 급급했다. 다만 축산학이 아닌 저널리즘 공부를 하고 싶다는 강렬한 열망이 있었을 뿐이다.

8. 국내 신문사는 외면당해 AP통신사에 노크했다

경험법칙 7 = 그 누구도 나를 위해 붉은 카펫을 깔아 놓지 않는다. 스스로 찾아나서라

영국 저널리즘 석사를 마치고 곧바로 국내 언론사로 향했다. 이제 저널리즘 공부를 하고 왔으니 나를 무보수로 6개월만 고용해 보라고 하소연했다. 동아, 중앙, 조선일보를 차례로 돌았다. 당시 창간준비 중이던 한겨레신문도 찾아갔다. 모두들 하나같이 손을 흔들며 거절했다. 먼 길을 돌아 저널리즘을 공부하고 다시 기자가 되기 위해 돌아왔건만 또다시 실패는 거듭됐다. 한고비를 넘겼다고 생각했는데 이렇게 좌절이 가까이 있다는 데 실망감을 금할 수 없었다.

언론계의 한 선배가 '당신은 영어가 되니까 외신을 노크해 보라'고 조언했다. 영문 이력서를 각 외신사에 보냈다. 운 좋게 AP통신사에서 면접하러 오라는 연락을 받았다. 5시간의 영어시험과 면접을 치른 후 기적처럼 미국의 대언론사 AP통신사 서울 특파원으로 일을 시작할 수 있었다. 나는 지금도 한국인과 인터뷰하는 데 콤플렉스를 갖고 있다. 이들은 단 한마디로 나를 꼼짝 못하게 하는 비수를 지니고 있었다. "한국에서 어느

대학, 무슨 과를 나왔지요." 이 한마디면 더 이상 결과는 묻지 않아도 뻔했다. 외국인은 '내가 무엇을 할 수 있는지, 이 직업을 갖기 위해 어떤 준비를 해 왔는지' 능력과 동기 등을 물었다. 수많은 실패 속에 한국은 철저한 연줄-학연, 지연, 혈연-사회임을 체험했다.

그래서 한국은 모두가 일류대를 들어가고자 한다. 그 한번으로 인생은 편하게 살아갈 수 있는 곳이 한국이다. 대신에 그런 대학에 가지 못한 사람들은 끊임없이 자기의 능력을 입증시켜야 하고 편견과 싸워야 한다. 이런 사회현상에 대해 한때 불만이 많았지만 인정하기로 했다. 이것이 반드시 나쁜 것만은 아니다. 긴장감을 갖고 노력한다는 것은 안주하는 경쟁자들보다 훨씬 더 경쟁력을 높일 수 있기 때문이다. 대신 기억해야 한다. 일류대 출신이 아닌 그대는 스스로 자신을 위한 붉은 카펫을 찾아내야 한다는 것을.

인당은 서울대 의대출신이기 때문에 이런 설움에 대해서는 잘 모를 수 있다. 그러나 교수모집 시 능력과 동기 등을 꼼꼼히 따져 본다는 점은 배워야 할 부분이다. 간판도 중요하지만 능력검증은 필수코스가 되고 있다.

9. 눈물을 머금고 신문사를 떠나다

경험법칙 8 = 작은 성공은 더 큰 시련과 좌절을 준비하고 있다. 해고당하기 전에 먼저 자신을 해고할 수 있는 자신 인생의 주도자가 되라.

기자직은 신났다. 기사로 사람들의 의식에 영향을 미칠 수 있고 작은 정의를 실천한다는 것은 가슴 벅찬 즐거움이었다. 국내 언론사로 옮겨서 새로운 배움은 계속됐다. 기사작성의 매력과 흥분은 경험해 본 자만이 느낄 수 있는 것이다. 그러나 신문사란 곳이 책갈피에 적혀 있는 그런 정의와 진실을 찾아 헤매는 지고지순한 곳은 아니었다. 특히 검증되지 않은 사주의 일방적 지시와 부당한 요구는 기자직을 초라하게 만들었다. 직장을 떠나는 존경하는 선배의 뒷모습에 내 모습이 겹쳐졌다.

불과 몇 년 뒤 나는 소신을 접고 생활인이 되거나 소신대로 살다가 직장을 떠나야 하는 운명의 선택을 하게 될 것이 분명해 보였다. 다시 영국행을 결심했다. 전세금을 빼내 박사과정을 할 등록금을 마련했다. 공부는 때가 있는 법이라고 믿었다. 당시 나는 지금은 자신을 위해 투자할 때라고 판단했다. 아내의 지지와 격려가 힘이 됐다.

우여곡절 끝에 영국에서 박사학위를 마치고 다시 신문사 기자생활을 시작했다. 상황은 과거보다 더 나빠져 있었다. 나는 사기업에서 행복하지 못한 기자생활을 차라리 접고 싶었다. 그러나 그 이후 아무 대책이 없었다.

그렇게 어렵게 먼 길을 돌아 기자가 됐건만 이제 희망도 즐거움도 없었다. 게으른 기자가 되어 가는 자신을 그냥 보고 있을 수 없었다. 끝내 스스로에게 해고를 선언했다. 주변에서 말렸지만 30대에 이런 모험을 해보지 않으면 앞으로 기회가 없을 것 같았다. 직장을 떠나는 것은 본인의 선택이지만 그 결과에 대해서도 고스란히 책임을 져야 한다. 대책 없는 나는 갈 곳 없는 떠돌이 신세로 전락했다.

인당은 정직을 강조하지만 정직하기 위해 노력한 내가 갈 곳은 없었다. 현실 속의 정직은 관행이라는 편의함과 부딪혔다. 사주의 영업이익과 배치됐다. 인당의 정직사상은 결국 현실과 조화를 이루지 못하는 결과를 빚었다. 정직하지 못한 집단에서 무슨 기자정신을 발휘할 수 있을 것인가.
그것이 나의 결론이었다.

10. 자유기고가, 오징어 장사, 학원 운영 등 할 것은 많아도 하나같이 돈은 안 되고……

경험법칙 9＝남들의 성공을 가볍게 생각하지 마라. 의욕만 믿고 준비 없이 뛰어들면 망한다는 것은 진리다

진정한 기자가 되기 위해 조직을 떠나 월간조선, 신동아 등 시사잡지에 시사적인 문제를 찾아 기고하는 데 힘을 기울였다. 이른바 자유기고가가 됐지만 밥벌이는 되지 않았다. 그래서 인천의 시장 한 모퉁이에 오징어가게를 하나 열었다. 간단하게 실패하고 문을 닫았다. 외국어학원도 인수하여 운영해 봤지만 뜻대로 되지 않고 당시 보증금 7천여만 원을 날렸다. 원래 없는 놈이 엉뚱한 데 투자하고 쉽게 날리는 법이다. 물론 이런 와중에도 영국 박사 학위가 있기 때문에 신문에 교수모집 공고를 보고 열심히 서류를 제출했다.

나는 지금도 한국에서 교수를 어떻게 선발하는지에 대해 의구심을 갖고 있다. 기준도 자의적이고 과정도 불투명하고 결과도 납득하기 힘들고…… 한국 대학의 경쟁력이 떨어지는 가장 큰 이유가 교수모집의 불투명성과 불공정성 때문이라고 나는 믿는다. 내가 잘할 수 있는 것을 찾아 헤맸지만 미디어 분야를 제외하고는 신통치 않았다. 남들은 쉽게 성공하

는 것 같았지만 겉보기와는 달랐다. 나름대로의 경험과 노하우 이런 것이 없이 섣불리 타 분야를 넘본다는 것은 도박이나 다름없다는 것을 깨달았다. 다행이라면 이런 실패와 좌절이 30대에 있었다는 것 정도다.

먹고살기가 이렇게 어렵다는 것을 체험한 소중한 시기였다. 세상에 직업은 많고 많아도 내가 잘할 수 있는 것은 극히 일부분이라는 사실을 크게 깨달았다. 인당은 그래서 외길 인생, 한 우물을 파라고 가르치고 있다. 다만 그 우물이 미래 투자가치가 확실한 샘이 솟는 우물이라는 확신이 있어야 한다. 인당은 힘이 분산되면 무엇이든 이루기 힘들다는 사실을 강조했다. 나는 그것을 체험으로 값비싼 대가를 치른 후 배웠다. 미련한 자는 값비싼 대가를 치르고도 깨닫지 못하는 경우도 있다.

11. 정직과 성실의 가치를 높이 평가한 인당

경험법칙 10 = 어떤 상황에서도 섣불리 예단할 필요도 없고 미리 포기할 필요도 없다. 기적은 가끔 전혀 예상치 못한 곳에서 일어나기도 한다

나는 7년 동안 31번 대학교수 모집에 응모하여 31번 떨어지고 32번째 기적적으로 인제대학교에 들어오게 됐다. 내가 응모한 한 대학교는 영어 강의 가능자를 뽑는다고 해 놓고 버젓이 국내박사학위자이며 영어강의가 되지 않는 후보자를 뽑는 것을 목격하기도 했다. 한 대학교에서는 아예 대리논문을 몇 년간 작성해 준 사람을 위한 모집공고를 내는 바람에 원서조차 내 보지 못한 경우도 있었다. 지금도 납득하기 힘든 한국의 대학

교수채용 방식 때문에 눈물을 흘리는 후보자들이 얼마나 많은가.

그러나 인제대학교는 철저한 과정을 거치면서도 공정하고 투명하게 선발하기 위해 최선을 다하는 모습을 목격할 수 있었다. 인당은 최종적으로 나를 직접 심층 인터뷰했다. 나는 남들보다 좀 더 오랜 시간을 면접했던 것으로 기억한다. 타 대학교에서 했던 말을 그대로 거침없이 쏟아놓았다. 그렇게 해서 그토록 떨어졌건만 나는 내 스타일을 바꾸지 않았다. 오죽하면 나를 아끼는 선배가 '그런 식으로 면접하면 어느 대학에서 당신 같은 사람을 뽑겠느냐'며 입을 다물라고까지 부탁한 적이 있다.

나는 타 대학교 교수는 어떻게 임용됐는지 잘 모르기 때문에 함부로 뭐라고 말하지 못한다. 대신 인제대학교 교수들만큼은 투명하고 엄정한 과정을 거쳐서 선발된 우수교수들이기 때문에 전공 불문하고 존경하고 좋아한다. 함께 일을 해 봐도 정말 뛰어나고 귀감이 될 만한 분들이 많다는 확신을 갖게 된다.

인제대학교를 만나기 위해 이렇게 많은 실패의 과정을 거쳤는가 생각이 들 정도였다. 교정에 쉽게 볼 수 있는 '바르게 살자'는 평범한 구호가 좋고 '웃으며 인사하자'는 생활철학이 마음에 들었다. 고비를 끝내 넘기고 인제대학교 같은 과분한 대학에 올 수 있었다는 점에서 나는 대박을 터뜨렸다고 생각한다. 이제 남은 것은 인제대학교에 대해 고마운 빚을 얼마나 어떻게 갚아 가느냐 하는 즐거운 고민만 남은 셈이다. 고비를 넘기면 힘든 과거는 찬란한 자산이 된다.

12. 인생의 스승, 인당 백낙환 박사와 만나다

경험법칙 11 = 눈앞의 안위에 연연하지마라. 훌륭한 분을 모시고 일한다는 것은 축복 중의 축복이다

인제대학교에 들어오고 난 뒤 멀리서나마 가끔 뵙던 인당 백낙환 박사를 가까이서 몇 번 접할 기회가 생겼다. 말로는 훌륭한 분이라는 소문을 들었지만 내 눈으로 확인하고 겪어 보지 않고는 섣불리 단정하지 못한다. 나는 기자 시절에 수많은 사람들을 만나고 겪어 봤기 때문에 나름대로 판단할 수 있는 근거와 관점이 있다고 자신했다. 기자직은 아침에 전과 22범도 만나고 저녁에는 성자도 만나는 특권을 누릴 수 있는 희귀직종이다. 수많은 특이한 사람들, 성공한 사람들, 실패한 사람들을 만날 수 있는 만남의 직업이 기자직이다.

나는 인당이 실제로 윤리경영을 위해 노력하고 학생들을 사랑하는 구체적 모습을 목격하게 되면서 큰 감동을 받았다. 특히 학교에 대한 자부심과 긍지를 가질 수 있도록 교수임용에 관한 한 절대적 투명성과 공정성을 실천하는 모습은 어디 가서도 큰소리칠 수 있도록 만들어 줬다.

해외입양 학생들을 위해 국제인력지원연구소를 만들자는 좀은 생소한 제의를 했는데도 기꺼이 예산을 허락해 줬다. 2009년 현재 그동안 11개국 160여 명의 해외입양학생들이 인제대학교에 와서 기숙사생활을 하며 한국어와 한국문화 등을 한 학기 동안 체험하도록 지원하고 있다. 국가가 해야 할 일을 지방의 사립대학교가 전국에서 유일하게 하는 관계로 자주 언론에 오르내리고 있다. 나는 이 해외입양인 프로그램을 운영하는 국제

인력지원연구소(IIIHR = Inje Institute for International Human Resources) 소장을 9년째 맡고 있다. 솔직히 지쳐 가고 있지만 차마 '그만하겠다'는 말을 못 하고 있다.

따스한 사랑과 정이 넘치는 캠퍼스를 만들기 위해 아낌없이 조경에 투자하는 학교, 학교 청결을 위해 청소용역을 타 대학에 몇 배나 더 투자하는 학교, 매학기 더 나은 교육환경을 위해 아낌없이 투자하는 학교. 학생들에게 인성교육을 강조하며 이를 실천하기 위해 시설개선작업을 쉼 없이 진행하는 대학교. 이런 대학교를 만들기 위해 80대의 노구를 이끌고 5개 병원과 인제대학교를 매주 빠짐없이 도는 성실파 인당 백낙환 박사 때문에 나는 이 학교를 떠나지 못했다.

나는 지금도 인천에 집이 있어 매주말이면 집으로 간다. 과거 내 자가용은 대한항공이나 새마을이었다. 지금의 내 자가용은 KTX이다. 일 년에 교통비만 해도 만만치 않지만 이 정도의 대가는 지불하고라도 인제대학교는 계속 다닐 만한 매력적인 대학이라고 믿는다. 솔직히 한때 타 대학교에서 오라는 제의도 받았지만 감사한 뜻만 전하고 사양한 데는 바로 인당 백낙환 박사의 소중한 가르침과 어려웠을 때 나를 뽑아 준 데 대한 초심을 저버리지 못했기 때문이다.

나는 훌륭한 인생의 스승 인당을 모시고 나를 더 발전시킬 수 있어 감사하게 생각한다. 멋진 동료교수들과 함께 운동을 하고 함께 국제인력지원연구소를 운영할 수 있는 것도 신나는 일이다. 어느 대학을 가도 인제대학교 학생들만큼 교수들에게 인사 잘하는 학교는 보지 못했다. 웃음 가득 담고 반갑게 인사를 건네는 인제대학교 남학생과 여학생들은 멋져 보인다.

　　인제대학교 교직원들의 충성심과 헌신성도 간과할 수 없다. 타 대학의 권위주의적인 학교행정 스타일에 비해 인제대학교 교직원들은 매우 친절한 편이다. 이들이야말로 인제대학교를 김해시 같은 교육불모지에 우뚝 설 수 있게 만든 숨은 일꾼들이다. 모두가 서울을 쳐다보는 상황에서 지방에서 이 정도의 인제대학교를 만든 데는 여러 사람들의 공로가 매우 컸다. 이제 남은 부족한 부분은 바로 너와 나의 몫이다. 나도 그런 노력을 할 수 있고 미력하나마 힘을 보탤 수 있어 행복하다.

열

대학생들의 눈에 비친 인당의 삶과 철학

　　인당리더십이 정리된 '영원한 청년정신으로(백낙환)'를 읽은 학생들의 독후감을 정리했다. '성공의 교과서' 인당리더십을 배우는 차원에서 부교재로 사용한 인당의 자서전 성격의 '영원한 청년정신으로'는 학생들에게 진한 감동과 교훈을 선사했다. 수업에 참여한 5명 전원의 독후감을 가감 없이 여기에 신고자 한다. 이를 통해 인당리더십이 전하는 메시지를 공유하고자 한다. 연계전공으로 개설된 '인당 리더스' 과정은 평균 학점 3.7 이상의 우수 학생들을 대상으로 설계됐으며 2009년 1학기 10명으로 출발했다. '성공학 세미나'를 신청한 학생은 4명이었지만 1명이 청강자격으로 시작했다가 끝까지 수강하여 5명이 독후감을 작성했다.

- 필자주 -

제1편 나이는 숫자에 불과하다

영어영문학과 김진선

　여러 인사들이 가치 있는 책이라고 단언하는 "영원한 청년정신으로"의 저자이신 백낙환. 이분은 우리 인제대학교의 이사장님이시다. 제일 먼저 책의 표지를 보고 마치 옆집 아저씨 같은 모습에 친근감이 갔지만 동시에 우리 학교의 이사장님이라는 생각에 왠지 모를 낯섦을 느꼈다. 높은 지위에 계신 분의 일대기. 처음 이 책을 교수님께 받고 나서 나는 우선적으로 책 뒤쪽의 서평을 훑어보았다. 여러 서평 중 가장 눈에 띄었던 말은 위인전이었다. 위인전이란 것은 뛰어난 사람의 훌륭한 업적과 삶을 적은 글인데, 그런 평이 붙을 정도의 삶이란 어떤 것인지, 그리고 무엇보다 우리 학교를 이끄신 분이 대체 어떠한 분이신지 궁금한 마음에 나는 재빨리 책을 읽어 내려갔다.

　이 책에서는 백병원과 우리 인제대학교의 기원과 역사가 담겨 있었다. 한 마디로 백낙환 이사장님의 삶이 곧 백병원과 인제대학교였던 것이다. 책의 서두에는 이사장님의 유년 기간을 묘사하고 있었다. 더부살이와 일제강점기의 혼란을 통한 어려운 유년 기간 동안 이사장님께 가장 큰 영향을 끼친 분은, 바로 큰아버지이신 백인제 박사님이셨다. 백인제 박사님께서는 조선인으로는 처음이자 마지막으로 경성의학전문학교의 외과 주임교수를 역임하신 뒤 한국 최초의 공익법인인 백병원을 창립한 의학계의 대선배로 이사장님의 롤 모델이 되셨고, 그분의 유지를 이어 간 결실이 바로 백병원과 인제대학교였다.

이사장님께서 백병원과 인제대학교의 설립 과정 동안 겪었던 수많은 역경들은 마치 신화 속 주인공들이 겪는 고난을 보는 듯했다. 그리고 백인제 박사님의 유지를 이어받기 위한 일념 하나로 전쟁으로 인한 백병원 재건의 어려움과 프로젝트들에 대한 이사회의 반발들을 소신대로 하나하나 끈기 있게 차근차근 헤쳐나가셨다.

이사장님의 가장 큰 원동력 중 하나는 바로 변화를 두려워하지 않고 도전하는 청년 정신이었다. 세상은 빠르게 급변하는 것이고 성공하기 위해선 그러한 흐름을 거스르지 않고 헤쳐나가야 한다는 것을 어떠한 어려움 속에서도 절대 잊지 않았던 것이다. 또한 그분의 낙관주의는 불투명한 미래 속에서도 실패에 대한 두려움보다는 도전에 대한 성공을 찾아내었고 실제로 그것을 얻기 위해 부단히 노력하고 결국은 성취하고야 말았다.

이사장님께서 많은 업적을 이루시기까지에는 많은 인재가 곁에 있었다. 주변의 많은 뛰어난 분들이 이사장님의 인성과 열정에 감복하여 그분을 도우신 것도 있지만 무엇보다 이사장님 당신이 인재를 얻는 데 온 힘을 쏟으셨기 때문이다. 인재의 중요성을 아셨기에 사람을 대함에 거짓 없이 겸손한 태도를 일관하셨고 필요하다면 삼고초려의 수고도 달게 감수하셨다. 확고한 원칙주의와 투명성은 백병원과 인제대학교에 다가온 몇 차례

위기를 별 탈 없이 넘김은 물론이고 그로 인해 사람들의 신뢰를 얻게 하는 이 시대를 살아가는 데에 꼭 필요한 정신이었다.

이사장님께서는 사적인 이익보다는 공적인 이익을 더 우선시하셨다. 병원과 학교는 그 설립 목적이 이윤추구에 따라 달라지지만 백병원과 인제대학교, 이 두 곳이 모두 인(仁)을 기초로 하여 설립하였단 사실을 보면 알 수 있다. 백병원의 운영뿐 아니라 인제대학교의 운영에 있어서도 그 투명성은 여지없었다. 학생회와의 마찰과 지금 큰 이슈화되고 있는 등록금 문제도 우리 인제대학교에서는 해결하기 힘든 골치 아픈 문제가 아니다. 책에서 보이는 백병원의 운영과정도 그렇지만 무엇보다 내가 인제대학교를 다니고 있기에 이사장님의 공익에 대한 신념을 더욱더 실감할 수 있었다. 낙동강 정화운동에 참여했을 때 이사장님이 오신 걸 보고 '저런 분이 이런 곳에도 오시는구나'라고 생각했었는데 이 책을 보고서야 이사장님께서 환경에도 많은 관심을 가지신다는 것을 알게 되었다.

낙동강 정화 운동, 금연 운동과 잔반 제로화 운동, 그리고 곳곳에 쓰인 한자들을 생각해 보니 그 하나하나에 다 이사장님의 뜻이 담겨 있다는 것에 감탄하지 않을 수 없었다. 이 세상에 자신이 말한 그대로를 지키고 사는 사람이 얼마나 될까. 이 책을 통해 나는 그런 몇 안 되는 사람 중 한 사람이 바로 이사장님이란 것을 알게 되고 그러한 분이 바로 우리 학교를 대표하시는 이사장님이란 사실이 자랑스러웠다.

이 책에는 많은 명언들이 있지만 나는 특히나 "시련을 두려워하지 말라. 당신이 상상한 열 개 중에서는 한두 가지밖에 일어나지 않는다."가 가장 기억에 남았다. 초, 중, 고, 대학교를 거치면서 나는 점점 더 이상을 향한 도전보다는 쉽고 편한 길을 선택하려 했다. 도전하고자 정해 놓았던 목표도 눈앞의 어려움 때문에 회피하고 안주하는 삶을 살고 있던 나에게 백낙환 이사장님의 삶은 그야말로 번갯불 같은 것이었다.

꿈과 희망을 잃어버린 젊은이는 나이가 아무리 어리다고 해도 청년이라고 부르기 어렵다. 진정한 청년(靑年)이란 자신을 믿고 도태하지 않으며 스스로를 끊임없이 발전시키고 노력하는 자인 것이다. 이러한 정신은 그 사람의 행동을 바꾸고 결국엔 신체적 나이를 뛰어넘는 것이란 사실을 이사장님은 그분의 일생을 통해 거짓 없이 보여 주셨다. 사리사욕 없이 자신의 지위가 어떠한 역할을 행해야 하는지를 파악하고 그것을 결단력 있게 실천하는 이, 그런 이가 바로 지금 내가 리더십에서 배우고 있는 리더의 표본이 아닐까.

제2편 백낙환 이사장님 파이팅

영어영문학과 이종복

나는 책 읽기를 무척 즐긴다. 특별히 자서전 혹은 에세이를 위주로 읽는데 사실 교수님께서 책을 선물해 주시기 전 이미 이 책에 대한 언급을 하셨기에 하루빨리 읽고 싶은 마음이 들었다. 책 두께를 보고 며칠 동안 쉬엄쉬엄 읽어야겠다는 예상을 뒤엎고, 읽으면 읽을수록 다음 내용이 궁금해져 나도 모르게 단 몇 시간 만에 읽을 수 있었다.

놀라웠던 것은 책의 마지막 페이지를 덮은 후 '이건 위인전이다'라는 생각이 강하게 들었는데 추천인의 글에서 '이 책이 위인전이 될 것이라 믿어 의심치 않는다'는 글귀가 있었던 것이다. 평생 동안 한 개인이 할 수 있는 업적이 이렇게 많을 수 있음에 경이로움을 느꼈고, 인간의 무궁무진한 가능성에 대해 다시 한 번 생각하게 되었다.

세상은 빠르게 변화하고 있다. 하루가 다르게 변화하는 세상 속에서 남들보다 눈치 빠르게 행동하고, 다른 무엇보다 권력의 선을 잘 타는 것이 성공의 지름길인 양 세상이 유혹하는 듯 보이지만, 진정한 성공을 위해서는 올바른 마음의 중심과 기본이 얼마나 중요한지를 확신하도록 했고 필자는 이 교훈의 산증인이라고 생각한다.

나는 우리 학교의 재단이 백병원이라 의·생명 계통학과가 유명하다는 정보 정도는 알고 있었다. 그러나 학교가 원활하게 운영되기 위해서 백병원 재단이 대단히 큰 영향력을 끼치고 있고 학교의 든든한 버팀목이 되고 있음을 깨닫고 학교에 대한 자부심과 긍지를 느꼈다. 튼튼한 재단과 우수한 교원은 이미 존재하는바, 반드시 우수한 학생으로, 나아가 사회의 빛이 되는 존재로 결실을 맺어 우리 학교가 완벽한 삼위일체를 갖춘 한국을 대표하는 세계 속의 명문 사립대학으로 성장하는 데 보탬이 되어야겠다고 다짐하게 되었다.

지난 1년 동안 나는 학교에 대해 얼마나 무지했던가…… 안타까운 생각이 들지만 지금이라도 이 책을 읽게 되어 학교 및 재단의 운영원리에 대해 조금이나마 이해하게 되었고 재단경영의 투명성에 감동받았다. 무엇보다 나에게 있어 학교의 의미가 새로워졌다. 대학교는 사람들의 머릿속에 대학의 서열만이 존재할 뿐 그 이상의 의미가 없다고 생각했었다. 단순히 나의 꿈을 이루기 전 거쳐야 하는 과정으로만 인식했으나 이제는 돈이 아닌 필자의 피와 땀과 신념으로 세워진 백병원과 인제대학교를 사랑하는 마음이 생겼다. 앞으로 이 책은 신입생들의 필독 도서가 되어야 할 필요가 있지 않을까? 학교의 발전뿐만 아니라 학생 스스로의 성장을 위한 모티브가 될 수 있다고 믿는다.

끝으로 재단과 학교를 세우시고, 80대의 나이에도 흔들리지 않는 영원한 청년정신으로 재단과 학교의 발전에 힘쓰시는 백낙환 이사장님께 감사드리며 힘껏 응원의 박수를 쳐 드리고 싶다.

제3편 고인 물은 썩게 마련: 현재에 안주하지 말고 나아가라

생명공학부 최연정

300여 장의 한 권의 책에 어찌 한 사람의 80년 인생을 다 담아 낼 수 있을까 싶지만 꾸밈없는 문체로 담담히 써 내려간 글에는 인당 백낙환 이사장님이 우리에게 전하고자 하는 청년정신이 고스란히 담겨 있다. 그러나 나는 책의 마지막 장을 넘기며 이 책에서 정말 큰 오류를 발견하였다. 글을 열며 남긴 '…… 이런 나의 인생은 참으로 특이했다고 할 수는 있겠지만 어느 모로 보나 멋도 없고 또 극적인 것도 아니어서 많은 사람들이 흥미를 느낄 것 같지는 않습니다. ……'라는 구절은 이 책을 끝까지 완독한 이라면 누구든 인정할 수 없을 것이다. 장담하건대 백낙환 이사장님의 80년은 그 누구보다 치열했고 극적이어서 많은 이들에게 흥미는 물론 교훈과 감동을 줄 것이다.

글은 그의 인생에서 무엇보다 중요한 존재였던 백인제 박사에 대한 얘기로 시작한다. 백인제 박사는 일제강점기 시절 조선인으로서 오직 실력 하나만으로 인정받았으며 우리나라는 물론 일본과 만주에까지 명의로 이름을 떨쳤다. 사람들은 "백인제 앞에 백인제 없고 백인제 뒤에 백인제 없다."며 그를 칭송했다. 또한 심지가 곧아 일제의 탄압에도 굴복하지 않았으며 다른 이들이 창씨개명을 할 때 끝까지 버티며 비록 한자였지만 '백인제외과의원'이라는 간판을 대로에 당당히 내걸었다. 백인제 박사님은 외과의로서 수혈에 관심을 기울여 한국 최초의 혈액은행을 조직했으며, 해방 후에는 그동안 병원을 하면서 모았던 재산으로 우리나라 최초의 민립 공익법인인 재단법인 백병원을 설립하고 이사 겸 초대 원장을 맡았다. 이러한 큰아버지 백인제 박사의 영향으로 이사장님은 의대에 진학하였다. 그렇게 의학 공부를 하며 백인제 박사의 학문적 계승자로 인정받을 수 있는 의사가 되는 것이 목표였던 것이다. 그러나 한국전쟁이 발발하였고 끝까지 병원에서 환자를 돌보던 백인제 박사는 이사장님의 아버지인 백붕제와 함께 인민군에 의해 납북되어 다시 만날 수 없었다.

이사장님은 큰아버지의 뜻을 받들어 의사가 되었으므로 백인제 박사의 빈자리를 보존하여야 한다는 책임감을 느껴 전쟁 후 폐허가 된 백병원을 재건하기 위하여 김희규 박사를 필두로 윤덕선 박사, 전현오와 신현구 박사와 함께 노력하였다. 환자들은 백인제 박사가 없어도 외과의원으로 이름난 백병원의 치료를 받기 위해 모이기 시작했다. 백인제 박사의 명성에 밀려드는 환자를 보며 이사장님은 큰아버지를 본받기 위해 낮과 밤을 가리지 않고 일하면서 의사로서 수업을 착실히 쌓아 갔다. 처음에 40개의 병상으로 시작한 병원은 80개 이상으로 늘었다. 이사장님은 환자의 입장에 서는 의사가 되기 위해 노력했고 뛰어난 수술 실력으로 수술한 환자에게 감사장과 햇곡식을 받는 등 환자와의 유대관계도 끈끈했다.

그러나 이러한 그의 노력에도 낙후된 시설과 인근의 신축 병원들로 인해 백병원은 서서히 침몰의 징후를 드러냈다. 상황이 더욱 악화되자 곁에 있던 이들이 하나둘씩 떠나기 시작하고 홀로 남게 되었다. 또한 김희규 박사와의 내부의 균열로 병원은 동요하기 시작하였다. 죽도록 일해도 병원은 좋아질 기미가 보이지 않았다. 겨우 서른다섯의 나이로 백병원을 책임지게 된 이사장님은 인건비를 줄이기 위해 원장, 외과과장, 당직의사, 원무과장 등 1인 4역을 마다치 않고 일했다. 병원 신축을 위한 자금을 마련해 가며 6년을 노력한 끝에 이사회를 소집하여 '새로운 백병원 건설'을 실행화시켰다. 그러나 예상 공사비용을 훨씬 넘기며 건축비를 충당하기 어려웠으며 인부들은 공사를 중단하기에 이르렀다. 또한 당시 재단이사장이었던 큰어머니 최경진 여사와의 의견 차이도 이사장님을 힘들게 하였다. 하지만 이사장님은 끝까지 희망을 버리지 않고 좌절하거나 실망하기 전에 '다시 한 번 더!' 하며 주변을 정비하였다. 논란 끝에 다시 공사는 시작되었으나 자금문제는 해결되지 않았다. 건설업자들이 세 번이나 바뀌었고 준공식에는 건설회사에서 잔금을 지불하지 않는다며 열쇠를 주지 않아 식겁한 일도 있다. 그렇게 못 하나 타일 한 장에도 이사장님의 손길이 닿지 않은 곳이 없는 서울 백병원은 점차 자리를 잡아 갔다.

그 이후 이사장님은 쉰셋에 의대와 부산 백병원을 설립하였으며 서울 상계동, 일산, 동래 백병원을 잇달아 개원했다. 이 모든 병원은 그의 노력의 산물임은 굳이 서울 백병원의 사례처럼 열거하지 않아도 알 수 있을 것이다.

그중 정직, 성실, 근면이라는 그의 이념을 교훈으로 삼고 개교한 인제대는 처음에는 인제 의과 대학으로 시작하여 10년 뒤 종합대학으로 승격한 경우로, 이사장님이 이사회의 만장일치로 초대 총장을 맡았다. 그러자 전국대학생대표자협의회 소속이었던 학생회가 그에 대한 불신임을 결의하고 총장실을 점거했다. 의과대학이 부정으로 편입학을 시키며 금품을 수수하고 재단이 학교재산을 사유화했다는 것이 이유였다. 그러나 한 점 부끄러움이 없던 이사장님은 학생 대표에게 학교 경리장부를 모두 공개하며 투명경영을 했다. 이것은 그의 정직한 성품이 드러나는 일화라 하겠다. 그렇게 이사장님은 12년간 인제대 총장을 지내고 새 선장에게 자리를 양보했다.

이렇게 많은 일을 해 온 이사장님은 건강을 위해 소식, 다동하는 생활을 한다. 적게 먹고 많이 움직이는 것이다. 그의 스케줄대로 실행하려면 체력이 필수라 하겠다. 매주 5개의 병원과 1개의 대학을 순회하니 젊은 사람도 혀를 내두를 살인적인 스케줄이다. 아직 할 일이 많이 남아 건강을 유지해야 한다는 이사장님, 생물학적인 나이는 여든이 넘었지만 정신력과 추진력 그리고 미래에 대한 계획은 아직 젊기에 영원한 청년으로 남고 싶은 마음이 욕심이 아닌 현실이라는 그가 앞으로 이루어 낼 것이 기대된다.

그는 자신의 가치를 높이기 위해 세 가지를 제안한다. 먼저 '**선택과 집중**'을 하라는 것이다. 일편단심으로 한 가지 일에 전심전력한다면 무엇이든 이룰 수 있다는 것이다. 두 번째는 '**정직, 성실, 근면**'하라는 것이다. 인제대학교의 교훈이기도 한 이 세 가지는 진부하지만 동서고금의 진리이며 이것이야말로 인생의 성공을 여는 열쇠라고 하고 있다. 마지막은 자신만의 '이상'을 품으라는 것이다. 물론 실천력 없이 마음에만 머무르는 이상은 무의미하지만 이상은 삶을 값지게 만든다는 것이다.

이미 많은 것을 이룬 백낙환 이사장님. 그러나 아직 멀었다며 영원한 청년정신을 가지고 싶다며 도전하고 노력하는 그야말로 모든 이의 교감이 되는 그의 앞으로의 행보를 그가 세운 인제대학교에서 지켜볼 수 있다는 것은 값진 기회이며 안일하기만 했던 나를 되돌아보며 앞으로 나아갈 길이 될 것이라 믿어 의심치 않는다.

제4편 바다를 닮은 이 시대의 진정한 리더

한국학부 이지은

저녁식사를 마치고 난 나는 '어디 소화시킬 소일거리가 없나' 하고 두리번거리다가 이사장님의 자서전을 발견했다. 그때부터 책을 꺼내 펴고 앉아서 읽기 시작한 것이 밤 12시가 다 되어서야 끝이 났다. 그 사이 친구의 전화가 와 있었다. 나는 그것도 모르고 완전히 이 책에 빠져 있었던 것이다. 책을 다 읽은 나는 친구에게 미안하다는 말을 하기 위해 전화를 걸었다.

"뭐 한다고 전화도 못 받았니?"

"응, 미안…… 책 좀 읽느라고."

"어떤 책이었는데?"

"우리 학교 이사장님 자서전이야."

그 순간 날아오는 콧방귀 소리. 난 기분이 상하고야 말았다. 하지만 친구를 탓할 것만은 아니었다. 친구의 이런 반응은 지금 우리 사회를 살아가는 사람들에게서 쉽게 찾아볼 수 있는 모습이었다. 그렇다. 사실 아직까지도 우리사회에 많은 이들은 자기가 속한 집단의 리더를 존경하기보다는 비판의 대상으로 보는 것이 옳은 것, 정의로운 것이라고 생각한다. 과거에 많은 지도자들이 부정부패를 일삼고 약자를 괴롭혔던 암울한 역사가 그렇게 만든 것이다. 결국 지금 우리 사회에서는 지도자를 존경하는 문화를 찾아보기 힘들어졌을 뿐만 아니라 자기가 속한 집단의 지도자에 대해 존경을 표하는 사람은 오히려 한몫 챙길 목적을 가진 아부쟁이로 취급당하기 십상이다. 나도 또한 그러한 생각이 무의식중에 있었다. 하지만 그날따라 친구가 던진 콧방귀 소리가 마음에 걸렸다. 이사장님의 자서전을 읽은 나는 내가 인제대 학생임을 떠나서 그분이 이 시대에 진정 존경받아 마땅한 어른이심을 알았기 때문이었다. 6시간 이상을 읽으면서도 자리에서 한 번도 일어나지 않게 만든 이 책의 힘은 다름 아닌 이사장님의 넓고 깊은 마음, 포기를 모르는 도전정신이었다.

인당 리더스 과정의 '성공학' 강의 시간에 배운 성공법을 나열해 보자면 목표를 구체적, 단계적으로 세운다, 독서를 한다, 성실하고 정직하게 생활한다, 예의와 양보심을 갖춘다 등이 있다. 그런데 이 모든 것들을 이사장님의 모습에서 다 찾아볼 수 있었다.

그 외에도 내가 찾은 이사장님의 성공비법을 하나하나 말해 볼까 한다. 우선 위대한 인물 뒤에는 위대한 스승이 있었다. 백낙환 이사장님께서 큰 뜻을 품고 그것에 평생을 바쳐 도전할 수 있었던 것은 백인제 박사님이 계셨기 때문이다. 백인제 박사님의 인품, 능력, 그리고 목표하시는 것 등 그분의 모든 것은 이사장님께 영향을 주었고 그것이 지금의 백병원과 인제대학교가 있게 된 바탕이 되었다.

그리고 이사장님께서는 어려운 상황에 불평을 품지 않고 긍정적 마인드로 해 나가신다. 여섯 개의 병원을 연이어 지어 갈 때 발생한 이사회, 의료진들과의 마찰 그리고 자금난 등으로 인해 힘들고 지칠 때도 이사장님은 스스로는 물론이거니와 주변사람들을 독려하며 힘든 시기를 극복하셨다. 특히 불가능할 것이라는 사람들의 우려 때문에 사업을 추진하지 못할 때를 가장 힘들어하셨는데 그 상황조차도 사람들을 자신감으로 설득해 내시며 이겨 내셨다.

이사장님께서 주요 박사님들을 떠나보낸 채 외롭게 서울백병원을 지으실 때 자금난으로 재단에 위기가 오자 이사회에서는 백병원을 영락교회에 넘기려 한 적이 있었다. 백병원 건립에 모든 것을 바쳐 온 이사장님에게는 청천벽력 같은 소리였다. 하지만 그러한 위기 상황에도 이사장님은 희망을 버리지 않았고 노자의 격언을 되새기며 이겨 내셨다. 이 격언은 책을 읽는 나에게도 깨달음을 주었다. '자기를 낮은 곳에 둠으로써 남과 더불어 승리를 다투지 않고 그 다투지 않음을 자기 처세의 근본으로 삼으며 다투지 않기 위해서는 어떤 모멸이나 치욕이라도 참고 어떠한 낮고 천한 지위라도 달게 여기며 웅덩이에 고이는 흙탕물처럼 세상의 더러움을 한몸에 받아도 검소하게 생활하며 교만과 자랑을 버리고 문명의 허식을 바라지도 않고 도적의 사치를 바라지도 않는다.'

그다음으로 들 수 있는 성공 비법은 포기하지 않는 것이다. 이 책을 읽으면 가장 많이 나오는 구절은 '포기하지 마라', '실패를 두려워하지 마라'이다. 그만큼 이사장님께서 살아오시면서 난관을 헤쳐나갔던 가장 큰 힘이 포기하지 않고 앞으로 나아가는 긍정적인 마인드였기 때문일 것이다. 이렇게 강한 의지로 포기하지 않고 나아가니 어려울 때마다 주위에서 도와주는 사람이 나타났다. 영락교회에 백병원을 넘기기로 이사회에서 결정이 났음에도 결국엔 그 교회 목사님이 뜻을 철회했으며 자금난에 허덕일 때는 우연히 산행에서 만난 백두진 전 국무총리가 은행장에게 직접 전화하여 돈을 빌릴 수 있도록 하였고, 법적 대응이 필요할 때는 김치열 전 법무부 장관의 도움으로 어려운 시기를 잘 넘길 수 있었다. 이뿐만 아니라 각 지역 백병원을 개원할 때는 많은 의료진과 직원들이 항상 이사장님과 뜻을 같이하고 도움을 주었다. 문득 '열심히 하는 사람 옆엔 항상 도와주는 사람이 생긴다'는 말을 했던 세계적인 프로 골퍼 최경주의 말이 생각난다. 도움을 받을 수 있는 기회는 포기하지 않고 열심히 하는 사람에게만 주어지는 복인 것이다.

이사장님의 또 다른 성공비법은 원칙을 지킨다는 것이다. 책에서 이사장님은 원칙을 지키는 올곧은 성격은 집안의 내력이라고 여러 번 말씀하신다. 집안 어른들의 성품을 보고 겪으며 자라 온 사람이 그들의 성품을 닮는 것은 어쩌면 당연한 것인지도 모르겠다. 하지만 같은 집안 사람이라도 같은 성격을 갖지 않은 사람은 얼마든지 있다. 원칙을 지키려는 올곧은 성격은 단지 집안 내력이라기보다는 이사장님께서 자라면서 갈고 닦은 값진 보물이라고 본다.

이러한 이사장님 덕분으로 인제대학교에는 기부금으로 임용된 교수님이 없다. 그리고 우리나라 사립대에서 쉽게 볼 수 있는 재단 비리 문제도 없다. 백병원을 지을 때도 다른 병원들처럼 수술실에 도망갈 뒷문을 만드는 일 없이 원리 원칙대로 하셨다. 믿음을 주면 믿음을 받는다는 그 신념이 여섯 개의 종합병원과 인제대학교를 키워 낸 것이다.

자서전을 통해 이사장님을 뵙고 나니 나는 그와 전혀 반대인 사람을 겪었던 일이 떠올랐다. 나는 인제대에 오기 전 전라도의 모 사립대학교에 입학했었다. 집과 너무 멀어 찾아가 보고 학교를 선택하지 못한 것이 가장 큰 실수였다. 오로지 원하는 학과를 가겠다는 일념 하나로 입학한 그 학교는 공사가 몇 년째 멈춘 건물이 2동이나 있었으며 도서관은 늘 거미 줄과 쓰레기로 가득 차 있었고, 그 어떤 대외적 교류도 없었는데 이 모든 문제는 재단의 비리 때문에 일어난 일들이었다. 지역사회조차 그 대학을 외면하였고 교수들과 학생들은 매일같이 데모를 하였다. 내가 입학했던 2001년이 그 학교가 세워진 지 10년 정도였으니 지금은 18년 정도가 됐 겠다. 하지만 여전히 지역사회와 학생들에게 인정받지 못하고 있는 실정 이다. 최고 지도자의 의식과 신념이 어떠하냐에 따라 함께 죽기도 하고 함께 살기도 한다는 사실을 직접 몸으로 체험한 나로서는 이사장님이 더 욱 존경스러울 수밖에 없다.

이사장님은 리더십은 사랑, 관용, 포용으로 사람을 이끌어 가는 힘이라 고 말씀하셨다. 순간 '바다'가 생각났다. 바다는 세상의 온갖 것들을 사랑 으로 포용하여 받아 내는 가장 큰 그릇이기에 '바다'라고 한다든가! 그래 서 바다와 같이 많은 사람들을 사랑으로 포용할 수 있는 사람을 '리더'라 고 부를 수 있는 것이며 바로 백낙환 이사장님이 그러한 분이 아닌가 생 각한다. 자신을 험담하는 이, 곤경에 빠뜨리는 이들까지도 사랑으로 용서 하고 포용하면서 구성원들을 이끌어 가는 백낙환 이사장님이야말로 바다 와 같은 진정한 리더가 아닌가 생각한다.

아직 갈고 닦아야 할 것이 많은 내가 언제쯤이면 이사장님과 같이 진 정한 리더로서 존경을 받을 수 있을지는 잘 모르겠다. 하지만 그분의 사

랑을 느끼며 이곳 인제대학교에서 성장하는 한 나도 그분처럼 많은 이들
에게 도움을 줄 수 있는 바다와 같은 리더가 될 수 있을 것이다. 그런 내
가 되기 위해 오늘도 나는 열심히 뛰고 있다.

제5편 우리시대의 진정한 지도자, 백낙환 박사님

의용공학과 최고

　대한민국 국민이라면 누구나 한 번쯤은 들어 보았을 백병원. 5개 지역 백병원이 있으며 현재의 성공에 안주하지 않고 대한민국을 뛰어넘는 아시아의 의료 허브가 되기 위해서 1,000병상을 가진 해운대 백병원 건립을 준비 중이다. 백병원뿐만 아니라 종합대학인 인제대학교를 건립하여 21세기 세계의 리더가 되는 인재를 양성하고 있다.

　사립대학교의 입시비리, 교수 임용 비리가 만연하고 있는 이때, 각종 비리로부터 청결한 학교. 우리나라 최초의 민립 공익 재단의 시초 백병원과 인제대학교이다. 어떤 사람들도 함부로 흉내 내기 어려운 위대한 성과들이 인당 백낙환 이사장님이 세운 업적들이다. 주변에서는 당신께 이 정도면 충분히 성공했으니 현 상황에 안주하며 여생을 편안하게 지내라고 하였다. 그러자 당신께서는 아직 성공한 것이 아니라 더 높은 목표로 나아갈 길이 있으니 평생 청년과 같은 마음으로 사시겠다는 분.

인당 백낙환 이사장님은 우리 시대의 지도자로서 진정 존경받아 마땅한 어른이시다. 한평생을 사심 없이 백병원의 성공과 '인덕제세'라는 단어를 몸소 실천하기 위해 사신 분이시다.

당신께서 누구나 인정할 수 있게 성공의 원천은 인덕제세의 목표를 이루고자 80평생 청년과 같은 마음으로 살아온 마음가짐이었다.

당신께서는 난관을 헤쳐나갔던 가장 큰 힘이 포기하지 않고 이겨 낼 수 있다는 긍정적인 마음가짐 때문이라고 생각된다. 포기하지 않으려는 강한 의지로 나아가니 어려운 고비마다 당신을 돕는 인물들이 등장한다고 생각된다. 서울백병원재건 때 자금이 부족해지자, 우연히 산행에서 만난 선배이셨던 전 국무총리가 돈을 빌릴 수 있게 도와준 점이다. 당신의 주변 분들께서 당신의 참된 마음가짐과 생각을 알아주시고 성심성의껏 도와주신 거라고 해야 맞을 것이다.

이런 주변 분들의 도움으로 인해 백병원은 오늘날의 모습을 갖출 수 있게 된 것이다. 누구나 당신처럼 포기하지 않는 자세로 뼈를 깎는 듯한 노력한다면 현재 상황이 불행할지라도 미래를 따뜻할 것이라고 감히 말할 수 있다.

당신이 주변의 칭송을 받는 이유는 어떠한 일이 있어도 원칙을 지킨다는 신념 때문일 것이다. 인제대학교는 기부금으로 임용된 교수님이 없다. 그렇기 때문에 실력이 출중하시고, 학업에 대한 열의가 강한 교수님들이 임용되신다. 그렇게 때문에 타 대학에 비해서 뛰어난 연구업적, 짧은 시간 내에 성장할 수 있는 동기가 되었다. 그리고 우리나라 사립대에서 쉽게 볼 수 있는 재단 비리 문제도 없다. 당신의 노력으로 재단과 학교, 병원이 다른 방해 없이 성장을 위해서 노력한 결과 오늘날의 모습을 만들어 내었다.

당신께서는 당장의 이익보다는 먼 훗날을 생각하시고, 개인의 사사로운 이익보다는 국가와 민족을 먼저 생각하셨다. 서울 아시안 게임 및 올림픽에서 의료지원을 하셨다. 돈이 되는 일은 아니었지만, 우리나라의 대외적인 이미지 개선과 '인덕제세'의 신념을 선수촌 병원을 전담하셨다. 그러나 일시적인 경영상의 어려움이 찾아왔지만, 그 일을 계기로 선수촌 병원의 장비를 얻게 되셨으며, 상계백병원을 개원하는 데 정부의 큰 도움을 얻게 되는 계기가 되었다.

만약 선수촌 병원을 맡으시지 않았다면, 상계백병원의 개원은 불가능했을 것이다. 당신께서는 공공의 이익을 먼저 생각하시어, 매달 낙동강 환경 정화 사업에 80대라는 연세에도 불구하고 참여하신다. 그 정신을 본받아서 인제대학생이라면 누구나 낙동강 환경 정화 사업에 참여한다. 나는 인제대학생이면서 한 번도 낙동강 환경 정화 사업에 참여한 적이 없다.

가끔은 바쁘다는 핑계로, 늦잠을 자고 싶다는 생각 때문에 참여하지 못했다. 토요일 오전 4시간의 시간을 내지 못한 내가 한없이 부끄럽다. 이번 5월에는 내 자신의 이익보다는 공공의 이익을 위해서, 당신의 정신을 조금이나마 본받기 위해서 낙동강환경정화사업에 참여해야겠다.

나는 2009년 1학기 처음으로 신설된 '인당 리더스' 과정의 타 학과 학생들을 상대로 '내 인생의 CEO, 성공학'을 강의했다. 처음으로 시도하는 새로운 분야인 만큼 더 많은 준비를 하고 더 많은 관련 저서를 읽고 정리하는 시간을 가졌다. 언론분야가 아니라 좀은 생소했지만 누구나 성공을 꿈꾸고 노력하지만 모두가 성공하지는 못한다는 점에 흥미를 갖고 나름대로 분석하여 강의를 했다. 특히 성공을 이끄는 인당리더십을 통해 백병원과 인제대학교의 설립정신과 교육이념, 목표 등을 강의했다. 성공학이라는 새로운 분야에 대한 강의를 처음으로 듣게 된 수강생들의 반응이 궁금했다. 학생들의 반응 역시 가감 없이 소개하고자 한다. 수강 선택에 참고가 되기를 바란다.

– 필자주

1. 성공학 강의 소감문 = 이지은(한국학부)

우리나라에는 한 해 천여 종의 자기계발서가 쏟아진다. 2005년에는 977권, 2006년에는 1,034권, 2007년 자기계발서를 956권 발간되었다. 게다가 지난해에는 베스트셀러 상위 20권 중 9권이 자기계발서였다고 한다. 이러한 추세에 각 서점들도 하나였던 판매대 수를 늘려 화술, 처세술, 리더십 등 분야별로 판매대를 두고 있다. 이렇게 많은 사람들이 자기계발서를 읽는 것은 급변하는 사회에서 살아남기 위한 이유가 가장 클 것이다. 나 역시 자기계발에 대해 관심이 많아 여러 가지 책들을 읽어 보았다. 하지만 계속해서 쏟아져 나오는 많은 양의 책 중에 어느 것이 좋은 책인지 선별하기가 힘들었으며 여러 권의 자기계발서를 읽을 경우 삶의 방향을 설정하는 데에 혼란이 오기도 했었다.

이를 해결해 준 것이 바로 성공학 강의였다. 이 강의는 리더십에 필요한 요건과 커뮤니케이션 방법, 그리고 성공하는 사람과 실패하는 사람의 유형을 분석하고 우리가 사회에서 리더가 되기 위해 현재 대학생활을 하면서 무엇을 준비해 나가야 하는지를 알려주는 유익한 강의였다. 게다가 김창룡 교수님의 생생한 경험담과 함께 들을 수 있어서 책을 읽는 것보다 훨씬 더 깊이 기억되고 가슴에 와 닿았다.

강의 중에서 가장 기억에 남는 것 몇 가지만 얘기해 보자면 우선 리더십 강의 시간에 들은 약속 시간에 관한 프랑스 속담을 들 수 있다. 프랑스에서는 '약속 시간에 늦게 나타나는 동안 상대는 그대의 결점을 헤아리고 있다'는 속담이 있다고 한다. 약속이라는 것에 대해 막연하게 책임감을 갖고 있었던 내게 약속 시간을 지켜야 하는 구체적인 이유를 제시해 준 말이었다. 그리고 그것을 깨닫는 순간 나도 모르게 "헉……" 하는 말이 나왔다. 약속 시간을 지키지 않았을 때 생길 불상사는 이루 말할 수 없는 무서운 것이었다.

그다음으로는 '성공화법을 위한 커뮤니케이션 스킬' 강의시간에 알게 된 말의 힘이다. 교수님께서는 말을 잘하는 것은 권력이라고까지 하시며 말의 힘을 강조하셨다. 현재 우리나라에는 이혼율이 상당히 높은데 이 중에서 80%가 말 때문에 불화가 생긴다고 한다. 행복을 잘 키워나가기 위해서라도 커뮤니케이션 스킬을 익히는 것은 매우 중요한 것임을 알게 되었다. 그리고 사람들이 들을 준비가 되었을 때 말을 하는 것이 훨씬 효과가 좋다고 하셨는데 교수님의 경우는 외부강의를 나가면 장내가 정리가 될 때까지 침묵으로 기다렸다가 강의를 시작한다고 하셨다. 그러면 듣는 사람도 말하는 사람도 훨씬 집중하기가 좋다고 하셨다.

또한 책이나 신문 잡지 등을 읽을 때 인상 깊은 것을 메모해 두면 쓸 거리와 말할 거리가 풍부해져서 글이나 대화를 자연스럽고 재미있게 할 수가 있다고 한다. 교수님께서는 어디론가 놀러 갈 때마다 메모를 하며 준비해 두었던 이야기보따리를 풀어내시는데 사람들의 관심을 한몸에 받을 수 있다며 웃으셨다.

마지막으로는 며칠 전 강의 때 알게 된 채근담을 들 수 있다. '악행을 너무 엄하게 책망하지 말고 선행을 지나치게 권하지 말라', '마(魔)를 항복시키려거든 먼저 자기 자신과 싸워서 이겨라' 이 두 가지는 아직도 내 머리뿐만 아니라 가슴에까지 새겨져 있다. 리더가 되기 위해서는 아랫사람과 자신 스스로를 어떻게 다스려 나가야 하는지를 분명하게 제시해 주는 말이었다.

성공학 강의는 이러한 이론적 내용뿐만 아니라 실제 성공과 실패를 경험한 분과의 만남을 통해 더욱 많은 것을 느낄 수 있도록 해 주었다. 교수님께서는 우리학교에 07학번 만학도로 입학하신 박재식 사장님과의 만남을 주선하시고 우리가 그분의 인생담을 듣고 배울 수 있도록 해 주셨다.

가까운 한식당에서 진행된 그날의 수업은 그 어느 때보다도 편안하고 즐거운 시간이었다. 박재식 사장님은 현재 울산에서 중소기업을 운영하고 계시는데 지금 환갑이 지난 나이라고 믿지 못할 만큼 순수한 얼굴을 가진 분이셨다. 아이처럼 해맑게 웃으시는 그 모습 뒤에 숨겨진 힘들었던 경험들을 우리를 위해 하나하나 말씀해 주셨다.

사장님은 어릴 적 뭔가 새로운 일을 해 보아야겠다는 일념 하나로 부모님의 반대를 무릅쓰고 부산으로 오셨다. 그 낯선 도시에서 새 일을 찾으려 했지만 학력이 부족하여 마땅한 일을 찾지 못하던 사장님은 우연히 논에서 추수하는 일을 하게 되는데 그때 사장님의 성실함에 반한 어른들이 공장 일을 알선해 주었다. 또 다시 새로운 곳에서 일하게 된 사장님은 매일같이 남보다 3~4시간 정도 더 일찍 출근하여 작업준비를 해 놓으셨다. 이러한 성실함으로 신뢰를 얻어 그곳 사장님으로부터 기술을 전수받게 되었는데 그 기술이 지금의 회사를 만들 수 있게 한바탕이 되었다. 회사를 경영하는 동안 자살시도를 2번이나 할 정도로 심각한 위기도 있었다고 한다. 하지만 포기하지 말자고, 한번 해 보자며 자신감 있게 밀어붙인 것이 지금의 사장님을 있게 했다고 하셨다. 사장님은 뭐니 뭐니 해도 가장 중요한 건 성실함과 자신감이라고 겁먹지 말고 뭐든지 도전하라고 우리를 격려하셨다. 수업 때만 들었던 성공비법을 경험자를 통해서 들으니 그 감동은 이루 말할 수 없었다.

또한 성공학 강의 때는 우리학교에 온 외국인 학생들과 대화의 시간도 마련되었다. 그들과의 대화를 통해 다른 나라에 대한 궁금증, 외국을 가 보고 싶다는 욕구가 생기게 되었는데 그것은 이번 여름과 겨울방학 때 실현시킬 계획이다.

매 강의 때마다 열정을 다해 가르쳐 주시는 교수님 덕분에 다른 곳에서는 얻을 수 없는 많은 것들을 얻어 간다. 이번 학기가 한 달밖에 남지 않았다는 사실이 아쉽기만 하다. 남은 시간만이라도 더 열심히 듣고 많은 것을 가슴에 담아 갈 것이다. 마지막으로 매주 우리들에게 훌륭한 가르침을 주시는 교수님께 진심으로 감사의 말씀을 전하고 싶다.

2. 성공학 강의 소감문 = 이종복(영어영문학과)

성공학은 막연한 강학상의 학문이 아닌 현재 대학 생활과 앞으로 자신의 삶에 구체적으로 적용할 수 있는 실용 학문이라고 생각한다.

성공학이라는 과목명이 친숙하지 않지만 오늘날 많은 공·사 기업과 직장에서 대학교육과 실무능력과의 괴리를 지적한다는 점에서 성공학 수업이 그 괴리를 보충해 주는 부분이 분명 있을 것이다. 실무 능력이라 함은 기술·전문적 전공 능력뿐만 아니라 사회인으로서 갖추어야 할 태도까지 포함한다고 생각하기 때문이다.

지금까지의 수업 내용이 나의 기대 이상이었음은 틀림없다. 그중 가장 기억에 남는 한 문장을 꼽는다면 John Foppe가 말한 Life is attitude일 것이다. 어렵거나 장엄한 명언은 아니지만 신선했고 마음 깊이 새겨졌다. 이 수업을 통해 삶에 대한 태도를 다시 점검하고 재정립하게 된 것으로도 수업받을 가치는 충분하다.

수업 내용 중에서 실패하는 사람의 유형을 분석한 적이 있다. 해당 사항이 많이 없다고 생각하여 다행으로 여겼지만 '하루의 상당 시간을 꾸물거리는 데 허비한다'는 사항에서만큼은 도저히 피해 갈 수 없었다. 실패하는 유형의 리스트에 모든 기준의 날을 세워야 한다고 생각하지는 않지만 평소 은연중에 나 자신의 문제점이라 느꼈기 때문에 뜨끔할 수밖에 없었다. 수업을 마친 후 특별히 내가 해당하는 사항에 대한 목록을 정리하여 작지만 구체적인 실천계획을 세워 수시로 점검해 보는데 이것이 성공하는 삶을 위해 스스로를 연단하는 좋은 방법 중의 하나라고 생각한다.

성공학이 강학상의 학문이 아님은 추상적 개념의 성공을 논하기보다 교수님의 경험과 당신의 인연을 통해 알게 된 성공과 실패 사례를 들고, 실제 성공을 일군 명사 분과의 만남을 주선해 주신 것으로 증명할 수 있다.

특별히 실제 성공을 일군 그분에게서 들은 이야기는 한 권의 자서전을 읽은 것보다 더 섬세하고 생생하게 기억에 남는다. 그분의 말씀을 듣고 배운 것은 일목요연한 성공의 방법이나 거창한 성공의 스킬이 아닌 어떤 막막한 상황과 실패의 순간에도 좌절의 늪에 빠지지 않고 일어설 수 있는 패기와 자신감이었다. 큰 성공을 거두기 위해선 큰 실패 앞에서도 의연할 수 있는 패기와 용기 그리고 부단한 노력이 있어야 한다는 배움이었다.

사회에서 성공했음을 인정받은 인물을 각종 미디어 매체 혹은 책을 통해 알 수 있지만 성공하기까지 그 모든 과정을 직접 들을 수 있는 기회는 쉽게 주어지지 않을 것이기에 더욱 값진 만남이었다.

성공학 수업이 절반 이상 진행된 지금, 수업을 받는 횟수가 늘면서 수업 내용이 점점 나의 생활에 스며듦을 느낀다. 앞으로 이 수업을 받는 학생들의 대상의 폭을 넓혀 더 많은 학생들의 생활에 영향을 주고 그들의 삶의 태도를 정립함에 있어 많은 도움이 되길 희망한다.

3. 성공학 강의 소감문 = 김진선(영어영문학과)

새로 개설된 전공에서 처음 인당리더십 세미나란 과목을 보았을 때 리더십이란 단어에서 큰 흥미를 느꼈었다. 인당 리더스 과정에서 리더라는 말과 리더십이란 말은 떼려야 뗄 수 없는 관계이고 뿐만 아니라 최근 리더십이란 자질이 성공에 중요한 역할을 한다는 사실이 사회적으로 널리 부각되었기 때문이기도 하였다. 리더십이란 집단의 목표나 내부 구조의 유지를 위하여 구성원이 자발적으로 집단 활동에 참여하여 이를 달성하도록 유도하는 능력이다. 한 마디로 상황을 냉철히 분석하여 사람들을 설득하여 효율적으로 이끌어 가는 능력인 것이다. 이러한 관점에서 볼 때 사실 리더십이란 것은 쉽게 키워지는 것도 아니고 그러한 자질이 쉽사리 과목으로서 가르칠 수 있는 부분일까 하는 생각에 과연 수업이 어떠할지 궁금증과 함께 약간의 걱정이 있었다.

첫 수업에서 교수님을 뵈었을 때의 인상은 솔직히 즐거운 충격이었다.

강의도 강의였지만 무엇보다 교수님의 열정적인 강의 모습에서 나는 리더십이 어떤 것인지를 느끼게 되었다. 리더십 세미나란 강의를 통해 교수님은 한 사람의 열정적인 리더가 되어 학생이란 구성원들에게 교수님의 지식과 경험을 나누어 주시고 우리들의 생각에 혁명적 기운을 불어넣어 주신 것이었다. 솔직히 리더십 강의가 별개 있겠느냐, 유명 인사나 위인들의 인생 과정이나 명언들을 죽 나열해서 보여 주곤 이런 게 바로 리더십이니 너희들도 이렇게 위인들의 생각과 태도를 본받도록 하여라는 식의 강의였다면 감동도, 깨달음도 크진 않았을 것이다. 이미 어렸을 적부터 많은 위인전기를 읽어 보았고 탈무드, 목민심서, 리더십에 관한 유명 인사들의 이야기를 많이 접해 보았다. 그리고 그러한 경험 후에는 항상 벅찬 감동과 함께 나 자신에 대한 반성과 고찰이 따랐었다. 하지만 문제는 그러한 생각 이후 나의 생활과 그분들의 삶을 비교해 보면 큰 괴리감과 함께 여전히 똑같은 하루하루를 살게 되는 것이었다. 책이나 텔레비전을 통해서 만나는 리더들은 나에게 너무 먼 존재로 보였던 것이다. 하지만 교수님의 강의를 통해서 나는 리더십이란, 마치 신기루같이 아른거리는, 그저 멀리에만 있는 빛이 아니라는 것을 알게 되었다. 리더십 강의로 파워포인트를 통해 리더십 십계명이나 성공학에 관한 여러 가지 이야기를 해 주시면서 동시에 그에 관한 교수님의 실제 삶을 우리에게 이야기해 주셨기 때문이다. 교수님의 진솔한 삶의 이야기를 통해 나는 진정한 리더가 무엇인지 다시 생각하게 되었다. 리더란 물론 다른 사람들의 선두에 서서 선구자의 길을 걷는 사람을 뜻하는 말이지만 무엇보다 우선 자신의 삶을 주체적으로 살 수 있는 사람이 진정한 리더라는 것을 깨닫게 되었던 것이다. 그리고 그러한 삶의 본보기로 바로 내 앞에서 강의를 하시는 우리 학교의 교수님이 계시다는 사실이 위인전기와는 다른 새로운 감동으로 다가왔다.

인당 리더스 수업에는 비판적 글쓰기라든지 논술에 관한 수업이 많다. 이러한 수업 하나하나는 나에게 대학 강의에 대한 새로운 감각을 일깨워 준다. 자율적인 사고의 확장과 논리적인 사고방식을 북돋는 것이다. 그리고 그런 나에게 리더십 수업은 행동의 변화를 일깨워 주었다. 머릿속으로만의 생각이 아닌 깨달음을 통한 행동의 변화를 촉진하는 것이다. 리더십 세미나는 단순한 사례와 명언들의 언급만이 아닌 자세한 성공에 대한 법칙들과 직접적인 모델을 보여 준다. 나에게 이 수업은 성공에 대한 청사진은 다른 누군가에 의해 그려지는 것이 아니라 바로 나 자신에 대한 확신과 믿음에 의한 것이란 것을 깨닫게 해 주는 '성공학'이다.

4. 성공학 강의 소감문 = 최연정(생명공학부)

"스타가 되고 싶으면 연락해~"

한 코미디 프로그램에서 명함을 뿌리며 외쳐 대는 한 개그맨의 유행어이다. 단순한 개그 소재로 사용하는 말이지만 스타가 되는 것이 한 개인에게 연락하면 가능할 만큼 쉬운 일이던가? 마찬가지로 성공학 강의를 들으면 수강생들은 다들 성공할 수 있는 것일까? 사실 김창룡 교수님의 수업을 듣기 전까지 나는 여러 성공학 강의를 들을 기회가 많았었지만 모두들 어딘가의 책에서 누군가가 작성한 '성공하기 위한 열 가지 법칙',

'성공하는 사람들과 실패하는 사람들의 차이'와 같은 단순한 내용들을 나열할 뿐이어서 성공학 강의에 대한 회의감만 남길 뿐이었다. 나는 실질적으로 도움이 되는 정보를 바란 것이지 서점에 널린 명사들의 자서전 브리핑을 바란 것이 아니기 때문이다. 그래서 김창룡 교수님의 수업을 듣게 되었을 때 기대감과 함께 혹시 하는 걱정을 한 것도 사실이다. 그러나 나의 걱정이 중국 고사 속의 기나라 사람이 하늘이 무너질까 걱정한 것만큼이나 어리석었다는 것을 첫 수업 후에 절실히 느꼈다. 오랜 기간을 고민하며 정리했음이 느껴지는 강의 자료와 교수님의 재치 넘치는 입담은 나를 수업에 녹아들게 하는 데 충분했고 다음 강의까지의 일주일을 기대하게 만들었다.

혹자는 '널리고 널린 천편일률적인 성공학 강의와 뭐가 다르겠어?'라고 말할지 모른다. 그렇다면 강의를 한번 들어 보길 권한다. 백번 말하는 것보다 한번 보는 게 나을 것이다. 내가 김창룡 교수님의 강의가 다른 여느 성공학 강사들의 강의와 다르다고 하는 이유는 그의 강의에 녹아 있는 좌절하지 않고 앞으로 나아가는 삶을 산 자신의 경험 때문이다. 교수님께서는 수업의 반 이상을 자신의 경험과 실제 있었던 일에 대한 이야기로 풀어나간다. 실패를 겪어 보지 않은 사람이 어떻게 실패를 딛고 성공하는 법을 가르칠 수 있으며, 자신의 분야에서 정점에 서 보지 않은 자가 어떻게 성공한 인생으로의 길을 알려 줄 수 있겠는가? 그런 점에서 울릉도 섬 소년에서 등록금 부담을 줄이기 위해 축산학과에 진학하여 학비를 벌기 위해 약초를 뜯어다 약차를 끓여 팔며 학업을 이어 갔으며 자신의 꿈이었던 기자로의 길을 걷기 위해 마른오징어를 팔아 유학비를 모으고 노력하여 끝내 다른 이들에게 인정받는 언론인으로의 성공을 이루어 낸 그의 입을 통해 나오는 경험담은 어느 강의보다 값지다. 그가 꿈을 이루기 위하여 치열하게 노력했던 학창시절 얘기를 들으면서 정확한 목표도 없이 하루하루를 무의미하게 보내고 있는 나 자신을 뒤돌아보며 많은 생각과 반성을 했다. 게다가 언론 활동을 하실 적의 많은 분을 만나고 대화를 나누어 보았기에, 넓은 인맥을 통해 특정분야에서 최고라 불리는 이들의 일화 역시 들을 수 있는 것은 나의 세상을 보는 안목을 넓혀 주었다.

또한 언론인 출신이시므로 Communication Skill에 대한 강의도 주저리주저리 늘어놓지 않고 핵심만 콕 집어 말해 주시는데 평소에도 화술의 중요성을 느끼고 있던 터라 집중하여 들을 수 있었다. 사실 화술강의는 성공학 강의만큼이나 다들 비슷비슷한 내용을 담는다. 상대의 입장에서 생각하며 말하고 상대의 말을 잘 들으며 자신감을 가지고 말하며 위트를 적절히 사용하라와 같은 누구나 다 아는 사실을 말이다. 그러나 교수님의 화법은 무언가 특별한 것이 있는 듯하다. 우리는 눈빛과 표정이 대화에 있어 얼마나 중요한지는 알지만 평소 그렇게 신경 쓰지 않는다. 그러나 교수님의 하나하나 아이 컨택을 하며 자신의 의견을 피력하는 모습과 자연스레 호감을 형성케 하는 웃는 얼굴, 정직성과 진실성이 느껴지는 말투는 감히 화술의 정도를 보고 있다 싶다. 내가 교수님만큼의 화술을 가지게 되기까지는 오래 걸리겠지만, 보고 듣는 것만으로도 많은 도움이 된다. Communication Skill은 굳이 성공을 위해서가 아니라 모든 생활의 기본인 대화에 접목할 수 있으므로 실용적인 정보였다.

성공하고 싶지 않은 사람은 없다. 그러나 모두가 꿈을 이루고 성공하는 것은 아니다. 누군가가 나에게 '내 인생의 CEO, 성공학' 강의를 들으면 성공할 수 있냐고 묻는다면, 내 답은 'No'이다. 질문한 이의 성공의 기준이 어느 정도인지 몰라서이기도 하지만 이 강의는 듣는다고 끝나는 것이 아니라 강의를 통해 자신의 삶을 되돌아보고 반성하며 자기 스스로를 위한 발전과 자기 관리를 해야 비로소 그 효과를 볼 수 있기 때문이다. 그러나 이 강의를 들으면 세상을 보는 시야를 넓힐 수 있고 성공으로 한 걸음 나아가는 발판을 마련하게 될 것이라고 확신한다. 나 역시 그랬기 때문이다. 다른 정형화된 성공학 강의에 질리고 새로운 성공학 강의에 목 마르다면 김창룡 교수의 '내 인생의 CEO, 성공학' 강의를 추천한다.

5. 성공학 강의 소감문 = 최고(의용공학과)

난 행복하게도 인당 리더스 과정의 수업을 듣고 있다. 전공 수업에서는 배우지 못하는 여러 가지 수업을 듣기 때문에 인당 리더스 수업이 있는 날은 나도 모르게 행복한 미소를 가지게 된다. 그러나 과도한 전공 수업 때문에 많은 수업을 듣지 못하고 있는 점이 아쉽다. 바쁜 전공 수업 틈사이로 청강생으로 꼭 듣는 수업이 있는 '인당 리더스' 과정의 수업이 있다. 그건 '인당 리더스 세미나' 수업이다.

인당 리더스 세미나 수업이 있는 수요일에는 전공과목의 보강 수업과 실험이 이루어지는 날이다. 그렇지만 보강을 포기하고, 실험을 같이하는 조원에게 양해를 구해 가면서 난 이 수업을 꼭 듣는다. 한마디로 이 수업에 빠져 있다. 어디에서도 들을 수도 없는 내용을 교수님께서 심도 있는 탐구와 연구로 수업을 해 주시기 때문이다.

이 수업의 가장 큰 장점은 '성공학' 강의이다. 우리는 누가 성공했는지만 궁금해할 뿐 어떻게 어떠한 시련을 통해서 성공했는가에 대해서는 궁금해하지 않는다. 더욱이 위인이 아닌 평범한 사람들에게는 전혀 관심이 없다. 교수님께서는 위인뿐만 아니라 우리 주변에서 볼 수 있는 사람들을 성공한 스토리를 설명해 주신다. 거기에서만 그치는 것이 아니라 성공한 분들을 직접 초청하여서 특강도 개최해 주신다. 성공이란 위인들만 하는 것이 아니라 우리 주변에서 성공할 수 있다고 알려 주셨다. 나이가 지긋하신 만학도의 학우를 초청하셔 그분의 성공담을 들을 수 있었다. 끼니를 해결하기도 어려운 상황에서도 남보다 한 걸을 더 나아가고, 먼저 준비하여 인정을 받아 큰 성공을 하실 수 있다고 하셨다. 난 상대적으로 부유한 상황에서 집안의 지원을 받는 상황에서도 제대로 된 지원을 받지 못해서 성공하기 힘들 거라는 생각을 가지고 있었는데, 그 성공담으로 그런 생각을 고치게 되었다.

커뮤니케이션 스킬을 알려 주신다. 교수님만의 특별한 방법이시다. 이는 교수님의 풍부한 기자생활에서 경험하신 효과적으로 말하는 방법, 듣는 사람의 동의 및 지지를 이끌어 내는 방법 상대에게 신뢰를 주는 회화의 방법을 알려 주신다. 지도자가 되기 위한 가장 기초적인 방법을 얘기해 주신다. 매주 강의 때마다 준비하신 PPT 자료와 교수님께서 경험하신 사례를 통해서 나는 사람에게 신뢰를 얻을 수 있는 방법의 시작은 말하기라는 사실을 알게 되었을 뿐만 아니라, 매번 '나의 말하기는 잘했는가.' 하는 생각을 가지는 계기가 되었다.

그 무엇보다도 가장 감명 깊은 강의는 교수님의 실제 삶을 얘기해 주시는 것이다. 자신의 삶을 얘기하는 것은 어려운 일이다. 자신의 일을 밝히는 것은 자신의 삶을 그대로 드러내어 자신을 판단받는 일이기 때문에 더욱 그러하다. 성공하지 못했던 부분이라면 더욱 그러하다. 그렇지만 교수님께서는 우리 학생들을 위해서 그런 어려운 부분을 감안하시고 모든 점을 얘기해 주신다. 첫 시간에는 유복하지 못했던 유년시절, 몇 차례 실패한 대학 입시, 전공에 맞지 않았던 학부 전공으로 인해 기자가 되기 어려운 상황 등을 얘기해 주셨다. 이러한 힘든 상황에서도 교수님께서는 포기하지는 않으셨다. '하면 된다, 불가능한 일은 없다. 시련은 날 더욱더 강하게 한다.'라는 긍정적인 마인드로 교수님께서는 더욱 강해지셨으며, 그토록 원하던 기자가 되셨다.

쉽게 간과하고 넘어갈 수 있는 부분이 중요하다는 것을 새삼 느끼게 된다. 유치원 시절부터 배운 '시간 약속을 어기지 말아야 한다', '해야 할 일을 먼저 한 뒤 다른 일을 해야 한다.' 등 너무나 쉽게 생각하는 것이다. 교수님의 수업을 통해서 어린 시절부터 배워 잊어버린 것을 다시 한 번 강조해 주시고, 직접 실천하도록 말씀해 주신다. 그 부분을 통해서 난 또 깨닫고 실천하려고 노력한다. 일생에서 가장 중요한 부분을 일깨워 주시고, 실천하도록 하게 하는 수업이 김창룡 교수님의 성공학 수업이다.

나도 훗날 교수님과 같은 나이가 되어서 후배들이나 혹은 학생들에게 '나의 모든 점을 얘기할 수 있을까?' 하는 생각이 들었다. 그때 난 성공해서 나의 과거의 실패한 경험을 얘기하고, 이런 점 때문에 성공했다고 말할 수 있게 할 것이다. 그러기 위해서 리더가 되는 방법을 배우고, 성공할 수 있는 방법을 배워서 몸소 실천해야겠다.

성공하기 위해서는 성공한 사람, 기업의 성공한 이유를 철저하게 분석해야 한다. 실패한 사례에서도 실패의 원인을 깨닫고 그 점에서 성공할 수 있는 계기를 마련하고, 실패를 하지 않는 타산지석의 상황을 만들어야 한다.

이런 점을 스스로 깨닫기 위해서는 많은 노력과 시간을 투자해야 알 수 있다. 그러나 인당 리더스 세미나의 수업은 '성공을 할 수 있는 지름 길과 성공이란 이런 것이다.'라는 걸 일깨워 주고, 생각하게 해 주는 우리 학교뿐만 아니라 우리나라에서 유일한 수업이다.

모든 이가 이 수업을 듣고 성공에 보다 가까워졌으면 한다.

『인당 백낙환 박사』

<인당 백낙환 박사 약력>

1926. 9. 27 평안북도 정주군 남서면 남양동 224번지에서 출생
1946. 9. 京城帝國大學(서울대 전신) 예과 수료
1951. 9. 서울대학교 의과대학 졸업(의사면허 2465)
1960. 6. 외과 전문의 자격 취득(전문의 300)
1961. 1 재단법인 백병원 제3대 원장
1968. 7 ~ 1970.6 서울광화문 라이온스클럽 창립 회장
1979. 1 학교법인 인제학원 및 인제의과대학설립
1979. 1 ~ 1998. 8 백중앙의료원 의료원장
1979. 1 ~ 1983. 1 학교법인 인제학원 이사
1979. 5 ~ 1983. 2 서울대학교 의과대학 동창회장(22대,23대)
1979.11 ~ 1980. 대한소화기병학회 회장(18대)
1981. 6 ~ 1987. 5 평화통일정책자문회의 자문위원(1기,2기,3기)
                -자문위원 겸 상임위원(1기:81년~83년, 3기:85년~87년)
1982. 3 ~ (現) 재단법인 정주장학회 이사
1983. 3 인제연구장학재단 설립
1984. 2 ~ 1996. 7 재단법인 서울대학교 의과대학 장학재단 이사장
1984. 3 ~ 2000. 3 서울대학교 총동창회 부회장
1984. 4 ~ 1988. 4 대한병원협회 회장(22대, 23대)
1984. 8 ~ 1989. 2 인제의과대학 일반외과 주임교수

1984.11 ～ 1985.11 대한외과학회 회장(37대)
1987. 7 ～ 1993. 4 국제병원연맹(IHF) 운영이사
1988. 9 제24회 서울올림픽 선수촌 병원 운영
1989. 3 ～ 2000. 3 인제대학교 초대 총장 및 2,3대 총장
1989. 3 ～ (現) 학교법인 인제학원 이사
1989. 8 상계백병원 설립, 개원
1990. 7 인당장학재단 설립
1994. 2 ～ 1996. 1 제1기 교육개혁위원
1994.10 ～ 1999.11 신사회공동선운동연합 이사
1995. 5 ～ (現) 도산기념사업회 이사
1995.10 ～ 1999.10 한국병원경영학회 초대회장
1996.11 인당의학교육학술상 제정(한국의학교육학회)
1997. 6 ～ (現) 우리민족서로돕기운동 공동대표
1997.12 ～ 2007. 5 성산 장기려선생 기념사업회 부이사장
1998. 9 ～ (現) 백중앙의료원 명예의료원장
1999. 5 ～ 2003. 11 전국한자교육추진총연합회 공동대표
1999. 6 ～ 2002. 9 제2의건국범국민추진위원회 상임위원
1999. 6 인제인성대상 제정
1999.12 ～ 2002. 2 신사회공동선운동연합 공동대표
2000. 3 ～ (現) 서울대학교 총동창회 고문
2000. 3 ～ 2001. 5 신사회공동선운동연합 상임대표 겸 이사장
2000. 4 ～ (現) 학교법인 인제학원 이사장 겸 인제대학교 명예총장
2000. 6 남북정상회담 방북 수행
2001. 1 ～ (現) 대한의사협회 고문
2002.10 ～ 2003. 6 제2의건국범국민추진위원회 공동위원장
2003. 9 ～ (現) 민족화해협력범국민협의회 고문
2003. 12 ～ 2007.12 전국한자교육추진총연합회 이사장
2003. 9 ～ (現) 복십자후원회 회장
2006. 4 ～ (現) 재단법인 서재필기념회 이사장
2007. 6 ～ (現) 성산 장기려선생 기념사업회 이사장 (2대)
2008. 1 ～ (現) 사단법인 도산안창호선생기념사업회 회장
2008. 1 ～ (現) 전국한자교육추진총연합회 회장

<상훈>
1983. 4. 국민훈장 목련장(제1960호)
1985. 5. 평안북도 도문화상(지역사회개발 부문)
1999. 5. 조선일보 환경운동 대상
2001. 3. 제12회 상허대상(건국대학교 제정) 수상
2001. 3. 제2회 함춘대상(서울대학교 의과대학 동문회 제정) 수상
2002. 3. 2001년 '국민훈장무궁화장' 수상(제650호, 국민교육유공)
2008. 10. 서울대학교 '제18회 자랑스러운 서울대인' 수상

<저서>
1996. 9. 백낙환 외길 70년 - 인간능력은 무한
2001.7.3.～2001.7.25 연재 나의 삶, 나의 보람 [인덕제세의 길]/매일경제
2003. 3. 6.～2003.4.24 [한경에세이]연재1-8/한국경제신문
2007. 6. 영원한 청년정신으로(한길사)

에필로그

성공학 연구를 시작했을 때 새로운 분야에 대한 흥미와 호기심이 넘쳤다. 특히 존경하는 인당 백낙환 박사의 리더십을 통해 성공의 길을 찾는 과정에 그 성공 비결을 하나하나 확인하고 배우는 일은 새로운 깨달음과 흥미를 갖게 했다.

그러나 이제 그 첫 번째 연구서를 내놓는 시점에서 기대보다 우려가 앞선다. 과연 내가 제대로 인당의 리더십을 분석하기나 한 것인지. 나의 부족한 지식과 표현이 혹시 본질을 제대로 잡아낸 것인지. 여기다 나의 실패담과 인당의 가르침을 엮은 것이 적절한지 등.

많은 고민과 선택의 시간을 통해 책을 구성하고 정리했지만 부족한 부분이 많은 것 같다. 이런 점들은 새롭게 시작하는 도전자들에게 필수적으로 따라붙는 문제점이라는 것을 인정한다. 그러나 첫발인 만큼 너무 자학할 필요는 없고 이를 토대로 더욱 정진할 것을 다짐한다.

평가는 각자의 주관과 시각에 맡기지만 이 연구를 통해 나는 적어도 다섯 가지를 크게 느끼고 체험하고 있다.

첫째, 진정한 성공의 길을 보게 됐다는 점이다.

모두가 성공을 바라지만 모두가 성공할 수 없는 것은 바로 성공하는 사람들의 흉내를 내지 못하기 때문이다. 성공은 멀리 있지 않다. 주변의 크고 작은 성공을 거둔 사람들도 인간적 약점이나 문제점을 지니고 있다. 그러나 그런 성공한 사람들은 자신의 장점을 부각시키고 약점을 극복하는 노력을 게을리하지 않았다. 성공의 길은 성공한 사람의 흉내 내기에서 출발하면 된다.

둘째, 남의 성과를 인정하고 높이 평가하는 법을 배웠다.

자신의 성공을 위해 노력하는 것은 당연하지만 타인의 성공을 무시해서는 안 된다. 타인의 성공도 남모르는 각고의 노력과 정성이 있었다는 점을 이해하고 박수를 보낼 수 있어야 한다. 나는 자신에게는 노력의 박수를 보냈지만 타인의 성공은 '운이 좋거나 부모를 잘 만났거나' 등으로 폄하하는 경향이 있었다. 그러나 인당의 리더십을 연구하면서 이런 태도를 바꾸게 됐다. 이것은 곧 타인에 대한 배려와 이해로 연결된다.

셋째, 인당이 강조하는 겸손에 대해 다시 깨닫게 됐다.

성공한 사람도 겸손하지 못해 실패하는 경우를 목격했다. 인당은 틈만 나면 겸손을 강조했다. 나 역시 겸손하게 보이지 않아서 문제가 되는 경우가 가끔 있었다. 이것은 자신의 성공 이미지를 위해서도 매우 중요한 점이다. 인당을 포함한 성공한 리더들을 만났을 때 그들의 한결같은 겸손함을 확인할 수 있었다. 나는 사고방식과 행동에서 겸손함이 묻어 나오도록 각별히 노력하는 법을 배웠다.

넷째, 무엇보다 긍정적인 사고방식을 배웠다.

매사에 긍정적으로 생각하고 판단하기가 쉽지 않다. 누구나 말은 쉽게 하지만 짜증나는 현실에서 '희망과 긍정'을 노래한다는 것은 자신감이 있을 때 가능하다는 점을 배웠다. 나의 태도, 생활 속에서 이런 인당의 철학을 배우고 고쳐 나가는 것은 큰 소득이다.

다섯째, 리더십의 실체, 그 카리스마는 어디에서 오는지를 목격하게 됐다.

리더에게 요구되는 인(仁)의 정신, 상생의 철학, 항상 배우는 자세, 성실함, 정직함, 솔선수범, 난관을 돌파하는 불굴의 투지 등 인당은 그 하나하나를 몸으로 보여 줬다. 이런 것이 어우러질 때 강인한 카리스마, 부드러운 카리스마가 리더의 언행에서 자연스럽게 흘러나오는 것을 목격하게 됐다. 훌륭한 참모들을 곁에 두고 일한다는 자체가 능력 있는 리더라는 사실을 증명하는 것이다.

나도 성공한 인당처럼 나의 인생을 성공으로 이끌고 싶다. 비록 대형종합병원 6개를 성공적으로 운영하고 종합대학교의 교수 1천여 명을 리더하는 위치에 가지는 못하지만 내 나름대로 내 인생의 성공은 그려 낼 수 있다. 바로 인당의 리더십을 통해서 가능하다고 믿는다.

한때 눈물을 흘리며 떠나야 했던 언론사와 기자직. 그러나 경남 김해 인제대학교 인당 백낙환 박사를 만나며 나는 새롭게 태어나고 있다. 나의 약점을 인당의 인(仁)으로 보완해 나가며 그를 인생의 멘토 삼아 내 삶을 가꿔 나가고자 한다. 다만 무리한 욕심이나 현시욕은 경계하여 스스로 중심을 지키는 경계심을 늦출 수는 없다. 따지고 보면 성공과 실패는 백지한 장 차이라고 하지 않는가.

범사에 감사하며 성공한 리더와 함께 생활할 수 있다는 자체가 행복이다. 행복은 성공한 사람이 누릴 수 있는 특권이다. 인제대학교의 교훈, '정직 성실 근면'은 인당의 교육철학이기도 하다. 이것만 가지면 직장이든 가정이든 어디서든 행복과 성공을 이룰 수 있다고 믿는다. 오늘도 80대 노구를 이끌며 마지막 정열을 백병원과 지역의 인제대학교를 위해 아끔없이 쏟아 붓고 있는 인당과 함께할 수 있어 즐겁다.

2009년 여름
아름다운 신어산으로 둘러싸인 인제대학교 캠퍼스에서
내 인생의 성공학, 인당리더십 첫 연구서를 마무리하면서……

김창룡

▌약 력

건국대학교 축산대학 졸업

영국 런던시티대학교 언론대학원 석사(MA)

영국 카디프대학교 언론대학원 박사(PH. D)

AP통신 서울특파원, 국민일보 기자, KBS 제1라디오 칼럼리스트, 한국언론재단 연구위원, 언론피해법률지원본부 실행위원, 한국기자상 심사위원, 한국방송심의위원회 심의위원 등 역임. 미디어오늘 <김창룡의 미디어 창> 집필. 부산 KBS 1TV <이슈&이슈 쟁점토론> 사회자. 현재 인제대학교 신문방송학과 교수 및 국제인력지원연구소 소장.

▌주요논문 및 저서

인터뷰, 그 기술과 즐거움(1993)

보도의 진실, 진실의 오보(1993)

현대 한국언론과 전문기자제도(1993)

정치커뮤니케이션, 그 성공과 실패(1995)

법을 알고 기사쓰기(1997)

정부의 새로운 PR 방안 연구(1998)

실전취재보도론(1999)

명예훼손과 언론자유(1999)

현대 매스커뮤니케이션의 이해(2001)

매스컴과 미디어 비평(2003)

청렴한국, 아름다운 미래(2006)

매니페스토 보도매뉴얼(2007)

인터넷 시대, 실전취재보도론(2007) 외 다수

내 인생의
성공학,
인당리더십

초판인쇄 | 2009년 8월 24일
초판발행 | 2009년 8월 24일

지은이 | 김창룡
펴낸이 | 채종준
펴낸곳 | 한국학술정보㈜
주 소 | 경기도 파주시 교하읍 문발리 파주출판문화정보산업단지 513-5
전 화 | 031) 908-3181(대표)
팩 스 | 031) 908-3189
홈페이지 | http://www.kstudy.com
E-mail | 출판사업부 publish@kstudy.com

등 록 | 제일산-115호(2000. 6. 19)
가 격 | 28,000원

ISBN   978-89-268-0281-6 03320 (Paper Book)
        978-89-268-0282-3 08320 (e-Book)

이담 Books 는 한국학술정보(주)의 지식실용서 브랜드입니다.